LES FEMMES
DE LA
REVOLUTION

LES SOLDATS
DE LA
RÉVOLUTION

1898

PARIS. — IMP. E. FLAMMARION, RUE RACIN, 26.

ŒUVRES COMPLÈTES DE J. MICHELET

LES FEMMES
DE LA
RÉVOLUTION

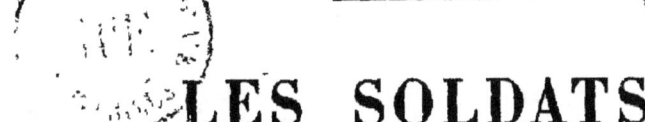

LES SOLDATS
DE LA
RÉVOLUTION

ÉDITION DÉFINITIVE, REVUE ET CORRIGÉE

PARIS
ERNEST FLAMMARION, ÉDITEUR
26, RUE RACINE, PRÈS L'ODÉON

Tous droits réservés

LES FEMMES

DE

LA RÉVOLUTION

L'espèce de galerie ou musée biographique que le lecteur va parcourir, se compose principalement des portraits de femmes que M. Michelet a tracé dans son *Histoire de la Révolution*.

Quelques-uns étaient incomplets, l'historien n'ayant dû, dans cette histoire générale, les esquisser que de profil. Il y a suppléé d'après les meilleures sources biographiques.

Plusieurs articles sont neufs, comme on verra; d'autres ont été refondus ou considérablement développés.

LIVRE PREMIER

I

INFLUENCE DES FEMMES AU DIX-HUITIÈME SIÈCLE
MATERNITÉ

Tout le monde a remarqué la fécondité singulière des années 1768, 1769 et 1770, si riches en enfants de génie, ces années qui produisent les Bonaparte, les Fourier, les Saint-Simon, les Chateaubriand, les De Maistre, les Walter Scott, les Cuvier, les Geoffroy Saint-Hilaire, les Bichat, les Ampère, un incroyable flot d'inventeurs dans les sciences.

Une autre époque, antérieure de dix ans (vers 1760), n'est pas moins étonnante. C'est celle qui donna la génération héroïque qui féconda de son sang le premier sillon de la liberté, celle qui, de ce sang fécond, a fait et doué la Patrie; c'est la Gironde et la Montagne, les Roland et les Robespierre, les Vergniaud et les Danton, les Camille Desmoulins; c'est la génération pure, héroïque et sacrifiée, qui forma les armées invincibles de la République, les Kléber et tant d'autres.

La richesse de ces deux moments, ce luxe singulier de forces qui surgissent tout à coup, est-ce un hasard ? Selon nous, il n'y a nul hasard en ce monde.

Non, la cause naturelle et très simple du phénomène, c'est la sève exubérante dont ce moment déborda.

La première date (1760 environ), c'est l'aube de Rousseau, le commencement de son influence, au premier et puissant effet du livre d'*Émile*, la vive émotion des mères qui veulent allaiter et se serrent au berceau de leur enfant.

La seconde date est le triomphe des idées du siècle, non seulement par la connaissance universelle de Rousseau, mais par la victoire prévue de ses idées dans les lois, par les grands procès de Voltaire, par ses sublimes défenses de Sirven, Calas et La Barre. Les femmes se turent, se recueillirent sous ces émotions puissantes, elles couvèrent le salut à venir. Les enfants à cette heure portent tous un signe au front.

Puissantes générations sorties des hautes pensées d'un amour agrandi, conçues de la flamme du ciel, nées du moment sacré, trop court, où la femme, à travers la passion, entrevit, adora l'Idée.

Le commencement fut beau. Elles entrèrent dans les pensées nouvelles par celle de l'éducation, par les espérances, les vœux de la maternité, par toutes les questions que l'enfant soulève dès sa naissance en un cœur de femme, que dis-je ? dans un cœur de fille, bien longtemps avant l'enfant : « Ah! qu'il soit heureux, cet enfant! qu'il soit bon et grand! qu'il soit libre !... Sainte liberté antique, qui fis les héros, mon fils vivra-t-il dans ton ombre ?... » Voilà les pensées des femmes, et voilà pourquoi dans ces places, dans ces jardins où l'enfant joue sous les yeux de sa mère ou de sa sœur, vous les voyez rêver et lire... Quel est ce livre que la jeune fille, à votre approche, a si vite caché dans son sein? Quelque roman ? l'*Héloïse ?* Non, plutôt les *Vies* de Plutarque, ou le *Contrat social.*

La puissance des salons, le charme de la conversation, furent alors, quoi qu'on ait dit, secondaires dans l'influence des femmes. Elles avaient eu ces moyens au siècle de Louis XIV. Ce qu'elles eurent de plus au dix-huitième, et qui les rendit invincibles, fut l'amour enthousiaste, la rêverie solitaire des grandes idées, et la volonté d'*être mères*, dans toute l'extension et la gravité de ce mot.

Les spirituels commérages de Mme Geoffrin, les monologues éloquents de Mme de Staël, le charme de la société d'Auteuil, de Mme Helvétius ou de Mme Récamier, n'auraient pas changé le monde, encore moins les femmes scribes, la plume infatigable de Mme de Genlis.

Ce qui, dès le milieu du siècle, changea toute la situation, c'est qu'en ces premières lueurs de l'aurore d'une nouvelle foi, au cœur des femmes, au sein des mères, se rencontrèrent deux étincelles : *humanité, maternité.*

Et de ces deux étincelles, ne nous en étonnons pas, sortit un flot brûlant d'amour et de féconde passion, une maternité surhumaine.

II

HÉROÏSME DE PITIÉ
UNE FEMME A DÉTRUIT LA BASTILLE

La première apparition des femmes dans la carrière de l'héroïsme (hors de la sphère de la famille) eut lieu, on devait s'y attendre, par un élan de pitié.

Cela se fût vu en tout temps, mais ce qui est vraiment du grand siècle d'humanité, ce qui est nouveau et original, c'est une persistance étonnante dans une œuvre infiniment dangereuse, difficile et improbable, une humanité intrépide qui brava le péril, surmonta tout obstacle et dompta le temps.

Et tout cela, pour un être qui peut-être à d'autres époques n'eût intéressé personne, qui n'avait guère pour lui que d'être homme et très malheureux!

Nulle légende plus tragique que celle du prisonnier Latude; nulle plus sublime que celle de sa libératrice, Mme Legros.

Nous ne conterons pas l'histoire de la Bastille, ni celle de Latude, si connue. Il suffit de dire que, pendant que toutes les prisons s'étaient adoucies, celle-ci s'était endurcie. Chaque année on aggravait, on bouchait des fenêtres, on ajoutait des grilles.

Il se trouva qu'en ce Latude, la vieille tyrannie imbécile avait enfermé l'homme le plus propre à la dénoncer, un homme ardent et terrible, que rien ne pouvait dompter, dont la voix ébranlait les murs, dont l'esprit, l'audace, étaient invincibles... Corps de fer indestructible qui devait user toutes les prisons, et la Bastille, et Vincennes, et Charenton, enfin l'horreur de Bicêtre, où tout autre aurait péri.

Ce qui rend l'accusation lourde, accablante, sans appel, c'est que cet homme, tel quel, échappé deux fois, se livra deux fois lui-même. Une fois, de sa retraite, il écrit à Mme de Pompadour, et elle le fait reprendre! La seconde fois, il va à Versailles, veut parler au roi, arrive à son antichambre, et elle le fait reprendre... Quoi! l'appartement du roi n'est donc pas un lieu sacré!...

Je suis malheureusement obligé de dire que, dans cette société molle, faible, caduque, il y eut force philanthropes, ministres, magistrats, grands seigneurs, pour pleurer sur l'aventure; pas un ne fit rien. Malesherbes pleura, et Lamoignon, et Rohan, tous pleuraient à chaudes larmes.

Il était sur son fumier à Bicêtre, mangé des poux *à la lettre*, logé sous terre, et souvent hurlant de faim. Il avait encore adressé un Mémoire à je ne sais quel philanthrope, par un porte-clés ivre. Celui-ci heureusement le perd, une femme le ramasse. Elle le lit, elle frémit; elle ne pleure pas, celle-ci, mais elle agit à l'instant.

Mme Legros était une pauvre petite mercière qui vivait de son travail, en cousant dans sa boutique ; son mari, coureur de cachets, répétiteur de latin. Elle ne craignit pas de s'embarquer dans cette terrible affaire. Elle vit, avec un ferme bon sens, ce que les autres ne voyaient pas, ou bien voulaient ne pas voir : que le malheureux n'était pas fou, mais victime d'une nécessité affreuse de ce gouvernement, obligé de cacher, de continuer l'infamie de ses vieilles fautes. Elle le vit, et elle ne fut point découragée, effrayée. Nul héroïsme plus complet : elle eut l'audace d'entreprendre, la force de persévérer, l'obstination du sacrifice de chaque jour et de chaque heure, le courage de mépriser les menaces, la sagacité et toutes les saintes ruses, pour écarter, déjouer les calomnies des tyrans.

Trois ans de suite, elle suivit son but avec une opiniâtreté inouïe dans le bien, mettant à poursuivre le droit, la justice, cette âpreté singulière du chasseur ou du joueur, que nous ne mettons guère que dans nos mauvaises passions.

Tous les malheurs sur la route, et elle ne lâche pas prise. Son père meurt, sa mère meurt ; elle perd son petit commerce ; elle est blâmée de ses parents, vilainement soupçonnée. On lui demande si elle est la maîtresse de ce prisonnier auquel elle s'intéresse tant. La maîtresse de cette ombre, de ce cadavre dévoré par la gale et la vermine !

La tentation des tentations, le sommet, la pointe aiguë du Calvaire, ce sont les plaintes, les injustices, les défiances de celui pour qui elle s'use et se sacrifie !

Grand spectacle de voir cette femme pauvre, mal vêtue, qui s'en va de porte en porte, faisant la cour aux valets pour entrer dans les hôtels, plaider sa cause devant les grands, leur demander leur appui.

La police frémit, s'indigne. Mᵐᵉ Legros peut être enlevée d'un moment à l'autre, enfermée, perdue pour toujours; tout le monde l'en avertit. Le lieutenant de police la fait venir, la menace. Il la trouve immuable, ferme; c'est elle qui le fait trembler.

Par bonheur on lui ménage l'appui de Mᵐᵉ Duchesne, femme de chambre de Mesdames. Elle part pour Versailles, à pied, en plein hiver; elle était grosse de sept mois... La protectrice est absente; elle court après, gagne une entorse, et elle n'en court pas moins. Mᵐᵉ Duchesne pleure beaucoup, mais hélas! que peut-elle faire? Une femme de chambre contre deux ou trois ministres, la partie est forte! Elle tenait en mains la supplique; un abbé de cour, qui se trouve là, la lui arrache des mains, lui dit qu'il s'agit d'un enragé, d'un misérable, qu'il ne faut pas s'en mêler.

Il suffit d'un mot pareil pour glacer Marie-Antoinette, à qui l'on en avait parlé. Elle avait la larme à l'œil. On plaisanta. Tout finit.

Il n'y avait guère en France d'homme meilleur que le roi. On finit par aller à lui. Le cardinal de Rohan (un polisson, mais, après tout, charitable) parla trois fois à Louis XVI, qui par trois fois refusa. Louis XVI était trop bon pour ne pas en croire M. de Sartines, l'ancien lieutenant de police. Il n'était plus en place, mais ce n'était pas une raison pour le déshonorer, le livrer à ses ennemis. Sartines à part, il faut le dire, Louis XVI aimait la Bastille, il ne voulait pas lui faire tort, la perdre de réputation.

Le roi était très humain. Il avait supprimé les bas cachots du Châtelet, supprimé Vincennes, créé la Force pour y mettre les prisonniers pour dettes, les séparer des voleurs.

Mais la Bastille! la Bastille! c'était un vieux serviteur que ne pouvait maltraiter à la légère la vieille monarchie. C'était un mystère de terreur, c'était, comme dit Tacite, — *instrumentum regni*.

Quand le comte d'Artois et la reine, voulant faire jouer *Figaro*, le lui lurent, il dit seulement, comme objection sans réponse : « Il faudrait donc alors que l'on supprimât la Bastille ? »

Quand la révolution de Paris eut lieu, en juillet 89, le roi, assez insouciant, parut prendre son parti. Mais quand on lui dit que la municipalité parisienne avait ordonné la démolition de la Bastille, ce fut pour lui comme un coup à la poitrine : « Ah! dit-il, voici qui est fort! »

Il ne pouvait pas bien recevoir en 1781 une requête qui compromettait la Bastille. Il repoussa celle que Rohan lui présentait pour Latude. Des femmes de haut rang insistèrent. Il fit alors consciencieusement une étude de l'affaire, lut tous les papiers ; il n'y en avait guère d'autres que ceux de la police, ceux des gens intéressés à garder la victime en prison jusqu'à la mort. Il répondit définitivement que c'était un homme dangereux; qu'il ne pouvait lui rendre la liberté *jamais*.

Jamais! tout autre en fût resté là. Eh bien, ce qui ne se fait pas par le roi se fera malgré le roi.

Mme Legros persiste. Elle est accueillie des Condé, toujours mécontents et grondeurs ; accueillie du jeune duc d'Orléans, de sa sensible épouse, la fille du bon Penthièvre ; accueillie des philosophes, de M. le marquis de Condorcet, secrétaire perpétuel de l'Académie des Sciences, de Dupaty, de Villette, quasi gendre de Voltaire, etc., etc.

L'opinion va grondant ; le flot, le flot va montant. Necker avait chassé Sartines ; son ami et successeur Lenoir était tombé à son tour... La persévérance sera couronnée tout à l'heure. Latude s'obstine à vivre, et Mme Legros s'obstine à délivrer Latude.

L'homme de la reine, Breteuil, arrive en 83, qui voudrait la faire adorer. Il permet à l'Académie de donner le prix de vertu à Mme Legros, de la couronner... à la condition singulière qu'on ne motive pas la couronne.

Puis, 1784, on arrache à Louis XVI la délivrance de Latude[1]. Et quelques semaines après, étrange et bizarre ordonnance qui prescrit aux intendants de n'enfermer plus personne, à la requête des familles, que *sur raison bien motivée*, d'indiquer le *temps précis* de la détention demandée, etc. C'est-à-dire qu'on dévoilait la profondeur du monstrueux abîme d'arbitraire où l'on avait tenu la France. Elle en savait déjà beaucoup, mais le gouvernement en avouait davantage.

Mme Legros ne vit pas la destruction de la Bastille. Elle mourut peu avant. Mais ce n'en est pas moins

---

1. Les lettres admirables de Latude sont encore inédites, sauf le peu qu'a cité Delort. Elles ne réfutent que trop la vaine polémique de 1787.

elle qui eut la gloire de la détruire. C'est elle qui saisit l'imagination populaire de haine et d'horreur pour la prison du *bon plaisir*, qui avait enfermé tant de martyrs de la foi ou de la pensée. La faible main d'une pauvre femme isolée brisa, en réalité, la hautaine forteresse, en arracha les fortes pierres, les massives grilles de fer, en rasa les tours.

III

L'AMOUR ET L'AMOUR DE L'IDÉE (80-94)

Le caractère de ce moment unique, c'est que les partis y deviennent des religions. Deux religions se posent en face, l'idolâtrie dévote et royaliste, l'idéalité républicaine. Dans l'une, l'âme, irritée par le sentiment de la pitié même, rejetée violemment vers le passé qu'on lui dispute, s'acharne aux idoles de chair, aux dieux matériels qu'elle avait presque oubliés. Dans l'autre, l'âme se dresse et s'exalte au culte de l'idée pure; plus d'idoles, nul autre objet de religion que l'idéal, la patrie, la liberté.

Les femmes, moins gâtées que nous par les habitudes sophistiques et scolastiques, marchent bien loin devant les hommes dans ces deux religions. C'est une chose noble et touchante, de voir parmi elles, non seulement les pures, les irréprochables, mais les moins dignes même, suivre un noble élan vers le beau désintéressé, prendre la patrie pour amie de cœur, pour amant le droit éternel.

Les mœurs changent-elles alors? Non, mais l'amour a pris son vol vers les hautes pensées. La patrie, la liberté, le bonheur du genre humain, ont envahi les cœurs des femmes. La vertu des temps romains, si elle n'est dans les mœurs, est dans l'imagination, dans l'âme, dans les nobles désirs. Elles regardent autour d'elles où sont les héros de Plutarque; elles les veulent, elles les feront. Il ne suffit pas, pour leur plaire, de parler Rousseau et Mably. Vives et sincères, prenant les idées au sérieux, elles veulent que les paroles deviennent des actes. Toujours elles ont aimé la force. Elles comparent l'homme moderne à l'idéal de force antique qu'elles ont devant l'esprit. Rien peut-être n'a plus contribué que cette comparaison, cette exigence des femmes, à précipiter les hommes, à hâter le cours rapide de notre Révolution.

Cette société était ardente! Il nous semble, en y entrant, sentir une brûlante haleine.

Nous avons vu, de nos jours, des actes extraordinaires, d'admirables sacrifices, des foules d'hommes qui donnaient leurs vies; et pourtant, toutes les fois que je me retire du présent, que je retourne au passé, à l'histoire de la Révolution, j'y trouve bien plus de chaleur; la température est tout autre. Quoi! le globe aurait-il donc refroidi depuis ce temps?

Des hommes de ce temps-là m'avaient dit la différence, et je n'avais pas compris. A la longue, à mesure que j'entrais dans le détail, n'étudiant pas seulement la mécanique législative, mais le mouvement des partis, non seulement les partis, mais les hommes, les personnes, les biographies individuelles, j'ai bien senti alors la parole des vieillards.

La différence des deux temps se résume d'un mot : *On aimait.*

L'intérêt, l'ambition, les passions éternelles de l'homme, étaient en jeu, comme aujourd'hui ; mais la part la plus forte encore était celle de l'amour. Prenez ce mot dans tous les sens, l'amour de l'idée, l'amour de la femme, l'amour de la patrie et du genre humain. Ils aimèrent et le beau qui passe, et le beau qui ne passe point : deux sentiments mêlés alors, comme l'or et le bronze, fondus dans l'airain de Corinthe [1].

Les femmes règnent alors par le sentiment, par la passion, par la supériorité aussi, il faut le dire, de leur initiative. Jamais, ni avant ni après, elles n'eurent tant d'influence. Au dix-huitième siècle, sous les encyclopédistes, l'esprit a dominé dans la société ; plus tard, ce sera l'action, l'action meurtrière, terrible. En 91, le sentiment domine, et, par conséquent, la femme.

Le cœur de la France bat fort à cette époque. L'émotion, depuis Rousseau, a été croissante. Sentimentale d'abord, rêveuse, époque d'attente inquiète, comme une heure avant l'orage, comme dans un

---

[1]. A mesure qu'on entrera dans une analyse plus sérieuse de l'histoire de ces temps, on découvrira la part souvent secrète, mais immense, que le cœur a eue dans la destinée des hommes d'alors, quel que fût leur caractère. Pas un d'eux ne fait exception, depuis Necker jusqu'à Robespierre. Cette génération raisonneuse atteste toujours les idées, mais les affections la gouvernent avec autant de puissance.

jeune cœur l'amour vague avant l'amant. Souffle immense, en 89, et tout cœur palpite... Puis 90, la Fédération, la fraternité, les larmes... En 91, la crise, le débat, la discussion passionnée. — Mais partout les femmes, partout la passion individuelle dans la passion publique; le drame privé, le drame social, vont se mêlant, s'enchevêtrant; les deux fils se tissent ensemble; hélas, bien souvent, tout à l'heure, ensemble ils seront tranchés!

Une légende anglaise circulait, qui avait donné à nos Françaises une grande émulation. Mistress Macaulay, l'éminent historien des Stuarts, avait inspiré au vieux ministre Williams tant d'admiration pour son génie et sa vertu que, dans une église même, il avait consacré sa statue de marbre comme déesse de la Liberté.

Peu de femmes de lettres alors qui ne rêvent d'être la Macaulay de la France. La déesse inspiratrice se retrouve dans chaque salon. Elles dictent, corrigent, refont les discours qui, le lendemain, seront prononcés aux clubs, à l'Assemblée nationale. Elles les suivent, ces discours, vont les entendre aux tribunes; elles siègent, juges passionnées, elles soutiennent de leur présence l'orateur faible ou timide. Qu'il se relève et regarde... N'est-ce pas là le fin sourire de Mme de Genlis, entre ses séduisantes filles, la princesse et Paméla? Et cet œil noir, ardent de vie, n'est-ce pas Mme de Staël? Comment faiblirait l'éloquence?... Et le courage manquera-t-il devant Mme Roland?

IV

LES FEMMES DU 6 OCTOBRE (89)

Les hommes ont fait le 14 juillet, les femmes le 6 octobre. Les hommes ont pris la Bastille royale, et les femmes ont pris la royauté elle-même, l'ont mise aux mains de Paris, c'est-à-dire de la Révolution.

L'occasion fut la famine. Des bruits terribles circulaient sur la guerre prochaine, sur la ligue de la reine et des princes avec les princes allemands, sur les uniformes étrangers, verts et rouges, que l'on voyait dans Paris, sur les farines de Corbeil qui ne venaient plus que de deux jours l'un, sur la disette qui ne pouvait qu'augmenter, sur l'approche d'un rude hiver... Il n'y a pas de temps à perdre, disait-on; si l'on veut prévenir la guerre et la faim, il faut amener le roi ici; sinon, ils vont l'enlever.

Personne ne sentait tout cela plus vivement que les femmes. Les souffrances, devenues extrêmes, avaient cruellement atteint la famille et le foyer. Une dame donna l'alarme, le samedi 3, au soir ; voyant que son mari n'était pas assez écouté, elle courut au café de Foy, y dénonça les cocardes anti-nationales, montra le danger public. Le lundi, aux Halles, une jeune fille prit un tambour, battit la générale, entraîna toutes les femmes du quartier.

Ces choses ne se voient qu'en France ; nos femmes font des braves et le sont. Le pays de Jeanne d'Arc, de Jeanne de Montfort et de Jeanne Hachette, peut citer cent héroïnes. Il y en eut une à la Bastille, qui, plus tard, partit pour la guerre, fut capitaine d'artillerie ; son mari était soldat. Au 18 juillet, quand le roi vint à Paris, beaucoup de femmes étaient armées. Les femmes furent à l'avant-garde de notre Révolution. Il ne faut pas s'en étonner, elles souffraient davantage.

Les grandes misères sont féroces, elles frappent plutôt les faibles, elles maltraitent les enfants, les femmes bien plus que les hommes. Ceux-ci vont, viennent, cherchent hardiment, s'ingénient, finissent par trouver, au moins pour le jour. Les femmes, les pauvres femmes, vivent, pour la plupart, renfermées, assises, elles filent, elles cousent ; elles ne sont guère en état, le jour où tout manque, de chercher leur vie. Chose douloureuse à penser : la femme, l'être relatif qui ne peut vivre qu'à deux, est plus souvent seule que l'homme. Lui, il trouve partout la société, se crée des rapports nouveaux. Elle, elle n'est rien sans la famille. Et la famille l'accable : tout le poids porte sur elle. Elle reste au froid logis, démeublé et dénué, avec des enfants qui pleurent, ou malades, mourants, et qui ne pleurent plus... Une chose peu remarquée, la plus déchirante peut-être au cœur maternel, c'est que l'enfant est injuste. Habitué à trouver dans la mère une providence universelle qui suffit à tout, il s'en prend à elle, durement, cruellement, de tout ce qui manque ; crie, s'emporte, ajoute à la douleur une douleur plus poignante

Voilà la mère. Comptons aussi beaucoup de filles seules, tristes créatures sans famille, sans soutien, qui, trop laides, ou vertueuses, n'ont ni ami, ni amant, ne connaissent aucune des joies de la vie. Que leur petit métier ne puisse plus les nourrir, elles ne savent point y suppléer : elles remontent au grenier, attendent ; parfois on les trouve mortes, la voisine s'en aperçoit par hasard.

Ces infortunées n'ont pas même assez d'énergie pour se plaindre, faire connaître leur situation, protester contre le sort. Celles qui agissent et remuent, au temps des grandes détresses, ce sont les fortes, les moins épuisées par la misère, pauvres plutôt qu'indigentes. Le plus souvent, les intrépides qui se jettent alors en avant sont des femmes d'un grand cœur, qui souffrent peu pour elles-mêmes, beaucoup pour les autres ; la pitié, inerte, passive, chez les hommes, plus résignés aux maux d'autrui, est chez les femmes un sentiment très actif, très violent, qui devient parfois héroïque, et les pousse impérieusement aux actes les plus hardis.

Il y avait, au 5 octobre, une foule de malheureuses créatures qui n'avaient pas mangé depuis trente heures. Ce spectacle douloureux brisait les cœurs, et personne n'y faisait rien ; chacun se renfermait en déplorant la dureté des temps. Le dimanche 4, au soir, une femme courageuse, qui ne pouvait voir cela plus longtemps, court du quartier Saint-Denis au Palais-Royal, elle se fait jour dans la foule bruyante qui pérorait, elle se fait écouter ; c'était une femme de trente-six ans, bien mise, honnête, mais forte et hardie. Elle veut qu'on aille à Versailles, elle marchera à la tête. On plaisante, elle applique un soufflet à l'un des plaisants. Le lendemain, elle partit des premières, le sabre à la main, prit un canon à la Ville, se mit à cheval dessus, et le mena à Versailles, la mèche allumée.

Parmi les métiers perdus qui semblaient périr avec l'Ancien Régime, se trouvait celui de sculpteur en bois. On travaillait beaucoup en ce genre, et pour les églises, et pour les appartements. Beaucoup de femmes sculptaient. L'une d'elles, Madeleine Chabry, ne faisant plus rien, s'était établie bouquetière au quartier du Palais-Royal, sous le nom de Louison ; c'était une fille de dix sept ans, jolie et spirituelle. On peut parier hardiment que ce ne fut pas la faim qui mena celle-ci à Versailles. Elle suivit l'entraînement général, son bon cœur et son courage. Les femmes la mirent à la tête, et la firent leur orateur.

Il y en avait bien d'autres que la faim ne menait point. Il y avait des marchandes, des portières, des filles publiques, compatissantes et charitables, comme elles le sont souvent. Il y avait un nombre considérable de femmes de la halle ; celles-ci fort royalistes, mais elles désiraient d'autant plus avoir le roi à Paris. Elle avaient été le voir quelque temps avant cette époque, je ne sais à quelle occasion ; elles lui avaient parlé avec beaucoup de cœur, une familiarité qui fit rire, mais touchante, et qui révélait un sens parfait de la situation : « Pauvre homme ! disaient-elles en regardant le roi, cher homme ! bon papa ! » — Et plus sérieusement à la reine : « Madame, madame, ouvrez vos entrailles !... ouvrons-nous ! » Ne cachons rien, disons bien franchement ce que nous avons à dire. »

Ces femmes des marchés ne sont pas celles qui souffrent beaucoup de la misère ; leur commerce, portant sur les objets nécessaires à la vie, a moins de variations. Mais elles voient la misère mieux que personne, et la ressentent ; vivant toujours sur la place, elles n'échappent pas, comme nous, au spectacle des souffrances. Personne n'y compatit davantage, n'est meilleur pour les malheureux. Avec des formes grossières, des paroles rudes et violentes, elles ont souvent un cœur royal, infini de bonté. Nous avons vu nos Picardes, les femmes du marché d'Amiens, pauvres vendeuses de légumes, sauver le père de quatre enfants qu'on allait guillotiner : c'était le moment du sacre de Charles X ; elles laissèrent leur commerce, leur famille, s'en allèrent à Reims, elles firent pleurer le roi, arrachèrent la grâce, et, au retour, faisant entre elles une collecte abondante, elles renvoyèrent, sauvés, comblés, le père, la femme et les enfants.

Le 5 octobre, à sept heures, elles entendirent battre la caisse, et elles ne résistèrent pas. Une petite fille avait pris un tambour au corps de garde, et battait la générale. C'était lundi ; les Halles furent désertées, toutes partirent : « Nous ramènerons, disaient-elles, *le boulanger, la boulangère...* Et nous aurons l'agrément d'entendre *notre petite mère* Mirabeau.

Les Halles marchent, et, d'autre part, marchait le faubourg Saint-Antoine. Sur la route, les femmes entraînaient toutes celles qu'elles pouvaient rencontrer, menaçant celles qui ne viendraient pas de leur couper les cheveux. D'abord, elles vont à la Ville. On venait d'y amener un boulanger qui, sur un pain de deux livres, donnait sept onces de moins. La lanterne était descendue. Quoique l'homme fût coupable, de son propre aveu, la garde nationale le fit échapper. Elle présenta la baïonnette aux quatre ou cinq cents femmes déjà rassemblées. D'autre part, au fond de la place, se tenait la cavalerie de la garde nationale. Les femmes ne s'étonnèrent point. Elles chargèrent la cavalerie, l'infanterie, à coups de pierres; on ne put se décider à tirer sur elles; elles forcèrent l'Hôtel de Ville entrèrent dans tous les bureaux. Beaucoup étaient assez bien mises, elles avaient pris une robe blanche pour ce grand jour. Elles demandaient curieusement à quoi servait chaque salle, et priaient les représentants des districts de bien recevoir celles qu'elles avaient amenées de force, dont plusieurs étaient enceintes, et malades peut-être de peur. D'autres femmes, affamées, sauvages, criaient : *Du pain et des armes !* Les hommes étaient des lâches, elles voulaient leur montrer ce que c'était que le courage... Tous les gens de l'Hôtel de Ville étaient bons à pendre, il fallait brûler les écritures, leurs paperasses... Et elles allaient le faire, brûler le bâtiment peut-être... Un homme les arrêta, un homme de taille très haute, en habit noir, d'une figure sérieuse et plus triste que l'habit. Elles voulaient le tuer d'abord, croyant qu'il était de la Ville, disant qu'il était un traître... Il répondit qu'il n'était pas traitre, mais huissier de son métier, l'un des vainqueurs de la Bastille. C'était Stanislas Maillard.

Dès le matin, il avait utilement travaillé dans le faubourg Saint-Antoine. Les volontaires de la Bastille, sous le commandement d'Hullin, étaient sur la place en armes; les ouvriers, qui démolissaient la forteresse, crurent qu'on les envoyait contre eux. Maillard s'interposa, prévint la collision. A la Ville, il fut assez heureux pour empêcher l'incendie. Les femmes promettaient même de ne point laisser entrer d'hommes; elles avaient mis leurs sentinelles armées à la grande porte. A onze heures, les hommes attaquent la petite porte qui donnait sous l'arcade Saint-Jean. Armés de leviers, de marteaux, de haches et de piques, ils forcent la porte, forcent les magasins d'armes. Parmi eux, se trouvait un Garde-française, qui, le matin, avait voulu sonner le tocsin, qu'on avait pris sur le fait; il avait, disait-il, échappé par miracle; les modérés, aussi furieux que les autres, l'auraient pendu sans les femmes; il montrait son cou sans cravate, d'où elles avaient ôté la corde... Par représailles, on prit un homme de la Ville pour le pendre; c'était le brave Lefebvre, le distributeur des poudres au 14 juillet; des femmes ou des hommes déguisés en femmes le pendirent effectivement au petit clocher; l'une ou l'un d'eux coupa la corde; il tomba, étourdi seulement, dans une salle, vingt-cinq pieds plus bas.

Ni Bailly, ni La Fayette n'étaient arrivés. Maillard va trouver l'aide-major général, et lui dit qu'il n'y a qu'un moyen de finir tout : c'est que lui, Maillard, mène les femmes à Versailles. Ce voyage donnera le temps d'assembler des forces. Il descend, bat le tambour, se fait écouter. La figure froidement tragique du grand homme noir fit bon effet dans la Grève; il parut homme prudent, propre à mener la chose à bien. Les femmes, qui déjà partaient, avec les canons de la Ville, le proclament leur capitaine. Il se met en tête avec huit ou dix tambours; sept ou huit mille femmes suivaient, quelques centaines d'hommes armés, et enfin, pour arrière-garde, une compagnie des volontaires de la Bastille.

Arrivés aux Tuileries, Maillard voulait suivre le quai, les femmes voulaient passer triomphalement sous l'horloge, par le palais et le jardin. Maillard, observateur des formes, leur dit de bien remarquer que c'était la maison du roi, le jardin du roi; les traverser sans permission, c'était insulter le roi. Il s'approcha poliment du suisse, et lui dit que ces dames voulaient passer seulement, sans faire le moindre dégât. Le suisse tira l'épée, courut sur Maillard, qui tira la sienne... Une portière heureusement frappe à propos d'un bâton, le suisse tombe, un homme lui met la baïonnette à la poitrine. Maillard l'arrête, désarme froidement les deux hommes, emporte la baïonnette et les épées.

La matinée avançait, la faim augmentait. À Chaillot, à Auteuil, à Sèvres, il était bien difficile d'empêcher les pauvres affamés de voler des aliments. Maillard ne le souffrit pas. La troupe n'en pouvait plus à Sèvres; il n'y avait rien, même à acheter; toutes les portes étaient fermées, sauf une, celle d'un malade qui était resté; Maillard se fit donner par lui, en payant, quelques brocs de vin. Puis il désigna sept hommes, il les chargea d'amener les boulangers de Sèvres, avec tout ce qu'ils auraient. Il y avait huit pains en tout, trente-deux livres pour huit mille personnes... On les partagea, et l'on se traîna plus loin. La fatigue décida la plupart des femmes à jeter leurs armes. Maillard leur fit sentir d'ailleurs que, voulant faire visite au roi, à l'Assemblée, les toucher, les attendrir, il ne fallait pas arriver dans cet équipage guerrier. Les canons furent mis à la queue, et cachés en quelque sorte. Le sage huissier voulait un *amener sans scandale*, pour dire comme le palais. A l'entrée de Versailles, pour bien constater l'intention pacifique, il donna le signal aux femmes de chanter l'air d'Henri IV.

Les gens de Versailles étaient ravis, criaient : « Vivent nos Parisiennes ! » Les spectateurs étrangers ne voyaient rien que d'innocent dans cette foule qui venait demander secours au roi. Un homme peu favorable à la Révolution, le Genevois Dumont, qui dînait au palais des Petites-Écuries, et regardait d'une fenêtre, dit lui-même : « Tout ce peuple ne demandait que du pain. »

L'Assemblée avait été, ce jour-là, fort orageuse. Le roi, ne voulant *sanctionner* ni la Déclaration des droits, ni les arrêtés du 4 août, répondait qu'on ne pouvait juger des lois constitutives que dans leur ensemble, qu'il y *accédait* néanmoins, en considération des circonstances alarmantes, et à la condition expresse que le pouvoir exécutif reprendrait toute sa force.

« Si vous acceptez la lettre du roi, dit Robespierre, il n'y a plus de constitution, aucun droit d'en avoir une. » Duport, Grégoire, d'autres députés parlent dans le même sens. Pétion rappelle, accuse l'orgie des gardes du corps. Un député, qui lui-même avait servi parmi eux, demande, pour leur honneur, qu'on « formule la dénonciation, et que les coupables soient poursuivis ». « Je dénoncerai, dit Mirabeau, et je signerai, si l'Assemblée déclare que la personne du roi est *la seule* inviolable. » C'était désigner la reine. L'Assemblée entière recula : la motion fut retirée ; dans un pareil jour, elle eût provoqué un meurtre.

Mirabeau lui-même n'était pas sans inquiétude pour ses tergiversations. Il s'approche du président, et lui dit à demi voix : « Mounier, Paris marche sur nous... croyez-moi, ne me croyez pas, quarante mille hommes marchent sur nous... Trouvez-vous mal, montez au château, et donnez-leur cet avis, il n'y a pas une minute à perdre... — Paris marche? dit sèchement Mounier (il croyait Mirabeau un des auteurs du mouvement); eh bien, tant mieux ! nous serons plus tôt en république. »

L'Assemblée décide qu'on enverra vers le roi, pour demander l'acceptation pure et simple de la *Déclaration des droits*. A trois heures, Target annonce qu'une foule se présente aux portes sur l'avenue de Paris.

Tout le monde savait l'événement. Le roi seul ne le savait pas. Il était parti le matin, comme à l'ordinaire, pour la chasse ; il courait les bois de Meudon. On le cherchait ; en attendant, on battait la générale ; les gardes du corps montaient à cheval, sur la place d'armes, et s'adossaient à la grille ; le régiment de Flandre, au-dessous, à leur droite, près de l'avenue de Sceaux; plus bas encore, les dragons; derrière la grille, les Suisses.

Cependant Maillard arrivait à l'Assemblée nationale. Toutes les femmes voulaient entrer. Il eut la plus grande peine à leur persuader de ne faire entrer que quinze des leurs. Elles se placèrent à la barre, ayant à leur tête le garde française dont on a parlé, une femme qui au bout d'une perche portait un tambour de basque, et, au milieu, le gigantesque huissier, en habit noir déchiré, l'épée à la main. Le soldat, avec pétulance, prit la parole, dit à l'Assemblée que le matin, personne ne trouvant de pain chez les boulangers, il avait voulu sonner le tocsin, qu'on avait failli le pendre, qu'il avait dû son salut aux dames qui l'accompagnaient. « Nous venons, dit-il, demander du pain et la punition des gardes du corps qui ont insulté la cocarde... Nous sommes de bons patriotes; nous avons sur notre route arraché les cocardes noires... Je vais avoir le plaisir d'en déchirer une sous les yeux de l'Assemblée. »

A quoi l'autre ajouta gravement : « Il faudra bien que tout le monde prenne la cocarde patriotique. » Quelques murmures s'élevèrent.

« Et pourtant nous sommes tous frères ! » dit la sinistre figure.

Maillard faisait allusion à ce que la municipalité de Paris avait déclaré la veille : Que la cocarde tricolore *ayant été adoptée comme signe de fraternité*, elle était la seule que dût porter le citoyen.

Les femmes impatientes criaient toutes ensemble : « Du pain! du pain! » — Maillard commença alors à dire l'horrible situation de Paris, les convois interceptés par les autres villes ou par les aristocrates. « Ils veulent, dit-il, nous faire mourir. Un meunier a reçu deux cents livres pour ne pas moudre, avec promesse d'en donner autant par semaine. » — L'Assemblée : « Nommez! nommez! » C'était dans l'Assemblée même que Grégoire avait parlé de ce bruit qui courait; Maillard l'avait appris en route.

« Nommez! » Des femmes crièrent au hasard : « C'est l'archevêque de Paris. »

Robespierre prit une grave initiative. Seul, il appuya Maillard, dit que l'abbé Grégoire avait parlé du fait, et sans doute donnerait des renseignements.

D'autres membres de l'Assemblée essayèrent des caresses ou des menaces. Un député du clergé, abbé ou prélat, vint donner sa main à baiser à l'une des femmes. Elle se mit en colère, et dit : « Je ne suis pas faite pour baiser la patte d'un chien. » Un autre député, militaire, décoré de la croix de Saint-Louis, entendant dire à Maillard que le grand obstacle à la constitution était le clergé, s'emporta, et lui dit qu'il devrait subir sur l'heure une punition exemplaire. Maillard, sans s'épouvanter, répondit qu'il n'inculpait aucun membre de l'Assemblée, que sans doute le clergé ne savait rien de tout cela, qu'il croyait rendre un service en leur donnant cet avis. Pour la seconde fois, Robespierre soutint Maillard, calma les femmes. Celles du dehors s'impatientaient, craignaient pour leur orateur; le bruit courait parmi elles qu'il avait péri. Il sortit, et se montra un moment.

Maillard, reprenant alors, pria l'Assemblée d'inviter les gardes du corps à faire réparation pour l'injure à la cocarde. — Des députés démentaient... Maillard insista en termes peu mesurés. — Le président Mounier le rappela au respect de l'Assemblée, ajoutant maladroitement que ceux qui voulaient être citoyens pouvaient l'être de leur plein gré... C'était donner prise à Maillard ; il s'en saisit, répliqua : « Il n'est personne qui ne doive être fier de ce nom de citoyen. Et, s'il était, dans cette auguste Assemblée, quelqu'un qui s'en fît déshonneur, il devrait en être exclu. » L'assemblée frémit, applaudit : « Oui, nous sommes tous citoyens. »

A l'instant on apportait une cocarde aux trois couleurs, de la part des gardes du corps. Les femmes crièrent : « Vive le roi ! vivent messieurs les gardes du corps ! » Maillard, qui se contentait plus difficilement, insista pour renvoyer le régiment de Flandre.

Mounier, espérant alors pouvoir les congédier, dit que l'Assemblée n'avait rien négligé pour les subsistances, le roi non plus ; qu'on chercherait de nouveaux moyens, qu'ils pouvaient aller en paix. — Maillard ne bougeait, disant : « Non, cela ne suffit pas. »

Un député proposa alors d'aller présenter au roi la position malheureuse de Paris. L'Assemblée le décréta, et les femmes, se prenant vivement à cette espérance, sautaient au cou des députés, embrassaient le président, quoi qu'il fît. « Mais où donc est Mirabeau ? disaient-elles encore, nous voudrions bien voir notre comte de Mirabeau ! »

Mounier, baisé, entouré, étouffé presque, se mit tristement en route avec la députation et une foule de femmes qui s'obstinaient à le suivre. « Nous étions à pied dans la boue, dit-il ; il pleuvait à verse. Nous traversions une foule mal vêtue, bruyante, bizarrement armée. » Des gardes du corps faisaient des patrouilles, et passaient au grand galop. Ces gardes voyant Mounier et les députés, avec l'étrange cortège qu'on leur faisait par honneur, crurent apparemment voir là les chefs de l'insurrection, voulurent dissiper cette masse, et coururent tout au travers. Les inviolables échappèrent comme ils purent, et se sauvèrent dans la boue. Qu'on juge de la rage du peuple, qui se figurait qu'avec eux il était sûr d'être respecté !

Deux femmes furent blessées, et même de coups de sabre, selon quelques témoins[1]. Cependant le peuple ne fit rien encore. De trois heures à huit heures du soir, il fut patient, immobile, sauf des cris, des huées, quand passait l'uniforme odieux des gardes du corps. Un enfant jeta des pierres.

On avait trouvé le roi ; il était revenu de Meudon sans se presser. Mounier, enfin reconnu, fut reçu avec douze femmes. Il parla au roi de la misère de Paris, aux ministres de la demande de l'Assemblée, qui attendait l'acceptation pure et simple de la *Déclaration des droits* et autres articles constitutionnels. Le roi cependant écoutait les femmes avec

---

1. Si le roi défendit d'agir, comme on l'affirme, ce fut plus tard et trop tard.

bonté. La jeune Louison Chabry avait été chargée de porter la parole; mais devant le roi son émotion fut si forte, qu'elle put à peine dire : « Du pain ! » et elle tomba évanouie. Le roi, fort touché, la fit secourir, et, lorsqu'au départ elle voulut lui baiser la main, il l'embrassa comme un père.

Elle sortit royaliste, et criant : Vive le roi ! Celles qui attendaient sur la place, furieuses, se mirent à dire qu'on l'avait payée; elle eut beau retourner ses poches, montrer qu'elle était sans argent; les femmes lui passaient au cou leurs jarretières pour l'étrangler. On l'en tira, non sans peine. Il fallut qu'elle remontât au château, qu'elle obtînt du roi un ordre écrit pour faire venir des blés, pour lever tout obstacle à l'approvisionnement de Paris.

Aux demandes du président, le roi avait dit tranquillement : « Revenez sur les neuf heures. » Mounier n'en était pas moins resté au château, à la porte du conseil, insistant pour une réponse, frappant d'heure en heure, jusqu'à dix heures du soir. Mais rien ne se décidait.

Le ministre de Paris, M. de Saint-Priest, avait appris la nouvelle fort tard (ce qui prouve combien le départ pour Versailles fut imprévu, spontané). Il proposa que la reine partît pour Rambouillet, que le roi restât, résistât, et, au besoin, combattît; le seul départ de la reine eût tranquillisé le peuple et dispensé de combattre. M. Necker voulait que le roi allât à Paris, qu'il se confiât au peuple, c'est-à-dire qu'il fût franc, sincère, acceptât la Révolution. Louis XVI, sans rien résoudre, ajourna le conseil, afin de consulter la reine.

Elle voulait bien partir, mais avec lui, ne pas laisser à lui-même un homme si incertain ; le nom du roi était son arme pour commencer la guerre civile. Saint-Priest, vers sept heures, apprit que M. de La Fayette, entraîné par la garde nationale, marchait sur Versailles. « Il faut partir sur-le-champ, dit-il. Le roi, en tête des troupes, passera sans difficulté. » Mais il était impossible de le décider à rien. Il croyait (et bien à tort) que, lui parti, l'Assemblée ferait roi le duc d'Orléans. Il répugnait aussi à fuir, il se promenait à grands pas, répétant de temps en temps : « Un roi fugitif ! Un roi fugitif ! » La reine cependant insistant pour le départ, l'ordre fut donné pour les voitures. Déjà il n'était plus temps.

Un milicien de Paris, qu'une troupe de femmes avait pris, malgré lui, pour chef, et qui, exalté par la route, s'était trouvé à Versailles plus ardent que tous les autres, se hasarda à passer derrière les gardes du corps ; là, voyant la grille fermée, il aboyait après le factionnaire placé au dedans, et le menaçait de sa baïonnette. Un lieutenant des gardes et deux autres tirent le sabre, se mettent au galop, commencent à lui donner la chasse. L'homme fuit à toutes jambes, veut gagner une baraque, heurte un tonneau, tombe, toujours criant au secours. Le cavalier l'atteignait, quand les gardes nationaux de Versailles ne purent plus se contenir ; l'un d'eux, un marchand de vins, sort des rangs, le couche en joue, le tire, et l'arrête net ; il avait cassé le bras qui tenait le sabre levé.

D'Estaing, le commandant de cette garde nationale, était au château, croyant partir avec le roi. Lecointre, le lieutenant-colonel, restait sur la place, demandait des ordres à la municipalité, qui n'en donnait pas. Il craignait avec raison que cette foule affamée ne se mît à courir la ville, ne se nourrît elle-même. Il alla les trouver, demanda ce qu'il fallait de vivres, sollicita la municipalité, n'en tira qu'un peu de riz, qui n'était rien pour tant de monde. Alors il fit chercher partout, et, par sa louable intelligence, soulagea un peu le peuple.

En même temps, il s'adressait au régiment de Flandre, demandait aux officiers, aux soldats, s'ils tireraient. Ceux-ci étaient déjà pressés par une influence bien autrement puissante. Des femmes s'étaient jetées parmi eux, et les priaient de ne pas faire de mal au peuple. L'une d'elles apparut alors, que nous reverrons souvent, qui ne semble pas avoir marché dans la boue avec les autres, mais qui vint plus tard sans doute, et tout d'abord se jeta au travers des soldats. C'était la jolie Mlle Théroigne de Mirecourt, une Liégeoise, vive et emportée, comme tant de femmes de Liège, qui firent les révolutions du quinzième siècle et combattirent vaillamment contre Charles-le-Téméraire. Piquante, originale, étrange, avec son chapeau d'amazone et sa redingote rouge, le sabre au côté, parlant à la fois, pêle-mêle avec éloquence pourtant, le français et le liégeois... On riait, mais on cédait... Impétueuse, charmante, terrible, elle ne sentait nul obstacle...

Théroigne, ayant envahi ce pauvre régiment de Flandre, lui tourna la tête, le gagna, le désarma si bien qu'il donnait fraternellement ses cartouches aux gardes nationaux de Versailles.

D'Estaing fit dire alors à ceux-ci de se retirer. Quelques-uns partent; d'autres répondent qu'ils ne s'en iront pas que les gardes du corps ne soient partis les premiers. Ordre aux gardes de défiler. Il était huit heures, la soirée fort sombre. Le peuple suivait, pressait les gardes avec des huées. Ils avaient le sabre à la main, ils se font faire place. Ceux qui étaient à la queue, plus embarrassés que les autres, tirent des coups de pistolet; trois gardes nationaux sont touchés, l'un à la joue, les deux autres reçoivent les balles dans leurs habits. Leurs camarades répondent, tirent aussi. Les gardes du corps ripostent de leurs mousquetons.

D'autres gardes nationaux entraient dans la cour, entouraient d'Estaing, demandaient des munitions. Il fut lui-même étonné de leur élan, de l'audace qu'ils montraient, tout seuls au milieu des troupes : « Vrais martyrs de l'enthousiasme », disait-il plus tard à la reine.

Un lieutenant de Versailles déclara au garde de l'artillerie que, s'il ne donnait de la poudre, il lui brûlerait la cervelle. Il lui en livra un tonneau qu'on défonça sur la place, et l'on chargea des canons qu'on braqua vis-à-vis la rampe, de manière à prendre en flanc les troupes qui couvraient encore le château, et les gardes du corps qui revenaient sur la place.

Les gens de Versailles avaient montré la même fermeté de l'autre côté du château. Cinq voitures se présentaient à la grille pour sortir; c'était la reine, disait-on, qui partait pour Trianon. Le suisse ouvre, la garde ferme. « Il y aurait danger pour Sa Majesté, dit le commandant, à s'éloigner du château. » Les voitures rentrèrent sous escorte. Il n'y avait plus de passage. Le roi était prisonnier.

Le même commandant sauva un garde du corps, que la foule voulait mettre en pièces, pour avoir tiré sur le peuple. Il fit si bien qu'on laissa l'homme; on se contenta du cheval, qui fut dépecé; on commençait à le rôtir sur la place d'armes; mais la foule avait trop faim : il fut mangé presque cru.

La pluie tombait. La foule s'abritait où elle pouvait : les uns enfoncèrent la grille des Grandes-Écuries, où était le régiment de Flandre, et s'y mirent pêle-mêle avec les soldats. D'autres, environ quatre mille, étaient restés dans l'Assemblée. Les hommes étaient assez tranquilles, mais les femmes supportaient impatiemment cet état d'inaction; elles parlaient, criaient, remuaient. Maillard seul pouvait les faire taire, et il n'en venait à bout qu'en haranguant l'Assemblée.

Ce qui n'aidait pas à calmer la foule, c'est que des gardes du corps vinrent trouver les dragons qui étaient aux portes de l'Assemblée, demander s'ils voudraient les aider à prendre les pièces qui menaçaient le château. On allait se jeter sur eux; les dragons les firent échapper.

A huit heures, autre tentative. On apporta une lettre du roi, où, sans parler de la *Déclaration des droits*, il promettait vaguement la libre circulation des grains. Il est probable qu'à ce moment l'idée de fuite dominait au château. Sans rien répondre à Mounier qui restait toujours à la porte du conseil, on envoyait cette lettre pour occuper la foule qui attendait.

Une apparition singulière avait ajouté à l'effroi de la cour. Un jeune homme du peuple entre, mal mis, tout défait... On s'étonne... C'était le duc de Richelieu, qui, sous cet habit, s'était mêlé à la foule, à ce nouveau flot du peuple qui était parti de Paris; il les avait quittés à moitié chemin pour avertir la famille royale; il avait entendu des propos horribles, des menaces atroces, à faire dresser les cheveux... En disant cela, il était si pâle, que tout le monde pâlit...

Le cœur du roi commençait à faiblir; il sentait la reine en péril. Quoi qu'il en coûtât à sa conscience de consacrer l'œuvre législative du philosophisme, il signa à dix heures du soir la *Déclaration des droits*.

Mounier put donc enfin partir. Il avait hâte de reprendre la présidence avant l'arrivée de cette grande armée de Paris, dont on ne savait pas les projets. Il rentre, mais plus d'Assemblée; elle avait levé la séance; la foule, de plus en plus bruyante, exigeante, avait demandé qu'on diminuât le prix du pain, celui de la viande. Mounier trouva à sa place, dans le siège du président, une grande femme de bonnes manières, qui tenait la sonnette, et qui descendit à regret. Il donna ordre qu'on tâchât de réunir les députés; en attendant il annonça au peuple que le roi venait d'accepter les articles constitutionnels. Les femmes, se serrant alors autour de lui, le priaient d'en donner copie ; d'autres disaient : « Mais, monsieur le président, cela sera-t-il bien avantageux ? cela fera-t-il avoir du pain aux pauvres gens de Paris ? » — D'autres : « Nous avons bien faim. Nous n'avons pas mangé aujourd'hui. » Mounier dit qu'on allât chercher du pain chez les boulangers. De tous les côtés, les vivres vinrent. Ils se mirent à manger dans la salle avec grand bruit.

Les femmes, tout en mangeant, causaient avec Mounier : « Mais, cher président, pourquoi donc avez-vous défendu ce vilain *veto* ?... Prenez bien garde à la lanterne ! » Mounier leur répondit avec fermeté qu'elles n'étaient pas en état de juger, qu'on les trompait, que, pour lui, il aimait mieux exposer sa vie que trahir sa conscience. Cette réponse leur plut fort ; dès lors, elles lui témoignèrent beaucoup de respect et d'amitié.

Mirabeau seul eût pu se faire entendre, couvrir le tumulte. Il ne s'en souciait pas. Certainement il était inquiet. Le soir, au dire de plusieurs témoins, il s'était promené parmi le peuple avec un grand sabre, disant à ceux qu'il rencontrait : « Mes enfants, nous sommes pour vous. » Puis, il s'était allé coucher. Dumont le Genevois alla le chercher, le ramena à l'Assemblée. Dès qu'il arriva, il dit de sa voix tonnante : « Je voudrais bien savoir comment on se donne les airs de venir troubler nos séances... Monsieur le président, faites respecter l'Assemblée ! » Les femmes crièrent bravo ! Il y eut un peu de calme. Pour passer le temps, on reprit la discussion des lois criminelles.

J'étais dans une galerie (dit Dumont), où une poissarde agissait avec une autorité supérieure, et dirigeait une centaine de femmes, de jeunes filles surtout, qui, à son signal, criaient, se taisaient. Elle appelait familièrement des députés par leur nom, ou bien demandait : « Qui est-ce qui parle là-bas ? Faites taire ce bavard ! il ne s'agit pas de ça ! il s'agit d'avoir du pain ! Qu'on fasse plutôt parler notre petite mère Mirabeau... » Et toutes les autres criaient : « Notre petite mère Mirabeau ! » Mais il ne voulait point parler.

M. de La Fayette, parti de Paris entre cinq et six heures, n'arrivera qu'à minuit passé. Il faut que nous remontions plus haut, et que nous le suivions de midi jusqu'à minuit.

Vers onze heures, averti de l'invasion de l'Hôtel de Ville, il s'y rendit, trouva la foule écoulée, et se mit à dicter une dépêche pour le roi. La garde nationale, soldée et non soldée, remplissait la Grève ; de rang en rang on disait qu'il fallait aller à Versailles. La Fayette eut beau faire et dire, il fut entraîné.

Le château attendait dans la plus grande anxiété. On pensait que La Fayette faisait semblant d'être forcé, mais qu'il profiterait de la circonstance. On voulut voir encore à onze heures si, la foule étant dissipée, les voitures passeraient par la grille du Dragon. La garde nationale de Versailles veillait, et fermait le passage.

La reine, au reste, ne voulait point partir seule. Elle jugeait avec raison qu'il n'y avait nulle part de sûreté pour elle si elle se séparait du roi. Deux cents gentilshommes environ, dont plusieurs étaient députés, s'offrirent à elle pour la défendre, et lui demandèrent un ordre pour prendre des chevaux de ses écuries. Elle les autorisa pour le cas, disait-elle, où le roi serait en danger.

La Fayette, avant d'entrer dans Versailles, fit renouveler le serment de fidélité à la loi et au roi. Il l'avertit de son arrivée, et le roi lui répondit qu'il le verrait avec plaisir, qu'il venait d'accepter *sa Déclaration des droits*.

La Fayette entra seul au château, au grand étonnement des gardes et de tout le monde. Dans l'Œil-de-Bœuf, un homme de cour dit follement : « Voilà Cromwell. » Et La Fayette très bien : « Monsieur, Cromwell ne serait pas entré seul. »

Le roi donna à la garde nationale les postes extérieurs du château ; les gardes du corps conservèrent ceux du dedans. Le dehors même ne fut pas entièrement confié à La Fayette. Une de ses patrouilles voulant passer dans le parc, la grille lui fut refusée. Le parc était occupé par des gardes du corps et autres troupes ; jusqu'à deux heures du matin, elles attendaient le roi, au cas qu'il se décidât enfin à la fuite. A deux heures seulement, tranquillisé par La Fayette, on leur fit dire qu'ils pouvaient s'en aller à Rambouillet.

A trois heures, l'Assemblée avait levé la séance. Le peuple s'était dispersé, couché, comme il avait pu, dans les églises et ailleurs. Maillard et beaucoup de femmes, entre autres Louison Chabry, étaient partis pour Paris, peu après l'arrivée de La Fayette, emportant les décrets sur les grains et la *Déclaration des droits*.

La Fayette eut beaucoup de peine à loger ses gardes nationaux ; mouillés, recrus, ils cherchaient à se sécher, à manger. Lui-même enfin, croyant tout tranquille, alla à l'hôtel de Noailles, dormit, comme on dort après vingt heures d'efforts et d'agitations.

Beaucoup de gens ne dormaient pas. C'étaient surtout ceux qui, partis le soir de Paris, n'avaient pas eu la fatigue du jour précédent. La première expédition où les femmes dominaient, très spontanée, très naïve, pour parler ainsi, déterminée par les besoins, n'avait pas coûté de sang. Maillard avait eu la gloire d'y conserver quelque ordre dans le désordre même. Le *crescendo* naturel qu'on observe toujours dans de telles agitations, ne permettait guère de croire que la seconde expédition se passât ainsi. Il est vrai qu'elle s'était faite sous les yeux de la garde nationale et comme de concert avec elle. Néanmoins il y avait là des hommes décidés à agir sans elle ; plusieurs étaient de furieux fanatiques qui auraient voulu tuer la reine. Vers six heures du matin, en effet, ces gens de Paris, de Versailles (ceux-ci les plus acharnés), forcèrent les appartements royaux, malgré les gardes du corps, qui tuèrent cinq hommes du peuple ; sept gardes furent massacrés.

La reine courut un vrai péril, et n'échappa qu'en fuyant dans la chambre du roi. Elle fut sauvée par La Fayette, qui accourut à temps avec les Gardes-françaises.

Le roi paraissant au balcon, toute la foule criait : « Le roi à Paris ! »

La reine fut forcée d'y paraître. La Fayette s'y présenta, et, s'associant à son péril, lui baisa la main. Le peuple, surpris, attendri, ne vit plus que la femme et la mère, et il applaudit.

Chose curieuse! les politiques, les fortes têtes, ceux particulièrement qui voulaient faire le duc d'Orléans lieutenant général, craignaient extrêmement la translation du roi à Paris. Ils croyaient que c'était pour Louis XVI une chance de redevenir populaire. Si la reine (tuée ou en fuite) ne l'eût pas suivi, les Parisiens se seraient très probablement repris d'amour pour le roi. Ils avaient eu de tout temps un faible pour ce gros homme qui n'était nullement méchant, et qui, dans son embonpoint, avait un air de bonhomie béate et paterne, tout à fait au gré de la foule. On a vu plus haut que les dames de la Halle l'appelaient un *bon papa;* c'était toute la pensée du peuple.

Le roi avait mandé l'Assemblée au château. Il n'y eut pas quarante députés qui se rendirent à cet appel. La plupart étaient incertains, et restaient dans la salle. Le peuple, qui comblait les tribunes, fixa leur incertitude; au premier mot qui fut dit d'aller siéger au château, il poussa des cris. Mirabeau se leva alors, et, selon son habitude de couvrir d'un langage fier son obéissance au peuple, dit « que la liberté de l'Assemblée serait compromise, si elle délibérait au palais des rois, qu'il n'était pas de sa dignité de quitter le lieu de ses séances, qu'une députation suffisait. » Le jeune Barnave appuya. Le président Mounier contredit en vain.

Enfin, l'on apprend que le roi consent à partir

pour Paris ; l'Assemblée, sur la proposition de Mirabeau, décide que, pour la session actuelle, elle est inséparable du roi.

Le jour avance. Il n'est pas loin d'une heure... Il faut partir, quitter Versailles... Adieu, vieille monarchie !

Cent députés entourent le roi, toute une armée, tout un peuple. Il s'éloigne du palais de Louis XIV, pour n'y jamais revenir.

Toute cette foule s'ébranle, elle s'en va à Paris, devant le roi et derrière. Hommes, femmes, vont, comme ils peuvent, à pied, à cheval, en fiacre, sur les charrettes qu'on trouve, sur les affûts des canons. On rencontra avec plaisir un grand convoi de farines, bonne chose pour la ville affamée. Les femmes portaient aux piques de grosses miches de pain, d'autres des branches de peuplier, déjà jaunies par octobre. Elles étaient fort joyeuses, aimables à leur façon, sauf quelques quolibets à l'adresse de la reine. « Nous amenons, criaient-elles, le boulanger, la boulangère, le petit mitron. » Toutes pensaient qu'on ne pouvait jamais mourir de faim, ayant le roi avec soi. Toutes étaient encore royalistes, en grande joie de mettre enfin ce *bon papa* en bonnes mains ; il n'avait pas beaucoup de tête, il avait manqué de parole ; c'était la faute de sa femme ; mais, une fois à Paris, les bonnes femmes ne manqueraient pas, qui le conseilleraient mieux.

Tout cela, gai, triste, violent, joyeux et sombre à la fois. On espérait, mais le ciel n'était pas de la partie. Le temps malheureusement favorisait peu la fête. Il pleuvait à verse, on marchait lentement, en pleine bque. De moment en moment plusieurs, en réjouissance, ou pour décharger leurs armes, tiraient des coups de fusil.

La voiture royale, escortée, La Fayette à la portière, avançait comme un cercueil. La reine était inquiète. Était-il sûr qu'elle arrivât? Elle demanda à La Fayette ce qu'il en pensait, et lui-même le demanda à Moreau de Saint-Méry, qui, ayant présidé l'Hôtel de Ville aux fameux jours de la Bastille, connaissait bien le terrain. Il répondit ces mots significatifs : « Je doute que la reine arrive seule aux Tuileries ; mais, une fois à l'Hôtel de Ville, elle en reviendra. »

Voilà le roi à Paris, au seul lieu où il devait être, au cœur même de la France. Espérons qu'il en sera digne.

La révolution du 6 octobre, nécessaire, naturelle et légitime, s'il en fut jamais, toute spontanée, imprévue, vraiment populaire, appartient surtout aux femmes, comme celle **du 14 juillet aux hommes**. Les hommes ont pris la Bastille, et les femmes ont pris le roi.

Le 1er octobre, tout fut gâté par les dames de Versailles. Le 6, tout fut réparé par les femmes de Paris.

V

LES FEMMES A LA FÉDÉRATION (1790)

« Ainsi finit le meilleur jour de notre vie. » Ce mot, que les fédérés d'un village écrivent le soir de cette grande fête nationale à la fin de leur procès-verbal, j'ai été tenté de l'écrire moi-même, lorsqu'en 1847 j'achevai le récit des fédérations. Rien de semblable ne reviendra pour moi. J'ai eu ma part en ce monde, puisque le premier j'ai eu le bonheur de retrouver dans les actes, de reproduire dans mes récits, ces grandes communions du peuple.

Les fédérations de provinces, de départements, de villes et villages, eurent soin de consigner elles-mêmes et de narrer leur histoire. Elles l'écrivaient à leur mère, l'Assemblée nationale, fidèlement, naïvement, dans une forme bien souvent grossière, enfantine ; elles disaient comme elles pouvaient ; qui savait écrire écrivait. On ne trouvait pas toujours dans les campagnes le scribe habile qui fût digne de consigner ces choses à la mémoire. La bonne volonté suppléait... Véritables monuments de la fraternité naissante, actes informes, mais spontanés, inspirés, de la France, vous resterez à jamais pour témoigner du cœur de nos pères, de leurs transports, quand pour la première fois ils virent la face trois fois aimée de la patrie.

J'ai retrouvé tout cela, entier, brûlant, comme d'hier, au bout de soixante années, quand j'ai ouvert ces papiers, que peu de gens avaient lus. A la première ouverture, je fus saisi de respect; je ressentis une chose singulière, unique, sur laquelle on ne peut pas se méprendre. Ces récits enthousiastes adressés à la patrie (que représentait l'Assemblée), ce sont des lettres d'amour.

Rien d'officiel ni de commandé. Visiblement, le cœur parle. Ce qu'on y peut trouver d'art, de rhétorique, de déclamation, c'est justement l'absence d'art, c'est l'embarras du jeune homme qui ne sait comment exprimer les sentiments les plus sincères, qui emploie les mots des romans, faute d'autres, pour dire un amour vrai. Mais, de moment en moment, une parole arrachée du cœur proteste contre cette impuissance de langage, et fait mesurer la profondeur réelle du sentiment... Tout cela verbeux; eh! dans ces moments, comment finit-on jamais?... Comment se satisfaire soi-même?... Le matériel les a fort préoccupés; nulle écriture assez belle, nul papier assez magnifique, sans parler des somptueux petits rubans tricolores pour relier les cahiers... Quand je les aperçus d'abord, brillants et si peu fanés, je me rappelai ce que dit Rousseau du soin prodigieux qu'il mit à écrire, embellir, parer les manuscrits de sa *Julie*... Autres ne furent les pensées de nos pères, leurs soins, leurs inquiétudes, lorsque, des objets passagers, imparfaits, l'amour s'éleva en eux à cette beauté éternelle !

Dans ces essais primitifs de la religion nouvelle, toutes les vieilles choses connues, tous les signes du passé, les symboles vénérés jadis, ou pâlissent ou disparaissent. Ce qui en reste, par exemple, les cérémonies du vieux culte, appelé pour consacrer ces fêtes nouvelles, on sent que c'est un accessoire. Il y a dans ces immenses réunions, où le peuple de toute classe et de toute communion ne fait plus qu'un même cœur, une chose plus sacrée qu'un autel. Aucun culte spécial ne prête de sainteté à la chose sainte entre toutes : l'homme fraternisant devant Dieu.

Tous les vieux emblèmes pâlissent, et les nouveaux qu'on essaye ont peu de signification. Qu'on jure sur le vieil autel, devant le Saint-Sacrement, qu'on jure devant la froide image de la Liberté abstraite, le vrai symbole se trouve ailleurs. C'est la beauté, la grandeur, le charme éternel de ces fêtes : le symbole y est vivant.

Ce symbole pour l'homme, c'est l'homme. Tout le monde de convention s'écroulant, un saint respect lui revient pour la vraie image de Dieu. Il ne se prend pas pour Dieu ; nul vain orgueil. Ce n'est point comme dominateur ou vainqueur, c'est dans des conditions tout autrement graves et touchantes que l'homme apparaît ici. Les nobles harmonies de la famille, de la nature, de la patrie, suffisent pour remplir ces fêtes d'un intérêt religieux, pathétique.

Partout, le vieillard à la tête du peuple, siégeant à la première place, planant sur la foule. Et, autour de lui, les filles, comme une couronne de fleurs. Dans toutes ces fêtes, l'aimable bataillon marche en robe blanche, ceinture *à la nation* (cela voulait dire tricolore). Ici, l'une d'elles prononce quelques paroles nobles, charmantes qui feront des héros demain. Ailleurs (dans la procession civique de Romans en Dauphiné), une belle fille marchait, tenant à la main une palme, et cette inscription : *Au meilleur citoyen !*... Beaucoup revinrent bien rêveurs.

Le Dauphiné, la sérieuse, la vaillante province qui ouvrit la Révolution, fit des fédérations nombreuses et de la province entière, et de villes, et de villages. Les communes rurales de la frontière, sous le vent de la Savoie, à deux pas des émigrés, labourant près de leurs fusils, n'en firent que plus belles fêtes. Bataillon d'enfants armés, bataillon de femmes armées, autre de filles armées. A Maubec, elles défilaient en bon ordre, le drapeau en tête, tenant, maniant l'épée nue, avec cette vivacité gracieuse qui n'est qu'aux femmes de France.

J'ai dit ailleurs l'héroïque initiative des femmes et filles d'Angers; elles voulaient partir, suivre la jeune armée d'Anjou, de Bretagne, qui se dirigeait sur Rennes, prendre leur part de cette première croisade de la liberté, nourrir les combattants, soigner les blessés. Elles juraient de n'épouser jamais que de loyaux citoyens, de n'aimer que les vaillants, de n'associer leur vie qu'à ceux qui donnaient la leur à la France.

Elles inspiraient ainsi l'élan dès 88. Et maintenant

dans les fédérations de juin, de juillet 90, après tant d'obstacles écartés, dans ces fêtes de la victoire, nul n'était plus ému qu'elles. La famille, pendant l'hiver, dans l'abandon complet de toute protection publique, avait couru tant de dangers !... Elles embrassaient dans ces grandes réunions si rassurantes l'espoir du salut, le pauvre cœur était cependant encore bien gros du passé... de l'avenir !... mais elles ne voulaient d'avenir que le salut de la patrie ! Elles montraient, on le voit dans tous les témoignages écrits, plus d'élan, plus d'ardeur que les hommes mêmes, plus d'impatience de prêter le serment civique.

On éloigne les femmes de la vie publique ; on oublie trop que vraiment elles y ont droit plus que personne. Elles y mettent un enjeu bien autre que nous ; l'homme n'y joue que sa vie, et la femme y met son enfant... Elle est bien plus intéressée à s'informer, à prévoir. Dans la vie solitaire et sédentaire que mènent la plupart des femmes, elles suivent de leurs rêveries inquiètes les crises de la patrie, les mouvements des armées... Vous croyez celle-ci au foyer ? non, elle est en Algérie, elle participe aux privations, aux marches de nos jeunes soldats en Afrique, elle souffre et combat avec eux.

Dans je ne sais quel village, les hommes s'étaient réunis seuls dans un vaste bâtiment, pour faire ensemble une adresse à l'Assemblée nationale. Elles approchent, elles écoutent, elles entrent, les larmes aux yeux, elles veulent en être aussi. Alors on leur relit l'adresse ; elles s'y joignent de tout leur cœur. Cette profonde union de la famille et de la patrie pénétra toutes les âmes d'un sentiment inconnu.

Personne, dans ces grandes fêtes, n'était simple témoin ; tous étaient acteurs, hommes, femmes, vieillards, enfants, tous, depuis le centenaire jusqu'au nouveau-né ; et celui-ci plus qu'un autre.

On l'apportait, fleur vivante, parmi les fleurs de la moisson. Sa mère l'offrait, le déposait sur l'autel. Mais il n'avait pas seulement le rôle passif d'une offrande, il était actif aussi, il comptait comme personne, il faisait son serment civique par la bouche de sa mère, il réclamait sa dignité d'homme et de Français, il était déjà mis en possession de la patrie, il entrait dans l'espérance.

Oui, l'enfant, l'avenir, c'était le principal acteur. La commune elle-même, dans une fête du Dauphiné, est couronnée dans son principal magistrat par un jeune enfant. Une telle main porte bonheur. Ceux-ci, que je vois ici, sous l'œil attendri de leurs mères, déjà armés, pleins d'élan, donnez-leur deux ans seulement, qu'ils aient quinze ans, seize ans, ils partent : 92 a sonné ; ils suivent leurs aînés à Jemmapes. Ceux-ci, plus petits encore, dont le bras paraît si faible, ce sont les soldats d'Austerlitz... Leur main a porté bonheur ; ils ont rempli ce grand augure, ils ont couronné la France ! Aujourd'hui même, faible et pâle, elle siège sous cette couronne éternelle et impose aux nations.

Grande génération, heureuse, qui naquit dans une telle chose, dont le premier regard tomba sur cette vue sublime ! Enfants apportés, bénis à l'autel de la patrie, voués par leurs mères en pleurs, mais résignées, héroïques, donnés par elles à la France... ah ! quand on naît ainsi, on ne peut plus jamais mourir...

Vous reçûtes, ce jour-là, le breuvage d'immortalité. Ceux même d'entre vous que l'histoire n'a pas nommés, ils n'en remplissent pas moins le monde de leur vivant esprit sans nom, de la grande pensée commune, qu'ils portèrent par toute la terre...

Je ne crois pas qu'à aucune époque le cœur de l'homme ait été plus large, plus vaste, que les distinctions de classes, de fortunes et de partis aient été plus oubliées. Dans les villages surtout, il n'y a plus ni riche, ni pauvre, ni noble, ni roturier; les vivres sont en commun, les tables communes. Les divisions sociales, les discordes ont disparu; les ennemis se réconcilient, les sectes opposées fraternisent : les croyants, les philosophes, les protestants, les catholiques.

A Saint-Jean-du-Gard, près d'Alais, le curé et le pasteur s'embrassèrent à l'autel. Les catholiques menèrent les protestants à l'église; le pasteur siégea à la première place du chœur. Mêmes honneurs rendus par les protestants au curé, qui, placé chez eux au lieu le plus honorable, écoute le sermon du ministre. Les religions fraternisent au lieu même de leur combat, à la porte des Cévennes, sur les tombes des aïeux qui se tuèrent les uns les autres, sur les bûchers encore tièdes... Dieu, accusé si longtemps, fut enfin justifié... Les cœurs débordèrent; la prose n'y suffit pas, une éruption poétique put soulager seule un sentiment si profond; le curé fit, entonna un hymne à la Liberté; le maire répondit par des stances; sa femme, mère de famille respectable, au moment où elle mena ses enfants à l'autel, répandit aussi son cœur dans quelques vers pathétiques.

Ce rôle, quasi pontifical d'une femme, d'une digne mère, ne doit pas nous étonner. La femme est bien plus que pontife : elle est symbole et religion.

Ailleurs, ce fut une fille, jeune et pure, qui, de sa main virginale, tira du soleil, par un verre ardent, le feu qui devait brûler l'encens sur l'autel de la Patrie.

La Révolution, revenant à la nature, aux heureux et naïfs pressentiments de l'Antiquité, n'hésitait point à confier les fonctions les plus saintes à celle qui, comme joie suprême du cœur, comme âme de la famille, comme perpétuité humaine, est elle-même le vivant autel.

VI

LES DAMES JACOBINES (1790)

Le jour même du 6 octobre 89, où Louis XVI, en quittant Versailles, signa l'acte capital de la Révolution, la *Déclaration des droits*, il avait envoyé au roi d'Espagne sa protestation. Il adopta, dès lors, l'idée de fuir sur terre autrichienne pour revenir à main armée. Ce projet, recommandé par Breteuil, l'homme de l'Autriche, l'homme de Marie-Antoinette fut reproduit par l'évêque de Pamiers, qui le fit agréer du roi et obtint de lui plein pouvoir pour Breteuil de traiter avec les puissances étrangères; négociations continuées par M. de Fersen, un Suédois très personnellement attaché à la reine depuis longues années, qu'elle fit revenir exprès de Suède et qui lui fut très dévoué.

De quelque côté qu'on regarde en 90, on voit un immense filet tendu du dedans, du dehors, contre la Révolution. Si elle ne trouve une force énergique d'association, elle périt. Ce ne sont pas les innocentes fédérations qui la tireront de ce pas. Il faut des associations tout autrement fortes. Il faut les jacobins, des associations de surveillance sur l'autorité et ses agents, sur les menées des prêtres des nobles. Ces sociétés se forment d'elles-mêmes et par toute la France.

Je vois dans un acte inédit de Rouen que, le 14 juillet 1790, trois amis de la Constitution (c'est le nom que prenaient alors les jacobins) se réunissent chez une dame veuve, personne riche et considérable de la ville; ils prêtent dans ses mains le serment civique. On croit entendre Caton et Marcie dans Lucain :

> Junguntur taciti contentique auspice Bruto.

Ils envoient fièrement l'acte de leur fédération à l'Assemblée nationale, qui recevait en même temps celui de la grande fédération de Rouen, où parurent les députés de soixante villes et d'un demi-million d'hommes.

Les trois jacobins sont un prêtre, aumônier de la Conciergerie, et deux chirurgiens. L'un d'eux a amené son frère, imprimeur du roi à Rouen. Ajoutez deux enfants, neveu et nièce de la dame, et deux femmes, peut-être de sa clientèle ou de sa maison. Tous les huit jurent dans les mains de cette Cornélie, qui, seule ensuite, fait serment.

Petite société, mais complète, ce semble. La dame (veuve d'un négociant ou armateur) représente les grandes fortunes commerciales; l'imprimeur, c'est l'industrie; les chirurgiens, ce sont les capacités, les talents, l'expérience; le prêtre, c'est la Révolution même ; il ne sera pas longtemps prêtre : c'est lui qui écrit l'acte, le copie, le notifie à l'Assemblée nationale. Il est l'agent de l'affaire, comme la dame en est le centre. Par lui, cette société est complète, quoiqu'on n'y voie pas le personnage qui est la cheville ouvrière de toute société semblable, l'avocat, le procureur. Prêtre du Palais de Justice, de la Conciergerie, aumônier des prisonniers, confesseur des suppliciés, hier dépendant du Parlement, jacobin aujourd'hui et se notifiant tel à l'Assemblée nationale, pour l'audace et l'activité, celui-ci vaut trois avocats.

Qu'une dame soit le centre de la petite société, il ne faut pas s'en étonner. Beaucoup de femmes entraient dans ces associations, des femmes fort sérieuses, avec toute la ferveur de leurs cœurs de femmes, une ardeur aveugle, confuse d'affection et d'idées, l'esprit de prosélytisme, toutes les passions du Moyen-âge au service de la foi nouvelle. Celle dont nous parlons ici avait été sérieusement éprouvée ; c'était une dame juive qui vit se convertir toute sa famille, et resta israélite : ayant perdu son mari, puis son enfant (par un accident affreux), elle semblait, en place de tout, adopter la Révolution. Riche et seule, elle a dû être facilement conduite par ses amis, je le suppose, à donner des gages au nouveau système, à y embarquer sa fortune par l'acquisition des biens nationaux.

Pourquoi cette petite société fait-elle sa fédération à part ? c'est que Rouen, en général, lui semble trop aristocrate, c'est que la grande fédération des soixante villes qui s'y réunissent, avec ses chefs, MM. d'Estouteville, d'Herbouville, de Sévrac, etc., cette fédération, mêlée de noblesse, ne lui paraît pas assez pure; c'est qu'enfin elle s'est faite le 6 juillet et non le 14, au jour sacré de la prise de la Bastille. Donc, au 14, ceux-ci, fièrement isolés chez eux, loin des profanes et des tièdes, fêtent la sainte journée. Ils ne veulent pas se confondre; sous des rapports divers, ils sont une élite, comme étaient la plupart de ces premiers jacobins, une sorte d'aristocratie, ou d'argent, ou de talent, d'énergie, en concurrence naturelle avec l'aristocratie de naissance.

VII

LE PALAIS-ROYAL EN 1790. — ÉMANCIPATION DES FEMMES
LA CAVE DES JACOBINS

Le droit des femmes à l'égalité, leurs titres à l'influence, au pouvoir politique, furent réclamés en 90, par deux hommes fort différents : l'un, parleur éloquent, esprit hasardé, romanesque; l'autre le plus grave et le plus autorisé de l'époque. Il faut replacer le lecteur dans le grand foyer de fermentation où tous deux se faisaient entendre.

Entrons au lieu même d'où la Révolution partit le 12 juillet, au Palais-Royal, au Cirque qui occupait alors le milieu du jardin. Écartons cette foule agitée, ces groupes bruyants, ces nuées de femmes vouées aux libertés de la nature. Traversons les étroites galeries de bois, encombrées, étouffées; par ce passage obscur, où nous descendons quinze marches, nous voici au milieu du Cirque.

On prêche! qui s'y serait attendu, dans ce lieu, dans cette réunion, si mondaine, mêlée de jolies femmes équivoques? Au premier coup d'œil on dirait d'un sermon au milieu des filles... Mais non, l'assemblée est plus grave, je reconnais nombre de gens de lettres, d'académiciens : au pied de la tribune, je vois M. de Condorcet.

L'orateur, est-ce bien un prêtre ? De robe, oui : belle figure de quarante ans environ, parole ardente, sèche parfois et violente, nulle onction, l'air audacieux, un peu chimérique. Prédicateur, poète ou prophète, n'importe, c'est l'abbé Fauchet. Ce saint Paul parle entre deux Thécla, l'une qui ne le quitte point, qui, bon gré, mal gré, le suit au club, à l'autel, tant est grande sa ferveur; l'autre dame, une Hollandaise, de bon cœur et de noble esprit, c'est Mme Palm Aelder, l'orateur des femmes qui prêche leur émancipation.

Ces vagues aspirations prenaient forme arrêtée, précise, dans les doctes dissertations de l'illustre secrétaire de l'Académie des Sciences. Condorcet, le 3 juillet 1790, formula nettement la demande de *l'admission des femmes au droit de cité*. A ce titre, l'ami de Voltaire, le dernier des philosophes du dix-huitième siècle, peut être légitimement compté parmi les précurseurs du Socialisme..

Mais, si l'on veut voir les femmes en pleine action politique, il faut, du Palais-Royal, aller un peu plus loin dans la rue Saint-Honoré. La brillante association des jacobins de cette époque, qui compte une foule de nobles et tous les gens de lettres du temps, occupe l'église des anciens moines; et, sous l'église, dans une sorte de crypte bien éclairée, donne asile à une société fraternelle d'ouvriers auxquels, à certaines heures, les jacobins expliquent la Constitution. Dans les questions de subsistance, de danger public, ces ouvriers ne viennent pas seuls; les femmes, inquiètes, les mères de famille, poussées par les souffrances domestiques, les besoins de leurs enfants, viennent avec leurs maris, s'informent de la situation, s'enquièrent des maux, des remèdes. Plusieurs femmes, ou sans mari, ou dont les maris travaillent à cette heure, viennent seules et discutent seules. Première et touchante origine des sociétés de femmes.

Qui souffrait plus qu'elles de la Révolution? Qui trouvait plus longs les mois, les années? Elles étaient, dès cette époque, plus violentes que les hommes. Marat est fort satisfait d'elles (30 décembre 90); il se plaît à mettre en contraste l'énergie de ces femmes du peuple dans leur souterrain et le bavardage stérile de l'assemblée jacobine qui s'agitait au-dessus.

LIVRE II

VIII

LES SALONS. — Mme DE STAËL

Le génie de Mme Staël a été successivement dominé par deux maîtres et deux idées : jusqu'en 89 par Rousseau, et, depuis, par Montesquieu.

Elle avait vingt-trois ans en 89. Elle exerçait sur Necker, son père, qu'elle aimait éperdument et qu'elle gouvernait par l'enthousiasme, une toute-puissante action. Jamais, sans son ardente fille, le banquier genevois ne se fût avancé si loin dans la voie révolutionnaire. Elle était alors pleine d'élan, de confiance; elle croyait fermement au bon sens du genre humain. Elle n'était pas encore influencée, amoindrie, par les amants médiocres qui depuis l'ont entourée. Mme de Staël fut toujours gouvernée par l'amour. Celui qu'elle avait pour son père exigeait que Necker fût le premier des hommes; et, en réalité, un moment, il s'éleva très haut par la foi.

Sous l'inspiration de sa fille, nous n'en faisons aucun doute, il se lança dans l'expérience hardie du suffrage universel, mesure hasardeuse dans un grand empire et chez un peuple si peu avancé! mesure toute contraire à son caractère, très peu conforme aux doctrines qu'il exposa avant et depuis.

Le père et la fille, bientôt effrayés de leur audace, ne tardèrent pas à reculer. Et Mme de Staël, entourée de Feuillants, d'anglomanes, admiratrice de l'Angleterre, qu'elle ne connaissait point du tout, devint et resta la personne brillante, éloquente, et pourtant, au total, médiocre, si l'on ose dire, qui a tant occupé la renommée.

Pour nous, nous n'hésitons pas à l'affirmer, sa grande orginalité est dans sa première époque, sa gloire est dans son amour pour son père, dans l'audace qu'elle lui donna. — Sa médiocrité fut celle de ses spirituels amants, les Narbonne, les Benjamin Constant, etc., qui, dans son salon, dominés par elle, n'en réagirent pas moins sur elle dans l'intimité.

Reprenons, dès les commencements, le père et la fille.

M. Necker, banquier genevois, avait épousé une demoiselle suisse, jusque-là gouvernante, dont le seul défaut fut l'absolue perfection. — La jeune Necker était accablée de sa mère, dont la roideur contrastait avec sa nature facile, expansive et mobile. Son père, qui la consolait, l'admirait, devint l'objet de son adoration. On conte que M. Necker, ayant souvent loué le vieux Gibbon, la jeune fille voulait l'épouser. Cette enfant, déjà confidente et presque femme de son père, en prit les défauts pêle-mêle et les qualités, l'éloquence, l'enflure, la sensibilité, le pathos. Quand Necker publia son fameux *Compte rendu*, si diversement jugé, on lui en montra un jour une éloquente apologie, tout enthousiaste; le cœur y débordait tellement que le père ne put s'y tromper : il reconnut sa fille. Elle avait alors seize ans.

Elle aimait son père comme homme, l'admirait comme écrivain, le vénérait comme idéal du citoyen, du philosophe, du sage, de l'homme d'État. Elle ne tolérait personne qui ne tînt Necker pour Dieu : folie vertueuse, naïve, plus touchante encore que ridicule. Quand Necker, au jour de son triomphe, rentra dans Paris et parut au balcon de l'Hôtel de Ville, entre sa femme et sa fille, celle-ci succomba à la plénitude du sentiment et s'évanouit de bonheur.

Elle avait de grands besoins de cœur, en proportion de son talent. Après la fuite de son père et la perte de ses premières espérances, retombée de Rousseau à Montesquieu, aux prudentes théories constitutionnelles, elle restait romanesque en amour; elle aurait voulu aimer un héros. Son époux, l'honnête et froid M. de Staël, ambassadeur de Suède, n'avait rien qui répondît à son idéal. Ne trouvant point de héros à aimer, elle compta sur le souffle puissant, chaleureux, qui était en elle, et elle entreprit d'en faire un.

Elle trouva un joli homme, roué, brave, spirituel, M. de Narbonne. Qu'il y eût peu ou beaucoup d'étoffe, elle crut qu'elle suffirait, étant doublée de son cœur. Elle l'aimait surtout pour les dons héroïques qu'elle voulait mettre en lui. Elle l'aimait, il faut le dire aussi (car elle était une femme), pour son audace, sa fatuité. Il était fort mal avec la cour, mal avec bien des salons. C'était vraiment un grand seigneur, d'élégance et de bonne grâce, mais mal vu des siens, d'une consistance équivoque. Ce qui piquait beaucoup les femmes, c'est qu'on se disait à l'oreille qu'il était le fruit d'un inceste de Louis XV avec sa fille. La chose n'était pas invraisemblable. Lorsque le parti jésuite fit chasser Voltaire et les ministres voltairiens (les d'Argenson, Machault encore, qui parlait trop des biens du clergé), il fallait trouver un moyen d'annuler la Pompadour, protectrice de ces novateurs. Une fille du roi, vive et ardente, Polonaise comme sa mère, se dévoua, autre Judith, à l'œuvre héroïque, sanctifiée par le but. Elle était extraordinairement violente et passionnée, folle de musique, où la dirigeait le peu scrupuleux Beaumarchais. Elle s'empara de son père, et le gouverna quelque temps, au nez de la Pompadour. Il en serait résulté, selon la tradition, ce joli homme, spirituel, un peu effronté, qui apporta en naissant une aimable scélératesse à troubler toutes femmes.

Mme de Staël avait une chose bien cruelle pour une femme : c'est qu'elle n'était pas belle. Elle avait les traits gros et le nez surtout. Elle avait la taille assez forte, la peau d'une qualité médiocrement attirante. Ses gestes étaient plutôt énergiques que gracieux ; debout, les mains derrière le dos, devant une cheminée, elle dominait un salon, d'une attitude virile, d'une parole puissante, qui contrastait fort avec le ton de son sexe, et parfois aurait fait douter un peu qu'elle fût une femme. Avec tout cela, elle n'avait que vingt-cinq ans, elle avait de très beaux bras, un beau cou à la Junon, de magnifiques cheveux noirs qui, tombant en grosses boucles, donnaient grand effet au buste, et même relativement faisaient paraître les traits plus délicats, moins hommasses. Mais ce qui la parait le plus, ce qui faisait tout oublier, c'étaient ses yeux, des yeux uniques, noirs et inondés de flammes, rayonnants de génie, de bonté et de toutes les passions. Son regard était un monde. On y lisait qu'elle était bonne et généreuse entre toutes. Il n'y avait pas un ennemi qui pût l'entendre un moment sans dire en sortant, malgré lui : « Oh ! la bonne, la noble, l'excellente femme ! »

Retirons le mot de génie, pourtant ; réservons ce mot sacré. Mme de Staël avait, en réalité, un grand, un immense talent, et dont la source était au cœur. La naïveté profonde et la grande invention, ces deux traits saillants du génie, ne se trouvèrent jamais chez elle. Elle apporta, en naissant, un désaccord primitif d'éléments qui n'allait pas jusqu'au baroque, comme chez Necker, son père, mais qui neutralisa une bonne partie de ses forces, l'empêcha de s'élever et la retint dans l'emphase. Ces Necker étaient des Allemands établis en Suisse. C'étaient des bourgeois enrichis. Allemande, Suisse, et bourgeoise, Mme de Staël avait quelque chose, non pas lourd, mais fort, mais épais, peu délicat. D'elle à Jean-Jacques, son maître, c'est la différence du fer à l'acier.

Justement parce qu'elle restait bourgeoise, malgré son talent, sa fortune, son noble entourage, Mme de Staël avait la faiblesse d'adorer les grands seigneurs. Elle ne donnait pas l'essor complet à son bon et excellent cœur, qui l'aurait mise entièrement du côté du peuple. Ses jugements, ses opinions, tenaient fort à ce travers. En tout, elle avait du faux. Elle admirait, entre tous, le peuple qu'elle croyait éminemment aristocratique, l'Angleterre, révérant la noblesse anglaise, ignorant qu'elle est très récente, sachant mal cette histoire dont elle parlait sans cesse, ne soupçonnant nullement le mécanisme par lequel l'Angleterre, puisant incessamment d'en bas, fait toujours de la noblesse. Nul peuple ne sait mieux faire du vieux.

Il ne fallait pas moins que le grand rêveur, le grand fascinateur du monde, l'amour, pour faire accroire à cette femme passionnée qu'on pouvait mettre le jeune officier, le roué sans consistance, créature brillante et légère, à la tête d'un si grand mouvement. La gigantesque épée de la Révolution eût passé, comme gage d'amour, d'une femme à un jeune fat! Cela était déjà assez ridicule. Ce qui l'était encore plus, c'est que cette chose hasardée, elle prétendait la faire dans les limites prudentes d'une politique bâtarde, d'une liberté quasi anglaise, d'une association avec les Feuillants, un parti fini, avec La Fayette, à peu près fini; de sorte que la folie n'avait pas même ce qui fait réussir la folie parfois, d'être hardiment folle.

Robespierre et les jacobins supposaient gratuitement que Narbonne et Mme de Staël étaient étroitement liés avec Brissot et la Gironde, et que les uns et les autres s'entendaient avec la cour pour précipiter la France dans la guerre, pour amener, par la guerre, la contre-révolution.

Tout cela était un roman. Ce qui est prouvé aujourd'hui, c'est qu'au contraire la Gironde détestait Mme de Staël, c'est que la cour haïssait Narbonne et frémissait de ce projet aventureux de la guerre où on voulait la lancer; elle pensait avec raison que, le lendemain, au premier échec, accusée de trahison, elle allait se trouver dans un péril épouvantable, que Narbonne et La Fayette ne tiendraient pas un moment, que la Gironde leur arracherait l'épée, à peine tirée, pour la tourner contre le roi.

« Voyez-vous, disait Robespierre, que le plan de cette guerre perfide, par laquelle on veut nous livrer aux rois de l'Europe, sort justement de l'ambassade de Suède? » C'était supposer que Mme de Staël était véritablement la femme de son mari, qu'elle agissait pour M. de Staël et d'après les instructions de sa cour; supposition ridicule, quand on la voyait si publiquement éperdue d'amour pour Narbonne, impatiente de l'illustrer. La pauvre Corinne, hélas! avait vingt-cinq ans, elle était fort imprudente, passionnée, généreuse, à cent lieues de toute idée d'une trahison politique. Ceux qui savent la nature, et l'âge, et la passion, mieux que ne les savait le trop subtil logicien, comprendront parfaitement cette chose, fâcheuse, à coup sûr, immorale, mais enfin réelle : elle agissait pour son amant, nullemnt pour son mari. Elle avait hâte d'illustrer le premier dans la croisade révolutionnaire, et s'inquiétait médiocrement si les coups ne tomberaient pas sur l'auguste maître de l'ambassadeur de Suède.

Le 11 janvier, Narbonne, ayant, dans un voyage rapide, parcouru les frontières, vint rendre compte à l'Assemblée. Vrai compte de courtisan. Soit précipitation, soit ignorance, il fit un tableau splendide de notre situation militaire, donna des chiffres énormes de troupes, des exagérations de toute espèce, qui, plus tard, furent pulvérisées par un Mémoire de Dumouriez.

La chute de M. de Narbonne, renversé par les Girondins, rendit tout à coup Mme de Staël zélée royaliste. Elle rédigea un plan d'évasion pour la famille royale. Mais elle voulait que Narbonne, son héros, en eût l'honneur. La cour ne crut pas pouvoir se fier à des mains si légères. Réfugiée en Suisse pendant la Terreur, après Thermidor partisan aveugle de la réaction, elle change brusquement en 96, appuie le Directoire et participe indirectement au coup d'État qui sauva la République.

Bonaparte la haïssait, croyant qu'elle avait aidé Necker dans ses derniers ouvrages, fort contraires à sa politique. Il n'a pas trouvé de meilleur moyen de la dénigrer que de dire qu'elle lui avait fait je ne sais quelle déclaration d'amour ; chose infiniment peu probable à l'époque où elle était toute livrée à Benjamin Constant, qu'elle lança dans l'opposition contre Bonaparte. On sait les persécutions ridicules du maître de l'Europe, l'exil de Mme de Staël, la saisie de son *Allemagne*, et les étranges propositions qu'on lui fît porter plusieurs fois. Bonaparte, consul, lui avait offert de lui rembourser deux millions, prêtés en 89 par M. Necker, et, plus tard, il lui fit demander d'écrire pour le roi de Rome.

En 1812, il lui fallut fuir en Autriche, en Russie, en Suède. La terre lui manquait lorsqu'elle écrivit ses *Dix Ans d'exil*. Elle avait épousé, en 1810, un jeune officier, malade et blessé, M. de Rocca, plus jeune de vingt et un ans. Elle est morte en 1817.

Au total, femme excellente, d'un bon cœur et d'un grand talent, qui, peut-être, sans les salons, sans les amitiés médiocres, sans les misères du monde parleur, du monde scribe, eût eu du génie.

IX

LES SALONS. — Mme DE CONDORCET

Presque en face des Tuileries, sur l'autre rive, en vue du pavillon de Flore et du salon royaliste de Mme de Lamballe, est le palais de la Monnaie. Là fut un autre salon, celui de M. de Condorcet, qu'un contemporain appelle le foyer de la République.

Ce salon européen de l'illustre secrétaire de l'Académie des Sciences vit en effet se concentrer, de tous les points du monde, la pensée républicaine du temps. Elle y fermenta, y prit corps et figure, y trouva ses formules. Pour l'initiative et l'idée première, elle appartenait, nous l'avons vu, dès 89, à Camille Desmoulins. En juin 91, Bonneville et les Cordeliers ont poussé le premier cri.

Le dernier des philosophes du grand dix-huitième siècle, celui qui survivait à tous pour voir leurs théories lancées dans le champ des réalités, était M. de Condorcet, secrétaire de l'Académie des Sciences, le successeur de d'Alembert, le dernier correspondant de Voltaire, l'ami de Turgot. Son salon était le centre naturel de l'Europe pensante. Toute nation, comme toute science, y avait sa place. Tous les étrangers distingués, après avoir reçu les théories de la France, venaient là en chercher, en discuter l'application. C'étaient l'Américain Thomas Payne, l'Anglais Williams, l'Écossais Mackintosh; le Genevois Dumont, l'Allemand Anacharsis Clootz ; ce dernier, nullement en rapport avec un tel salon, mais en 91 tous y venaient, tous y étaient confondus. Dans un coin immuablement était l'ami assidu, le médecin Cabanis, maladif et mélancolique, qui avait transporté à cette maison le tendre, le profond attachement qu'il avait eu pour Mirabeau.

Parmi ces illustres penseurs planait la noble et virginale figure de Mme de Condorcet, que Raphaël aurait prise pour type de la métaphysique. Elle était toute lumière ; tout semblait s'éclairer, s'épurer sous son regard. Elle avait été chanoinesse, et paraissait moins encore une dame qu'une noble demoiselle. Elle avait alors vingt-sept ans (vingt-deux de moins que son mari). Elle venait d'écrire ses *Lettres sur la Sympathie*, livre d'analyse fine et délicate, où, sous le voile d'une extrême réserve, on sent néanmoins souvent la mélancolie d'un jeune cœur auquel quelque chose a manqué[1]. On a supposé vainement qu'elle

---

1. Le touchant petit livre écrit avant la Révolution a été publié après, en 98; il participe des deux époques. Les lettres sont adressées à Cabanis, le beau-frère de l'aimable auteur, l'ami inconsolable, le confident de la blessure profonde. Elles sont achevées dans ce pâle Élysée d'Auteuil, plein de regrets,

eût ambitionné les honneurs, la faveur de la cour, et que son dépit la jeta dans la Révolution. Rien de plus loin d'un tel caractère.

Ce qui est moins invraisemblable, c'est ce qu'on a dit aussi : qu'avant d'épouser Condorcet elle lui aurait déclaré qu'elle n'avait point le cœur libre; elle aimait, et sans espoir. Le sage accueillit cet aveu avec une bonté paternelle; il le respecta. Deux ans entiers, selon la même tradition, ils vécurent comme deux esprits. Ce ne fut qu'en 89, au beau moment de juillet, que Mme de Condorcet vit tout ce qu'il y avait de passion dans cet homme froid en apparence; elle commença d'aimer le grand citoyen, l'âme tendre et profonde qui couvait, comme son propre bonheur, l'espoir du bonheur de l'espèce humaine. Elle le trouva jeune de l'éternelle jeunesse de cette grande idée, de ce beau désir. L'unique enfant qu'ils aient eu naquit neuf mois après la prise de la Bastille, en avril 90.

Condorcet, âgé alors de quarante-neuf ans, se retrouvait jeune, en effet, de ces grands événements : il commençait une vie nouvelle, la troisième. Il avait eu celle du mathématicien avec d'Alembert, la vie critique avec Voltaire, et maintenant il s'embarquait sur l'océan de la vie politique. Il avait rêvé le progrès; aujourd'hui il allait le faire, ou du moins s'y dévouer. Toute sa vie

---

d'ombres aimées. Elles parlent bas, ces lettres; la sourdine est mise aux cordes sensibles. Dans une si grande réserve, néanmoins, on ne distingue pas toujours, parmi les allusions, ce qui est des premiers chagrins de la jeune fille ou des regrets de la veuve. Est-ce à Condorcet, est-ce à Cabanis que s'adresse ce passage délicat, ému, qui allait être éloquent, mais elle s'arrête à temps : « Le réparateur et le guide de notre bonheur... »

avait offert une remarquable alliance entre deux facultés rarement unies, la ferme raison et la foi infinie à l'avenir. Ferme contre Voltaire même, quand il le trouva injuste, ami des Économistes, sans aveuglement pour eux, il se maintint de même indépendant à l'égard de la Gironde. On lit encore avec admiration son plaidoyer pour Paris contre le préjugé des provinces, qui fut celui des Girondins.

Ce grand esprit était toujours présent, éveillé, maître de lui-même. Sa porte était toujours ouverte, quelque travail abstrait qu'il fît. Dans un salon, dans une foule, il pensait toujours; il n'avait nulle distraction. Il parlait peu, entendait tout, profitait de tout; jamais il n'a rien oublié. Toute personne spéciale qui l'interrogeait le trouvait plus spécial encore dans la chose qui l'occupait. Les femmes étaient étonnées, effrayées, de voir qu'il savait jusqu'à l'histoire de leurs modes, et très haut en remontant, et dans le plus grand détail. Il paraissait très froid, ne s'épanchait jamais. Ses amis ne savaient son amitié que par l'extrême ardeur qu'il mettait secrètement à leur rendre des services. « C'est un volcan sous la neige », disait d'Alembert. Jeune, dit-on, il avait aimé, et, n'espérant rien, il fut un moment tout près du suicide. Agé et alors bien mûr, mais au fond non moins ardent, il avait pour sa Sophie un amour contenu, immense, de ces passions profondes d'autant plus qu'elles sont tardives, plus profondes que la vie même, et qu'on ne peut sonder.

Noble époque! et qu'elles furent dignes d'être

aimées, ces femmes, dignes d'être confondues par l'homme avec l'idéal même, la patrie et la vertu !... Qui ne se rappelle encore ce déjeuner funèbre où pour la dernière fois les amis de Camille Desmoulins le prièrent d'arrêter son *Vieux Cordelier*, d'ajourner sa demande du *Comité de la clémence* ? Sa Lucile, s'oubliant comme épouse et comme mère, lui jette les bras au cou : « Laissez-le, dit-elle, laissez, qu'il suive sa destinée ? »

Ainsi elles ont glorieusement consacré le mariage et l'amour, soulevant le front fatigué de l'homme en présence de la mort, lui versant la vie encore, l'introduisant dans l'immortalité.

Elles aussi, elles y seront toujours. Toujours les hommes qui viendront regretteront de ne point les avoir vues, ces femmes héroïques et charmantes. Elles restent associées, en nous, aux plus nobles rêves du cœur, types et regrets d'amour éternel !

Il y avait comme une ombre de cette tragique destinée dans les traits et l'expression de Condorcet. Avec une contenance timide (comme celle du savant, toujours solitaire au milieu des hommes), il avait quelque chose de triste, de patient, de résigné. Le haut du visage était beau. Les yeux, nobles et doux, pleins d'une idéalité sérieuse, semblaient regarder au fond de l'avenir. Et cependant son front vaste à contenir toute science semblait un magasin immense, un trésor complet du passé.

L'homme était, il faut le dire, plus vaste que fort, On le pressentait à sa bouche, un peu molle et faible, un peu retombante. L'universalité, qui disperse l'esprit sur tout objet, est une cause d'énervation.

Ajoutez qu'il avait passé sa vie dans le dix-huitième siècle, et qu'il en portait le poids. Il en avait traversé toutes les disputes, les grandeurs et les petitesses. Il en avait fatalement les contradictions. Neveu d'un évêque tout jésuite, élevé en partie par ses soins, il devait beaucoup aussi au patronage des La Rochefoucauld. Quoique pauvre, il était noble, titré, marquis de Condorcet. Naissance, position, relations, beaucoup de choses le rattachaient à l'Ancien-Régime. Sa maison, son salon, sa femme, présentaient même contraste.

Mme de Condorcet, née Grouchy, d'abord chanoinesse, élève enthousiaste de Rousseau et de la Révolution, sortie de sa position demi-ecclésiastique pour présider un salon qui était le centre des libres penseurs, semblait une noble religieuse de la philosophie.

La crise de juin 91 devait décider Condorcet, elle l'appelait à se prononcer. Il lui fallait choisir entre ses relations, ses précédents d'une part, et de l'autre ses idées. Quant aux intérêts, ils étaient nuls avec un tel homme. Le seul peut-être auquel il eût été sensible, c'est que, la République abaissant toute grandeur de convention et rehaussant d'autant les supériorités naturelles, sa Sophie fût trouvée reine.

M. de La Rochefoucauld, son intime ami, ne désespérait pas de neutraliser son républicanisme, comme celui de La Fayette. Il croyait avoir bon marché du savant modeste, de l'homme doux et timide, que sa famille d'ailleurs avait autrefois protégé. On allait jusqu'à affirmer, répandre dans le public que Condorcet partageait les idées royalistes de Sieyès. On le compromettait ainsi, et en même temps on lui offrait comme tentation la perspective d'être nommé gouverneur du Dauphin.

Ces bruits le décidèrent probablement à se déclarer plus tôt qu'il n'aurait fait peut-être. Le 1er juillet, il fit annoncer par la *Bouche-de-fer* qu'il parlerait au Cercle social sur la République. Il attendit jusqu'au 12, et ne le fit qu'avec certaine réserve. Dans un discours ingénieux, il refute plusieurs des objections banales qu'on fait à la République, ajoutant toutefois ces paroles, qui étonnèrent fort : « Si pourtant le peuple se réserve d'appeler une Convention pour prononcer si l'on conserve le trône, si l'hérédité continue pour un petit nombre d'années entre deux Conventions, *la royauté, en ce cas, n'est pas essentiellement contraire aux droits des citoyens...* » Il faisait allusion au bruit qui courait, qu'on devait le nommer gouverneur du Dauphin, et disait qu'en ce cas il lui apprendrait surtout à savoir se passer du trône.

Cette apparence d'indécision ne plut pas beaucoup aux républicains et choqua les royalistes Ceux-ci furent bien plus blessés encore, quand on répandit dans Paris un pamphlet spirituel, moqueur, écrit d'une main si grave. Condorcet y fut probablement l'écho et le secrétaire de la jeune société qui fréquentait son salon. Le pamphlet était une *Lettre d'un jeune mécanicien*, qui, pour une somme modique, s'engageait à faire un excellent roi constitutionnel. « Ce roi, disait-il, s'acquitterait à merveille des fonctions de la royauté, marcherait aux cérémonies, siégerait convenablement, irait à la messe, et même, au moyen de certain ressort, prendrait des mains du président de l'Assemblée la liste des ministres que désignerait la majorité... Mon roi ne serait pas dangereux pour la liberté; et cependant, en le réparant avec soin, il serait éternel, ce qui est encore plus beau que d'être héréditaire. On pourrait même le déclarer inviolable sans injustice, et le dire infaillible sans absurdité. »

Chose remarquable, cet homme mûr et grave, qui s'embarquait par une plaisanterie sur l'océan de la Révolution, ne se dissimulait nullement les chances qu'il allait courir. Plein de foi dans l'avenir lointain de l'espèce humaine, il en avait moins pour le présent, ne se faisait nullement illusion sur la situation, en voyait très bien les dangers. Il craignait, non pour lui-même (il donnait volontiers sa vie), mais pour cette femme adorée, pour ce jeune enfant né à peine du moment sacré de Juillet. Depuis plusieurs mois, il s'était secrètement informé du port par lequel il pourrait, au besoin, faire échapper sa famille, et il s'était arrêté à celui de Saint-Valery.

Tout fut ajourné, et, de proche en proche, l'événement arriva. Il arriva par Condorcet lui-même; cet homme si prudent devint hardi en pleine Terreur. Rédacteur du projet de Constitution en 92, il attaqua violemment la Constitution de 93, et fut obligé de chercher un asile contre la proscription.

X

SUITE. — Mme DE CONDORCET (94)

« L'amour est fort comme la mort. » — Et ce sont ces temps de mort qui sont ses triomphes peut-être; car la mort verse à l'amour je ne sais quoi d'âcre et de brûlant, d'amères et divines saveurs qui ne sont point d'ici-bas.

En lisant l'audacieux voyage de Louvet à travers toute la France pour retrouver ce qu'il aimait, en assistant à ces moments où, réunis par le sort dans la cachette de Paris ou la caverne du Jura, ils tombent dans les bras l'un de l'autre, défaillants, anéantis, qui n'a dit cent fois : « O mort, si tu as cette puissance de centupler, transfigurer à ce point les joies de la vie, tu tiens vraiment les clés du ciel ! »

L'amour a sauvé Louvet. Il avait perdu Desmoulins en le confirmant dans son héroïsme. Il n'a pas été étranger à la mort de Condorcet.

Le 6 avril 1794, Louvet entrait dans Paris pour revoir sa Lodoïska, Condorcet en sortait pour diminuer les dangers de sa Sophie.

C'est du moins la seule explication qu'on puisse trouver à cette fuite du proscrit, qui lui fit quitter son asile.

Dire, comme on a fait, que Condorcet sortit de Paris uniquement pour voir la campagne et séduit par le printemps, c'est une étrange explication, invraisemblable et peu sérieuse.

Pour comprendre, il faut voir la situation de cette famille.

Mme de Condorcet, belle, jeune et vertueuse, épouse de l'illustre proscrit, qui eût pu être son père, s'était trouvée, au moment de la proscription et du sequestre de ses biens, dans un complet dénuement. Ni l'un ni l'autre n'avaient les moyens de fuir. Cabanis, leur ami, s'adressa à deux élèves en médecine, célèbres depuis, Pinel et Boyer. Condorcet fut mis par eux dans un lieu quasi public, chez une dame Vernet, près du Luxembourg, qui prenait quelques pensionnaires pour le logis et la table. Cette dame fut admirable. Un Montagnard qui logeait dans la maison se montra bon et discret, rencontrant Condorcet tous les jours, sans vouloir le reconnaître. Mme de Condorcet logeait à Auteuil, et chaque jour venait à Paris à pied. Chargée d'une sœur malade, de sa vieille gouvernante, embarrassée d'un jeune enfant, il lui fallait pourtant vivre, faire vivre les siens. Un jeune frère du secrétaire de Condorcet tenait pour elle, rue Saint-Honoré, n° 352 (à deux pas de Robespierre), une petite boutique de lingerie. Dans l'entre-sol au-dessus de la boutique, elle faisait des portraits. Plusieurs des puissants du moment venaient se faire peindre. Nulle industrie ne prospéra davantage sous la Terreur; on se hâtait de fixer sur la toile une ombre de cette vie si peu sûre. L'attrait singulier de pureté, de dignité, qui était en cette jeune femme, amenait là les violents, les ennemis de son mari. Que ne dut-elle pas entendre ! Quelles dures et cruelles paroles ! Elle en est restée atteinte, languissante, maladive pour toujours. Le soir, parfois, quand elle osait, tremblante et le cœur brisé, elle se glissait dans l'ombre jusqu'à la rue Servandoni, sombre, humide ruelle, cachée sous les tours de Saint-Sulpice. Frémissant d'être rencontrée, elle montait d'un pas léger au pauvre réduit du grand homme; l'amour et l'amour filial donnaient à Condorcet quelques heures de joie, de bonheur. Inutile de dire ici combien elle cachait les épreuves du jour, les humiliations, les duretés, les légèretés barbares, ces supplices d'une âme blessée au prix desquels elle soutenait son mari, sa famille, diminuant les haines par sa patience, charmant les colères, peut-être retenant le fer suspendu. Mais Condorcet était trop pénétrant pour ne pas deviner toute chose; il lisait tout, sous ce pâle sourire dont elle déguisait sa mort intérieure. Si mal caché, pouvant à tout moment se perdre et la perdre, comprenant parfaitement tout ce qu'elle souffrait et risquait pour lui, il ressentait le plus puissant aiguillon de la Terreur. Peu expansif, il gardait tout, mais haïssait de plus en plus une vie qui compromettait ce qu'il aimait plus que la vie.

Qu'avait-il fait pour mériter ce supplice? Nulle des fautes des Girondins. Loin d'être fédéraliste, il avait, dans un livre ingénieux, défendu le droit de Paris, démontré l'avantage d'une telle capitale, comme instrument de centralisation. Le nom de la République, le premier manifeste républicain, avait été écrit chez lui et lancé par ses amis, quand Robespierre, Danton, Vergniaud, tous enfin hésitaient encore. Il avait écrit, il est vrai, ce premier projet de constitution, impraticable, inapplicable, dont on n'eût pu jamais mettre la machine en mouvement, tant elle est chargée, surchargée, de garanties, de barrières, d'entraves pour le pouvoir, d'assurances pour l'individu. Le mot terrible de Chabot, que la constitution préférée, celle de 93, n'est qu'un piège, un moyen habile d'organiser la dictature, Condorcet ne l'avait pas dit, mais il l'avait démontré dans une brochure violente. Chabot, effrayé de sa propre audace, crut se concilier Robespierre en faisant proscrire Condorcet.

Celui-ci, qui avait fait cette chose hardie le lendemain du 31 mai, savait bien qu'il jouait sa vie. Il s'était fait donner un poison sûr par Cabanis. Fort de cette arme, et pouvant toujours disposer de lui, il voulait, de son asile, continuer la polémique, le duel de la logique contre le couteau, terrifier la Terreur des traits vainqueurs de la Raison. Telle était sa foi profonde dans ce dieu du dix-huitième siècle, dans son infaillible victoire par le bon sens du genre humain.

Une douce puissance l'arrêta, invincible et souveraine, la voix de cette femme aimée, souffrante fleur, laissée là en otage aux violences du monde, tellement exposée par lui, qui pour lui vivait, mourait. Mme de Condorcet lui demanda le sacrifice le plus fort, celui de sa passion, de son combat engagé, c'est-à-dire celui de son cœur. Elle lui dit de laisser là ses ennemis d'un jour, tout ce monde de furieux qui allait passer, et de s'établir hors du temps, de prendre déjà possession de son immortalité, de réaliser l'idée qu'il avait nourrie d'écrire un *Tableau des progrès de l'esprit humain.*

Grand fut l'effort. Il y paraît à l'absence apparente de passion, à la froideur austère et triste que l'auteur s'est imposée. Bien des choses sont élevées, beaucoup sèchement indiquées[1]. Le temps pressait. Comment savoir s'il y avait un lendemain? Le solitaire, sous son toit glacé, ne voyant de sa lucarne que le sommet dépouillé des arbres du Luxembourg, dans l'hiver de 93, précipitait l'âpre travail, les jours sur les jours, les nuits sur les nuits, heureux de dire à chaque feuille, à chaque siècle de son histoire : « Encore un âge du monde soustrait à la mort. »

Il avait, à la fin de mars, revécu, sauvé, consacré tous les siècles et tous les âges; la vitalité des sciences, leur puissance d'éternité, semblait dans son livre et dans lui. Qu'est-ce que l'histoire et la science? la lutte contre la mort. La véhémente aspiration d'une grande âme immortelle pour communiquer l'immortalité emporta alors le sage jusqu'à élever son vœu à cette forme prophétique : « La science aura vaincu la mort. Et alors, on ne mourra plus. »

---

1. Cette sécheresse n'est qu'extérieure. On le sent bien en lisant, dans ses dernières paroles à sa fille, la longue et tendre recommandation qu'il lui fait d'aimer et ménager les animaux, la tristesse qu'il exprime sur la dure loi qui les oblige à se servir mutuellement de nourriture.

Défi sublime au règne de la mort, dont il était environné. Noble et touchante vengeance!... Ayant réfugié son âme dans le bonheur à venir du genre humain, dans ses espérances infinies, sauvé par le salut futur, Condorcet, le 6 avril, la dernière ligne achevée, enfonça son bonnet de laine, et, dans sa veste d'ouvrier, franchit au matin le seuil de la bonne Mme Vernet. Elle avait deviné son projet, et le surveillait; il n'échappa que par ruse. Dans une poche il avait son ami fidèle, son libérateur; dans l'autre, le poète romain qui a écrit les hymnes funèbres de la liberté mourante[1].

Il erra tout le jour dans la campagne. Le soir, il entra dans le charmant village de Fontenay-aux-Roses, fort peuplé de gens de lettres, beau lieu où lui-même, secrétaire de l'Académie des sciences, associé pour ainsi dire à la royauté de Voltaire, il avait eu tant d'amis, et presque des courtisans; tous en fuite ou écartés. Restait la maison du *Petit-Ménage;* on nommait ainsi M. et Mme Suard. Véritable miniature de taille et d'esprit. Suard, joli petit homme, madame vive et gentille, étaient tous deux gens de lettres, sans faire de livres pourtant, seulement de courts articles, quelques travaux pour les ministres, des nouvelles sentimentales (en cela excellait madame). Jamais il n'y eut personne pour mieux

---

1. Altera jam teritur bellis civilibus ætas;
 . . . .
    Justum et tenacem propositi virum
 . . . .
    Et cuncta terrarum subacta
    Præter atrocem animam Catonis.

arranger sa vie. Tous deux aimés, influents et considérés jusqu'au dernier jour. Suard est mort censeur royal.

Ils se tenaient tapis là, sous la terre, attendant que passât l'orage, et se faisant tout petits. Quand ce proscrit fatigué, à mine hâve, à barbe sale, dans son triste déguisement, leur tomba à l'improviste, le joli petit ménage en fut cruellement dérangé. Que se passa-t-il ? on l'ignore. Ce qui est sûr, c'est que Condorcet ressortit immédiatement par une porte du jardin. Il devait revenir, dit-on ; la porte devait rester ouverte ; il la retrouva fermée. L'égoïsme connu des Suard ne me paraît pas suffisant pour autoriser cette tradition. Ils affirment, et je les crois, que Condorcet, qui quittait Paris pour ne compromettre personne, ne voulut point les compromettre ; il aura demandé, reçu des aliments : voilà tout.

Il passa la nuit dans les bois, et le jour encore. Mais la marche l'épuisait. Un homme, assis depuis un an, tout à coup marchant sans repos, fut bientôt mort de fatigue. Force donc lui fut, avec sa barbe longue, ses yeux égarés, d'entrer, pauvre famélique, dans un cabaret de Clamart. Il mangea avidement, et, en même temps, pour soutenir son cœur, il ouvrit le poète romain. Cet air, ce livre, ces mains blanches, tout le dénonçait. Des paysans qui buvaient là (c'était le comité révolutionnaire de Clamart) virent bientôt tout de suite que c'était un ennemi de la République. Ils le traînèrent au district. La difficulté était qu'il ne pouvait plus faire un pas. Ses pieds étaient déchirés. On le hissa sur une misérable haridelle d'un vigneron qui passait. Ce fut dans cet équipage que cet illustre représentant du dix-huitième siècle fut solennellement conduit à la prison de Bourg-la-Reine. Il épargna à la République la honte du parricide, le crime de frapper le dernier des philosophes sans qui elle n'eût point existé.

XI

SOCIÉTÉS DE FEMMES
OLYMPES DE GOUGES. — ROSE LACOMBE

Les Jacobins s'appelant *Amis de la Constitution*, la Société qui se réunissait au-dessous de leur salle s'intitulait : Société fraternelle des patriotes des deux sexes *défenseurs de la Constitution*. Elle avait pris une forte consistance en mai 91. Dans une grande occasion, où elle proteste contre les décrets de l'Assemblée constituante, elle tire son appel à trois mille. Elle reçoit, vers cette époque, un membre illustre, Mme Roland, alors en voyage à Paris.

Nous savons peu, malheureusement, l'histoire des sociétés de femmes. C'est dans les mentions accidentelles de journaux, dans les biographies, etc., qu'on en recueille quelques légères traces.

Plusieurs de ces sociétés furent fondées vers 90 et 91 par la brillante improvisatrice du Midi, Olympe de Gouges, qui, comme Lope de Vega, dictait une tragédie par jour. Elle était fort illettrée; on a dit même qu'elle ne savait ni lire ni écrire. Elle était née à Montauban (1755) d'une revendeuse à la toilette et d'un père marchand, selon les uns, selon d'autres homme de lettres. Quelques-uns la croyaient bâtarde de Louis XV. Cette femme infortunée, pleine d'idées généreuses, fut le martyr, le jouet de sa mobile sensibilité. Elle a fondé le droit des femmes par un mot juste et sublime : « Elles ont bien le droit de monter à la tribune, puisqu'elles ont celui de monter à l'échafaud. »

Révolutionnaire en juillet 89, elle fut royaliste au 6 octobre, quand elle vit le roi captif à Paris. Républicaine en juin 91, sous l'impression de la fuite et de la trahison de Louis XVI, elle lui redevint favorable quand on lui fit son procès. On raillait son inconséquence, et, dans sa véhémence méridionale, elle proposait aux railleurs des duels au pistolet.

Le parti de La Fayette contribua surtout à la perdre, en la mettant à la tête d'une fête contre-révolutionnaire. On la fit agir, écrire dans plus d'une affaire que sa faible tête ne comprenait pas. Mercier et ses autres amis lui conseillaient en vain de s'arrêter, toujours elle allait, comptant sur la pureté de ses intentions; elle les expliqua au public dans un très noble pamphlet, *la Fierté de l'innocence*. La pitié lui fut mortelle. Quand elle vit le roi à la barre de la Convention, républicaine sincère, elle n'offrit pas moins de le défendre. L'offre ne fut pas acceptée; mais dès lors elle fut perdue.

Les femmes, dans leurs dévouements publics où elles bravent les partis, risquent bien plus que les hommes. C'était un odieux machiavélisme de ce temps de mettre la main sur celles dont l'héroïsme pouvait exciter l'enthousiasme, de les rendre ridicules par ces outrages que la brutalité inflige aisément à un sexe faible. Un jour, saisie dans un groupe, Olympe est prise par la tête; un brutal tient cette tête serrée sous le bras, lui arrache le bonnet; ses cheveux se déroulent... pauvres cheveux gris, quoiqu'elle n'eût que trente-huit ans; le talent et la passion l'avaient consumée. « Qui veut la tête d'Olympe pour quinze sous ? » criait le barbare. Elle, doucement, sans se troubler : « Mon ami, dit-elle, mon ami, j'y mets la pièce de trente. » On rit, et elle échappa.

Ce ne fut pas pour longtemps. Traduite au tribunal révolutionnaire, elle eut l'affreuse amertume de voir son fils la renier avec mépris. Là, la force lui manqua. Par une triste réaction de la nature dont les plus intrépides ne sont pas toujours exempts, amollie et trempée de larmes, elle se remit à être femme, faible, tremblante, à avoir peur de la mort. On lui dit que des femmes enceintes avaient obtenu un ajournement du supplice. Elle voulut, dit-on, l'être aussi. Un ami lui aurait rendu, en pleurant, le triste office, dont on prévoyait l'inutilité. Les matrones et les chirurgiens consultés par le tribunal furent assez cruels pour dire que, s'il y avait grossesse, elle était trop récente pour qu'on pût la constater.

Elle reprit tout son courage devant l'échafaud, et mourut en recommandant à la patrie sa vengeance et sa mémoire.

Les sociétés de femmes, tout à fait changées en 93, influent alors puissamment. Celle des *Femmes révolutionnaires* a alors pour chef et meneur, Rose Lacombe, une fille éloquente, hardie, qui, la nuit du 31 mai, dans la réunion générale de l'Évêché où fut décidée la perte des Girondins, prit la plus violente initiative et dépassa de beaucoup la fureur des hommes. Elle avait alors pour amant le jeune Lyonnais Leclerc, disciple, je crois, de Chalier, et intimement lié avec Jacques Roux, le tribun de la rue Saint-Martin, dont les prédications répandaient quelques idées communistes. Leclerc, Roux et d'autres, après la mort de Marat, firent un journal d'une tendance très peu maratiste : *Ombre de Marat*.

Ces hardis novateurs, violemment haïs de Robespierre et des jacobins, rendirent ceux-ci hostiles aux sociétés de femmes, où leurs nouveautés étaient bien reçues.

D'autre part, les poissardes ou dames de la Halle, royalistes en grande partie et toutes fort irritées de la diminution de leur commerce, en voulaient aux sociétés de femmes, que, très injustement, elles en rendaient responsables. Plus fortes et mieux nourries que ces femmes (pauvres ouvrières), elles les battaient souvent. Mainte fois, elles envahirent une de ces sociétés sous les charniers Saint-Eustache et la mirent en fuite à force de coups.

D'autre part, les républicaines trouvaient mauvais que les poissardes négligeassent de porter la cocarde nationale, que tout le monde portait, conformément à la loi. En octobre 93, époque de la mort des Girondins, habillées en hommes et armées, elles se promenèrent aux Halles et injurièrent les poissardes. Celles-ci tombèrent sur elles, et, de leurs robustes mains, leur appliquèrent, au grand amusement des hommes, une indécente correction. Paris ne parla d'autre chose. La Convention jugea, mais contre les victimes; elle défendit aux femmes de s'assembler. Cette grande question sociale se trouva ainsi étranglée par hasard.

Que devint Rose Lacombe? Chose étrange! cette femme violente eut, comme la plupart des terroristes du temps, un jour de faiblesse et d'humanité qui faillit la perdre. Elle se compromit fort en essayant de sauver un suspect. C'est le moment tragique de mars 94. Elle demanda un passeport, comme actrice, engagée au théâtre de Dunkerque.

En juin 94, nous la retrouvons assise à la porte des prisons, vendant aux détenus du vin, du sucre, du pain d'épice, etc., etc., position lucrative, qui, par la connivence des geôliers, permettait de vendre à tout prix. On n'eût pu reconnaître la fougueuse bacchante de 93. Elle était devenue une marchande intéressée; du reste, douce et polie.

XII

THÉROIGNE DE MÉRICOURT (89-93)

Il existe un fort bon portrait gravé de la belle, vaillante, infortunée Liégeoise, qui, au 5 octobre, eut la grande initiative de gagner le régiment de Flandre, de briser l'appui de la royauté, qui, au 10 août, parmi les premiers combattants, entra au château l'épée à la main, et reçut une couronne de la main des vainqueurs. — Malheureusement, ce portrait, dessiné à la Salpêtrière, quand elle fut devenue folle, rappelle bien faiblement l'héroïque beauté qui ravit le cœur de nos pères et leur fit voir dans une femme l'image même de la Liberté.

La tête ronde et forte (vrai type liégeois), l'œil noir, un peu gros, un peu dur, n'a pas perdu sa flamme. La passion y reste encore, et la trace du violent amour dont cette fille vécut et mourut, — amour d'un homme? non (quoique la chose semble étrange à dire pour une telle vie), l'amour de l'idée, l'amour de la Liberté et de la Révolution.

L'œil de la pauvre fille n'est pourtant point hagard; il est plein d'amertume, de reproche et de douleur, plein du sentiment d'une si grande ingratitude!... Du reste, le temps a frappé, non moins que le malheur. Les traits grossis ont pris quelque chose de matériel. Sauf les cheveux noirs serrés d'un fichu, tout est abandonné, le sein nu, dernière beauté qui reste, sein conservé de formes pures, fermes et virginales, comme pour témoigner que l'infortunée, prodiguée aux passions des autres, elle-même usa peu de la vie.

Pour comprendre cette femme, il faudrait bien connaître son pays, le pays wallon, de Tournai jusqu'à Liège, connaître surtout Liège, notre ardente petite France de Meuse, avant-garde jetée si loin au milieu des populations allemandes des Pays-Bas. J'ai conté sa glorieuse histoire au quinzième siècle, quand, brisée tant de fois, jamais vaincue, cette population héroïque d'une ville combattit un empire, quand trois cents Liégeois, une nuit, forcèrent un camp de quarante mille hommes pour tuer Charles-le-Téméraire (*Histoire de France*, t. VI.) Dans nos guerres de 93, j'ai dit comment un ouvrier wallon, un batteur de fer de Tournai, le ferblantier Meuris, par un dévouement qui rappelle celui de ces trois cents, sauva la ville de Nantes, comment la Vendée s'y brisa pour le salut de la France. (*Histoire de la Révolution.*)

Pour comprendre Théroigne, il faudrait connaître encore le sort de la ville de Liège, ce martyr de la liberté au commencement de la Révolution. Serve de la pire tyrannie, serve de prêtres, elle s'affranchit deux ans, et ce fut pour retomber sous son évêque, rétabli par l'Autriche. Réfugiés en foule chez nous, les Liégeois brillèrent dans nos armées par leur valeur fougueuse, et marquèrent non moins dans nos clubs par leur colérique éloquence. C'étaient nos frères ou nos enfants. La plus touchante fête de la Révolution est peut-être celle où la Commune, les adoptant solennellement, promena dans Paris les archives de Liège, avant de les recevoir dans son sein à l'Hôtel de Ville.

Théroigne était la fille d'un fermier aisé, qui lui avait fait donner quelque éducation, et elle avait une grande vivacité d'esprit, beaucoup d'éloquence naturelle : cette race du Nord tient beaucoup du Midi. Séduite par un seigneur allemand, abandonnée, fort admirée en Angleterre et entourée d'amants, elle leur préférait à tous un chanteur italien, un castrat, laid et vieux, qui la pillait, vendit ses diamants. Elle se faisait alors appeler, en mémoire de son pays (la Campine), comtesse de Campinados. En France, ses passions furent de même des hommes étrangers à l'amour. Elle déclarait détester l'immoralité de Mirabeau ; elle n'aimait que le sec et froid Sieyès, ennemi-né des femmes. Elle distinguait encore un homme austère, l'un de ceux qui fondèrent plus tard le culte de la Raison, l'auteur du calendrier républicain, le mathématicien Romme, aussi laid de visage qu'il était pur et grand de cœur ; il le perça, ce cœur, le jour où il crut la République morte. Romme, en 89, arrivait de Russie ; il était gouverneur du jeune prince Strogonoff, et ne se faisait aucun scrupule de mener son élève aux salons de la Liégeoise, fréquentés par des hommes comme Sieyès et Pétion. C'est dire assez que Théroigne, quelle que fût sa position douteuse, n'était nullement une fille.

Les jours entiers, elle les passait à l'Assemblée, ne perdait pas un mot de ce qui s'y disait. Une des plaisanteries les plus ordinaires des royalistes qui rédigeaient les *Actes des apôtres*, c'était de marier Théroigne au député Populus, qui ne la connaissait même pas.

Quand Théroigne n'aurait rien fait, elle serait immortelle par un numéro admirable de Camille Desmoulins sur une séance des Cordeliers. Voici l'extrait que j'en ai fait ailleurs :

« L'orateur est interrompu. Un bruit se fait à la porte, un murmure flatteur, agréable... Une jeune femme entre et veut parler... Comment! ce n'est pas moins que mademoiselle Théroigne, la belle amazone de Liège! Voilà bien sa redingote de soie rouge, son grand sabre du 5 octobre. L'enthousiasme est au comble. « C'est la reine de Saba, « s'écrie Desmoulins, qui vient visiter le Salomon « des districts. »

« Déjà elle a traversé toute l'Assemblée d'un pas léger de panthère, elle est montée à la tribune. Sa jolie tête inspirée, lançant des éclairs, apparait entre les sombres figures apocalyptiques de Danton et de Marat.

« Si vous êtes vraiment des Salomons, dit Théroigne, eh bien, vous le prouverez, vous bâtirez le Temple, le temple de la liberté, le palais de l'Assemblée nationale... Et vous le bâtirez sur la place où fut la Bastille.

« Comment ! tandis que le pouvoir exécutif habite le plus beau palais de l'univers, le pavillon de Flore et les colonnades du Louvre, le pouvoir législatif est encore campé sous les tentes, au Jeu de paume, aux Menus, au Manège... comme la colombe de Noé, qui n'a point où poser le pied !

« Cela ne peut rester ainsi. Il faut que les peuples, en regardant les édifices qu'habiteront les deux pouvoirs, apprennent, par la vue seule, où réside le vrai souverain. Qu'est-ce qu'un souverain sans palais ? Un Dieu sans autel. Qui reconnaîtra son culte ?

« Bâtissons-le, cet autel ! Et que tous y contribuent, que tous apportent leur or, leurs pierreries ; moi, voici les miennes. Bâtissons le seul vrai temple. Nul autre n'est digne de Dieu que celui où fut prononcée la *Déclaration des droits de l'homme*. Paris, gardien de ce temple, sera moins une cité que la patrie commune à toutes, le rendez-vous des tribus, leur Jérusalem ! »

Quand Liège, écrasée par les Autrichiens, fut rendue à son tyran ecclésiastique, en 1791, Théroigne ne manqua pas à sa patrie. Mais elle fut suivie de Paris à Liège, arrêtée en arrivant, spécialement comme coupable de l'attentat du 6 octobre contre la reine de France, sœur de l'empereur Léopold. Menée à Vienne, et relâchée à la longue faute de preuves, elle revint exaspérée, surtout contre les agents de la reine qui l'auraient suivie, livrée. Elle écrivit son aventure ; elle voulait l'imprimer ; elle en avait lu, dit-on, quelques pages aux Jacobins, lorsque éclata le 10 août.

Un des hommes qu'elle haïssait le plus était le journaliste Suleau, l'un des plus furieux agents de la contre-révolution. Elle lui en voulait, non seulement pour les plaisanteries dont il l'avait criblée, mais pour avoir publié, à Bruxelles, chez les Autrichiens, un des journaux qui écrasèrent la Révolution à Liège, le *Tocsin des rois*. Suleau était dangereux, non par sa plume seulement, mais par son courage, par ses relations infiniment étendues, dans sa province et ailleurs. Montlosier conte que Suleau, dans un danger, lui disait : « J'enverrai, au besoin, toute ma Picardie à votre secours. » Suleau, prodigieusement actif, se multipliait ; on le rencontrait souvent déguisé. La Fayette, dès 90, dit qu'on le trouva ainsi, sortant le soir de l'hôtel de l'archevêché de Bordeaux. Déguisé cette fois encore, armé, le matin même du 10 août, au moment de la plus violente fureur populaire, quand la foule, ivre d'avance du combat qu'elle allait livrer, ne cherchait qu'un ennemi, Suleau, pris dès lors, était mort. On l'arrêta dans une fausse patrouille de royalistes, armés d'espingoles, qui faisaient une reconnaissance autour des Tuileries.

Théroigne se promenait avec un Garde-française sur la terrasse des Feuillants quand on arrêta Suleau. S'il périssait, ce n'était pas elle du moins qui pouvait le mettre à mort. Les plaisanteries mêmes qu'il avait lancées contre elle auraient dû le protéger. Au point de vue chevaleresque, elle devait le défendre ; au point de vue qui dominait alors l'imitation farouche des républicains de l'Antiquité, elle devait frapper l'ennemi public, quoiqu'il fût son ennemi. Un commissaire, monté sur un tréteau, essayait de calmer la foule ; Théroigne le renversa, le remplaça, parla contre Suleau. Deux cents hommes de garde nationale défendaient les prisonniers ; on obtint de la section un ordre de cesser toute résistance. Appelés un à un, ils furent égorgés par la foule. Suleau montra, dit-on, beaucoup de courage, arracha un sabre aux égorgeurs, essaya de se faire jour. Pour mieux orner le récit, on suppose que la virago (petite et fort délicate, malgré son ardente énergie) aurait sabré de sa main cet homme de grande taille, d'une vigueur et d'une force décuplées par le désespoir. D'autres disent que ce fut le Garde-française qui donnait le bras à Théroigne qui porta le premier coup.

Sa participation au 10 août, la couronne que lui décernèrent les Marseillais vainqueurs, avaient resserré ses liens avec les Girondins, amis de ces Marseillais et qui les avaient fait venir. Elle s'attacha encore plus à eux par leur horreur commune pour les massacres de Septembre, qu'elle flétrit énergiquement. Dès avril 92, elle avait violemment rompu avec Robespierre, disant fièrement dans un café que, s'il calomniait sans preuves, « elle lui retirait son estime ». La chose, contée le soir ironiquement par Collot d'Herbois aux Jacobins, jeta l'amazone dans un amusant accès de fureur. Elle était dans une tribune, au milieu des dévotes de Robespierre. Malgré les efforts qu'on faisait pour la retenir, elle sauta par-dessus la barrière qui séparait les tribunes de la salle, perça cette foule ennemie, demanda en vain la parole ; on se boucha les oreilles, craignant d'ouïr quelque blasphème contre le dieu du temple ; Théroigne fut chassée sans être entendue.

Elle était encore fort populaire, aimée, admirée de la foule pour son courage et sa beauté. On imagina un moyen de lui ôter ce prestige, de l'avilir par une des plus lâches violences qu'un homme puisse exercer sur une femme. Elle se promenait presque seule sur la terrasse des Tuileries ; ils formèrent un groupe autour d'elle, le fermèrent tout à coup sur elle, la saisirent, lui levèrent les jupes, et, nue, sous les risées de la foule, la fouettèrent comme un enfant. Ses prières, ses cris, ses hurlements de désespoir, ne firent qu'augmenter les rires de cette foule cynique et cruelle. Lâchée enfin, l'infortunée continua ses hurlements ; tuée par cette injure barbare dans sa dignité et dans son courage, elle avait perdu l'esprit. De 1793 jusqu'en 1817, pendant cette longue période de vingt-quatre années (toute une moitié de sa vie!), elle resta folle furieuse, hurlant comme au premier jour. C'était un spectacle à briser le cœur de voir cette femme héroïque et charmante, tombée plus bas que la bête, heurtant ses barreaux, se déchirant elle-même et mangeant ses excréments. Les royalistes se sont complu à voir là une vengeance de Dieu sur celle dont la beauté fatale enivra la Révolution dans ses premiers jours.

XIII

LES VENDÉENNES EN 90 ET 91

Au moment où les émigrés, amenant l'ennemi par la main, lui ouvrent nos frontières de l'Est, le 24 et le 25 août, anniversaire de la Saint-Barthélemy, éclate dans l'Ouest la guerre de la Vendée.

Chose étrange! ce fut le 25 août, le jour où le paysan vendéen attaquait la Révolution, que la Révolution, dans sa partialité généreuse, jugeait pour le paysan le long procès des siècles, abolissant les droits féodaux *sans indemnité*.

A ce moment, toutes les nations, Savoie, Italie, Allemagne, Belgique, les cités qui en sont les portes, Nice, Chambéry, Mayence, Liège, Bruxelles, Anvers, recevaient, appelaient le drapeau tricolore; toutes ambitionnaient de devenir françaises. Et il se trouve un peuple tellement aveugle, qu'il arme contre la France, sa mère, contre le peuple qui est lui-même! Ces pauvres gens ignorants, égarés, criaient : Mort à la nation !

Tout est mystère dans cette guerre de Vendée. C'est une guerre de ténèbres et d'énigmes, une guerre de fantômes, d'insaisissables esprits. Les rapports les plus contradictoires circulent dans le public. Les enquêtes n'apprennent rien. Après quelque fait tragique, les commissaires envoyés arrivent, inattendus, dans la paroisse, et tout est paisible; le paysan est au travail, la femme est sur sa porte, au milieu de ses enfants, assise, et qui file; au cou son grand chapelet. Le seigneur? on le trouve à table, il invite les commissaires; ceux-ci se retirent charmés. Les meurtres et les incendies recommencent le lendemain.

Où donc pouvons-nous saisir le fuyant génie de la guerre civile?

Regardons. Je ne vois rien, sinon là-bas sur la lande, une sœur grise qui trotte humblement et tête basse.

Je ne vois rien. Seulement j'entrevois entre deux bois une dame à cheval, qui, suivie d'un domestique, va rapide, sautant les fossés, quitte la route et prend la traverse. Elle se soucie peu, sans doute d'être rencontrée.

Sur la route même chemine, le panier au bras, portant ou des œufs, ou des fruits, une honnête paysanne. Elle va vite, et veut arriver à la ville avant la nuit.

Mais la sœur, mais la dame, mais la paysanne, enfin, où vont-elles? Elles vont par trois chemins, elles arrivent au même lieu. Elles vont, toutes les trois, frapper à la porte d'un couvent. Pourquoi pas? La dame a là sa petite fille qu'on élève; la paysanne y vient vendre; la bonne sœur y demande abri pour une seule nuit.

Voulez-vous dire qu'elles y viennent prendre les

ordres du prêtre? Il n'y est pas aujourd'hui. — Oui, mais il y fut hier. Il fallait bien qu'il vînt le samedi confesser les religieuses. Confesseur et directeur, il ne les dirige pas seules, mais par elles bien d'autres encore; il confie à ces cœurs passionnés, à ces langues infatigables, tel secret qu'on veut faire savoir, tel faux bruit qu'on veut répandre, tel signal qu'on veut faire courir. Immobile dans sa retraite, par ces nonnes immobiles, il remue toute la contrée.

Femme et prêtre, c'est là tout, la Vendée, la guerre civile.

Notez bien que, sans la femme, le prêtre n'aurait rien pu.

« *Ah! brigandes,* disait un soir un commandant républicain, arrivant dans un village où les femmes seules restaient, lorsque cette guerre effroyable avait fait périr tant d'hommes, *ce sont les femmes,* disait-il, *qui sont cause de nos malheurs; sans les femmes, la République serait déjà établie, et nous chez nous tranquilles...* Allez, vous périrez toutes, nous vous fusillerons demain. Et, après-demain, les brigands viendront eux-mêmes nous tuer. » (*Mémoires* de Mme de Sapinaud.)

Il ne tua pas les femmes. Mais il avait dit, en réalité, le vrai mot de la guerre civile. Il le savait mieux que tout autre. Cet officier républicain était un prêtre qui avait jeté la soutane; il savait parfaitement que toute l'œuvre des ténèbres s'était accomplie par l'intime et profonde entente de la femme et du prêtre.

La femme, c'est la maison; mais c'est tout autant l'église et le confessionnal. Cette sombre armoire de chêne, où la femme, à genoux, parmi les larmes et les prières, reçoit, renvoie, plus ardente, l'étincelle fanatique, est le vrai foyer de la guerre civile.

La femme, qu'est-ce encore? le lit, l'influence toute-puissante des habitudes conjugales, la force invincible des soupirs et des pleurs sur l'oreiller... Le mari dort, fatigué. Mais, elle, elle ne dort pas. Elle se tourne, se retourne; elle parvient à l'éveiller. Chaque fois, profond soupir, parfois un sanglot. « Mais qu'as-tu donc cette nuit? — Hélas! le pauvre Roi au Temple!... Hélas! ils l'ont souffleté, comme Notre-Seigneur Jésus-Christ! » — Et, si l'homme s'endort un moment : « On dit qu'on va vendre l'église! l'église et le presbytère! Ah! malheur, malheur à celui qui achètera!... »

Ainsi, dans chaque famille, dans chaque maison, la contre-révolution avait un prédicateur ardent, zélé, infatigable, nullement suspect, sincère, naïvement passionné, qui pleurait, souffrait, ne disait pas une parole qui ne fût ou ne parût un éclat du cœur brisé... Force immense, vraiment invincible. A mesure que la Révolution, provoquée par les résistances, était obligée de frapper un coup, elle en recevait un autre : la réaction des pleurs, le soupir, le sanglot, le cri de la femme, plus perçant que les poignards.

Peu à peu, ce malheur immense commença à se révéler, ce cruel divorce : la femme devenait l'obstacle et la contradiction du progrès révolutionnaire que demandait le mari.

Ce fait, le plus grave et le plus terrible de l'époque, a été trop peu remarqué.

Le fer trancha la vie de bien des hommes. Mais voici qui est bien plus; un invisible fer tranche le nœud de la famille, met l'homme d'un côté, la femme de l'autre.

Cette chose tragique et douloureuse apparut vers 92. Soit amour du passé, force des habitudes, soit faiblesse de cœur et pitié trop naturelle pour les victimes de la Révolution, soit enfin dévotion et dépendance des prêtres, la femme devenait l'avocat de la contre-révolution.

C'était sur le terrain matériel de l'acquisition des biens nationaux que se posait généralement la dispute morale entre l'homme et la femme.

Question *matérielle?* On peut dire oui et non.

D'abord, c'était la question de vie et de mort pour la Révolution. L'impôt ne rentrant pas, elle n'avait de ressource que dans la vente des biens nationaux. Si elle ne réalisait cette vente, elle était désarmée, livrée à l'invasion. Le salut de la révolution morale, la victoire des principes, tenait à la révolution financière.

Acheter, c'était un acte civique qui servait très directement le salut du pays. Acte de foi et d'espérance. C'était dire qu'on s'embarquait décidément sur le vaisseau de l'État en péril, qu'avec lui on voulait aborder ou périr. Le bon citoyen achetait, le mauvais citoyen empêchait d'acheter.

Empêcher, d'une part, la rentrée de l'impôt, de l'autre, la vente des biens nationaux, couper les vivres à la Révolution, la faire mourir de faim : voilà le plan très simple, très bien conçu, du parti ecclésiastique.

Le noble amenait l'étranger, et le prêtre empêchait qu'on ne pût se défendre. L'un poignardait la France, l'autre la désarmait.

Par quoi le prêtre arrêtait-il le mouvement de la

Révolution ? En la mettant dans la famille, en opposant la femme au mari, en fermant par elle la bourse de chaque ménage aux besoins de l'État.

Quarante mille chaires, cent mille confessionnaux travaillaient en ce sens. Machine immense, d'incalculable force, qui lutta sans difficulté contre la machine révolutionnaire de la presse et des clubs, et contraignit ceux-ci, s'ils voulaient vaincre, à organiser la Terreur.

Mais déjà en 89, 90, 91, 92 encore, la Terreur ecclésiastique sévissait dans les sermons, dans la confession. La femme n'en revenait chez elle que la tête basse, courbée d'effroi, brisée. Elle ne voyait de toutes parts qu'enfer et flammes éternelles. On ne pouvait plus rien faire sans se damner. On n'obéissait plus aux lois qu'en se damnant. Mais le fond de l'abîme, l'horreur des tourments sans remède, la griffe la plus aiguë du Diable, était pour l'acquéreur des biens nationaux... Comment eût-elle osé continuer de manger avec lui ? Son pain n'était que cendre. Comment coucher avec un réprouvé ? être sa femme, sa moitié, même chair, n'était-ce pas brûler déjà, entrer vivante dans la damnation ?

Qui peut dire de combien de sortes le mari était poursuivi, assailli, tourmenté, pour qu'il n'achetât point ! Jamais un général habile, un rusé capitaine, tournant et retournant sous les murs d'une place où il voudrait entrer, n'employa moyens plus divers. Ces biens ne rapportaient rien ; c'étaient des biens maudits, on l'avait déjà vu par le sort de tel acquéreur. Jean, qui a acheté, n'a-t-il pas été grêlé tout d'abord, Jacques inondé ? Pierre, c'est encore pis, il est tombé du toit. Paul, c'est son enfant qui est mort. Monsieur le curé l'a très bien dit : « Ainsi périrent les premiers-nés d'Égypte.... »

Généralement le mari ne répondait rien, tournait le dos, faisait semblant de dormir. Il n'avait pas de quoi répondre à ce flot de paroles. La femme l'embarrassait, par la vivacité du sentiment, par l'éloquence naïve, pathétique, au moins par les pleurs. Il ne répondait point, ou ne répondait qu'un mot que nous dirons tout à l'heure. Il n'était nullement rendu, cependant. Il ne lui était pas facile de devenir l'ennemi de la Révolution, sa bienfaitrice, sa mère, qui prenait son parti, jugeait pour lui, l'affranchissait, le faisait homme, le tirant du néant. N'y eût-il rien gagné, pouvait-il aisément ne pas se réjouir de l'affranchissement général? Pouvait-il méconnaître ce triomphe de la Justice, fermer les yeux au spectacle sublime de cette création immense : tout un monde naissant à la vie!

— Il résistait donc en lui-même. « Non, disait-il en lui, non, tout ceci est juste, quoi qu'ils disent; et je ne serais pas l'homme qui y profite, que je le croirais juste encore. »

Voilà comment les choses se passèrent dans presque toute la France. Le mari résista, l'homme resta fidèle à la Révolution.

Dans la Vendée, dans une grande partie de l'Anjou, du Maine et de la Bretagne, la femme l'emporta, la femme et le prêtre, étroitement unis.

Tout l'effort de la femme était d'empêcher son mari d'acheter des biens nationaux. Cette terre tant désirée du paysan, si ardemment convoitée de lui, depuis des siècles, au moment où la loi la lui livrait pour ainsi dire, la femme se jetait devant, l'en écartait au nom de Dieu. Et c'eût été en présence de ce désintéressement (aveugle, mais honorable) de la femme que le prêtre aurait profité des avantages matériels que lui offrait la Révolution? Il eût déchu certainement dans l'opinion de ses paroissiennes, se fût fermé leur confiance, eût descendu du haut idéal où leur cœur prévenu aimait à le placer.

On a beaucoup parlé de l'influence des prêtres sur les femmes, mais pas assez de celle des femmes sur les prêtres.

Notre conviction est qu'elles furent et plus sincèrement et plus violemment fanatiques que les prêtres eux-mêmes; que leur ardente sensibilité, leur pitié douloureuse pour les victimes, coupables ou non, de la Révolution, l'exaltation où les jeta la tragique légende du roi au Temple, de la reine, du petit dauphin, de Mme de Lamballe, en un mot la profonde réaction de la pitié et de la nature au cœur des femmes, fit la force réelle de la contre-révolution. Elles entraînèrent, dominèrent ceux qui paraissaient les conduire, poussèrent leurs confesseurs dans la voie du martyre, leurs maris dans la guerre civile.

Le dix-huitième siècle connaissait peu l'âme du prêtre. Il savait bien que la femme avait influence sur lui; mais il croyait, d'après la vieille tradition des noëls et des fabliaux, d'après les plaisanteries de village, que la femme qui gouverne le prêtre, c'était la gouvernante, celle qui couche sous son toit, la servante-maîtresse, la dame du presbytère. En cela, il se trompait.

Nul doute que, si la gouvernante eût été la femme

du cœur, celle qui influe profondément, le prêtre n'eût reçu, saisi avec bonheur les bienfaits de la Révolution. Fonctionnaire à traitement fixe et suffisant pour la famille, il eût trouvé bientôt, dans le progrès naturel du nouvel ordre de choses, son affranchissement véritable, la faculté de faire du concubinat un mariage. La gouvernante n'en était pas indigne. Malheureusement, quel que soit son mérite, elle est généralement plus âgée que le prêtre, ou de figure laide et vulgaire. Fût-elle jeune et belle, le cœur du prêtre ne lui resterait pas. Son cœur, qu'on le sache bien, n'est pas au presbytère; il est au confessionnal [1]. La gouvernante est sa vie quotidienne et vulgaire, sa prose. La pénitente est sa poésie; c'est avec elle qu'il a ses rapports de cœur, intimes et profonds.

Et ces rapports ne sont nulle part plus forts que dans l'Ouest.

Sur nos frontières du Nord, dans toutes ces contrées

---

[1]. Cette religion, née du cœur de la femme (ce fut le charme de son berceau), va, en sa décadence, s'absorbant dans la femme. Ses docteurs sont insatiables dans les recherches sur le mystère du sexe. Cette année même (1849), quelle matière le concile de Paris a-t-il fouillée, approfondie! Une seule, la Conception. — Ne cherchez point le prêtre dans les sciences ou les lettres; il est au confessionnal, et il s'y est perdu. Que voulez-vous que devienne un pauvre homme à qui tous les jours cent femmes viennent raconter leur cœur, leur lit, tous leurs secrets? Les saints mystères de la nature, qui, vus de face, au jour de Dieu, de l'œil austère de la science, agrandiraient l'esprit, l'affaiblissent et l'énervent quand on les surprend ainsi au demi-jour des confidences sensuelles. L'agitation fiévreuse, les jouissances commencées, plus ou moins éludées, recommencées sans cesse, stérilisent l'homme sans retour (je recommande cet important sujet au philosophe et au médecin). Il peut garder les petites facultés d'intrigue et de manège, mais les grandes facultés viriles, surtout l'invention, ne se développent jamais dans cet état maladif; elles veulent l'état sain, naturel, légitime et loyal. Depuis cent cinquante ans surtout, depuis que le *Sacré-Cœur*, sous son voile d'équivoques, a rendu si aisé ce joug fatal, le prêtre s'y est énervé et n'a plus rien produit; il est resté eunuque dans les sciences.

de passage où vont et viennent les troupes, et qui respirent un souffle de guerre, l'idéal de la femme, c'est le militaire, l'officier. L'épaulette est presque invincible.

Dans le Midi et surtout dans l'Ouest, l'idéal de la femme, de la paysanne du moins, c'est le prêtre.

Le prêtre de Bretagne, spécialement, dut plaire et gouverner. Fils de paysan, il est au niveau de la paysanne par la condition, il est avec elle en rapport de langue et de pensée : il est au-dessus d'elle par la culture, mais pas trop au-dessus. S'il était plus lettré, plus distingué qu'il n'est, il aurait moins de prise. Le voisinage, la famille parfois, aident aussi à créer des rapports entre eux. Elle l'a vu enfant, ce curé; elle a joué avec lui; elle l'a vu grandir. C'est comme un jeune frère à qui elle aime à raconter ses peines, la plus grande peine surtout pour la femme : combien le mariage n'est pas toujours un mariage, combien la plus heureuse a besoin de consolation, la plus aimée d'amour.

Si le mariage est l'union des âmes, le vrai mari c'était le confesseur. Ce mariage spirituel était très fort, là surtout où il était pur. Le prêtre était souvent aimé de passion, avec un abandon, un entraînement, une jalousie qu'on dissimulait peu. Ces sentiments éclatèrent avec une extrême force, en juin 91, lorsque, le roi étant ramené de Varennes, on crut à l'existence d'une grande conspiration dans l'Ouest, et que plusieurs directoires de départements prirent sur eux d'incarcérer des prêtres. Ils furent relâchés en septembre, lorsque le roi jura la Constitution. Mais, en novembre, une mesure générale fut prise contre ceux qui refusaient le serment. L'Assemblée autorisa les directoires à éloigner les prêtres réfractaires de toute commune où il surviendrait des troubles religieux.

Cette mesure fut motivée non seulement par les violences dont les prêtres constitutionnels étaient partout l'objet, mais aussi par une nécessité politique et financière. Le mot d'ordre que tous ces prêtres avaient reçu de leurs supérieurs ecclésiastiques, et qu'ils suivaient fidèlement, c'était, nous l'avons dit, d'affamer la Révolution. Ils rendaient impossible la levée de l'impôt. Elle devenait une chose si dangereuse, en Bretagne, que personne ne voulait s'en charger. Les huissiers, les officiers municipaux, étaient en danger de mort. L'Assemblée fut obligée de lancer ce décret du 27 novembre 91, qui envoyait au chef-lieu les prêtres réfractaires, les éloignait de leur commune, de leur centre d'activité, du foyer de fanatisme et de rébellion où ils soufflaient le feu. Elle les transportait dans la grande ville, sous l'œil, sous l'inquiète surveillance des sociétés patriotiques.

Il est impossible de dire tout ce que ce décret suscita de clameurs. Les femmes percèrent l'air de leurs cris. La loi avait cru au célibat du prêtre; elle l'avait traité comme un individu isolé, qui peut se déplacer plus aisément qu'un chef de famille. Le prêtre, l'homme de l'esprit, tient-il donc aux lieux, aux personnes? n'est-il pas essentiellement mobile, comme l'esprit dont il est le ministre? A toutes ces questions, voilà qu'ils répondaient négativement, ils s'accusaient eux-mêmes. Au moment où la loi l'enlevait de terre, ce prêtre, on s'apercevait des racines vivantes qu'il avait dans la terre ; elles saignaient, criaient.

« Hélas! mené si loin, traîné au chef-lieu, à douze, à quinze, à vingt lieues du village!... » On pleurait ce lointain exil. Dans l'extrême lenteur des voyages d'alors, lorsqu'on mettait deux jours pour franchir une telle distance, elle affligeait bien plus. Le chef-lieu, c'était le bout du monde. Pour faire un tel voyage, on faisait son testament, on mettait ordre à sa conscience.

Qui peut dire les scènes douloureuses de ces départs forcés ? Tout le village assemblé, les femmes agenouillées pour recevoir encore la bénédiction, noyées de larmes, suffoquées de sanglots ?... Telle pleurait jour et nuit. Si le mari s'en étonnait un peu, ce n'était pas pour l'exil du curé qu'elle pleurait, c'était pour telle église qu'on allait vendre, tel couvent qu'on allait fermer... Au printemps de 92, les nécessités financières de la Révolution firent décider enfin la vente des églises qui n'étaient pas indispensables au culte, celles des couvents d'hommes et de femmes. Une lettre d'un évêque émigré, datée de Salisbury, adressée aux Ursulines de Landerneau, fut interceptée, et constata de manière authentique que le centre et le foyer de toute l'intrigue royaliste étaient dans ces couvents. Les religieuses ne négligèrent rien pour donner à leur expulsion un éclat dramatique; elles s'attachèrent aux grillages, ne voulurent point sortir que les officiers municipaux, forcés eux-mêmes d'obéir à la loi et responsables de son exécution, n'eussent arraché les grilles de leurs mains.

De telles scènes, racontées, répétées, surchargées d'ornements pathétiques, troublaient tous les esprits. Les hommes commençaient à s'émouvoir presque autant que les femmes. Étonnant changement, et bien rapide ! Le paysan, en 88, était en guerre avec l'Église pour la dîme, toujours tenté de disputer contre elle. Qui donc l'avait si bien, si vite réconcilié avec le prêtre ? La Révolution elle-même, en abolissant la dîme. Par cette mesure plus généreuse que politique, elle rendit au prêtre son influence sur les campagnes. Si la dîme eût duré, jamais le paysan n'eût cédé à sa femme, n'eût pris les armes contre la Révolution.

Les prêtres réfractaires, réunis au chef-lieu, connaissaient parfaitement cet état des campagnes, la profonde douleur des femmes, **la sombre indignation des hommes.** Ils en tirèrent un grand espoir, et entreprirent de le communiquer au roi. Dans une foule de lettres qu'ils lui écrivent, ou lui font écrire au printemps de 92, ils l'encouragent à tenir ferme, à n'avoir pas peur de la Révolution, à la paralyser par l'obstacle constitutionnel, le *veto*. On lui prêche la résistance sur tous les tons, par des arguments variés, et sous des noms de personnes diverses. Tantôt ce sont des lettres d'évêques, écrites en phrases de Bossuet : « Sire, vous êtes le roi très chrétien... Rappelez-vous vos ancêtres... Qu'aurait fait saint Louis ? » etc. Tantôt, des lettres écrites par des religieuses, ou en leur nom, des lettres gémissantes. Ces plaintives colombes, arrachées de leur nid, demandent au roi la faculté d'y rester, d'y mourir. Autrement dit, elles veulent que le roi arrête l'exécution des lois relatives à la vente des biens ecclésiastiques. Celles de Rennes avouent que la municipalité leur offre une autre maison; mais ce n'est point la leur, et elles n'en voudront jamais d'autre.

Les lettres les plus hardies, les plus curieuses, sont celles des prêtres : « Sire, vous êtes un homme pieux, nous ne l'ignorons pas. Vous ferez ce que vous pourrez... Mais enfin, sachez-le, le peuple est las de la Révolution. Son esprit est changé, la ferveur lui est revenue ; les sacrements sont fréquentés. Aux chansons ont succédé les cantiques... Le peuple est avec nous. »

Une lettre terrible en ce genre, qui dut tromper le roi[1], l'enhardir, le pousser à sa perte, est celle des prêtres réfractaires réunis à Angers (9 février 92). Elle peut passer pour l'acte originaire de la Vendée, elle l'annonce, la prédit audacieusement. On y parle haut et ferme, comme ayant sous la main, pour arme disponible, une jacquerie de paysans. Cette page sanglante semble écrite de la main, du poignard de Bernier, un jeune curé d'Angers, qui, plus que nul autre, fomenta la Vendée, la souilla par des crimes, la divisa par son ambition, l'exploita dans son intérêt.

« On dit que nous excitons les populations ?... Mais c'est tout le contraire. Que deviendrait le royaume si nous ne retenions le peuple ? Votre trône ne s'appuierait plus que sur un monceau de cadavres et de ruines... — Vous savez, sire, vous ne savez que trop ce que peut faire un peuple qui se croit patriote.

---

1. Ces lettres (conservées aux Archives nationales, armoire de fer, c. 37, pièces du procès de Louis XVI) fournissent une circonstance atténuante en faveur de l'homme incertain, timoré, dont elles durent torturer l'esprit.

Mais vous ne savez pas de quoi sera capable un peuple qui se voit enlever son culte, ses temples et ses autels. »

Il y a, dans cette lettre hardie, un remarquable aveu. C'est le *va-tout* du prêtre, on le voit, son dernier cri avant la guerre civile. Il d'hésite point à révéler la cause, intime et profonde, de son désespoir, à savoir, la douleur d'être séparé de celles qu'il dirige : « *On ose rompre ces communications* que l'Église non seulement permet, mais autorise », etc.

Ces prophètes de guerre civile étaient sûrs de leur fait, ils risquaient peu de se tromper, en prédisant ce qu'ils faisaient eux-mêmes. Les femmes de prêtres, gouvernantes de curés et autres, éclatèrent les premières, avec une violence plus que conjugale, contre les curés citoyens. A Saint-Servan, près Saint-Malo, il y eut comme une émeute de femmes. En Alsace, ce fut la servante d'un curé qui, la première, sonna le tocsin pour courir sus aux prêtres qui avaient prêté serment. Les Bretonnes ne sonnaient point, elles frappaient ; elles envahissaient l'église, armées de leurs balais, et battaient le prêtre à l'autel. Des coups plus sûrs étaient portés par les religieuses. Les Ursulines, dans leurs innocentes écoles de jeunes filles, arrangeaient la guerre des chouans. Les *Filles de la sagesse*, dont la maison mère était à Saint-Laurent, près Montaigu, allaient soufflant le feu ; ces bonnes sœurs infirmières, en soignant les malades, inoculaient la rage.

« Laissez-les faire, disaient les philosophes, les amis de la tolérance ; laissez-les pleurer et crier ;

chanter leurs vieux cantiques. Quel mal à tout cela?... » Oui, mais entrez le soir dans cette église de village, où le peuple se précipite en foule. Entendez-vous ces chants? Ne frémissez-vous pas?... les litanies, les hymnes, sur les vieilles paroles, deviennent par l'accent une autre *Marseillaise*. Et ce *Dies iræ*, hurlé avec fureur, est-ce rien autre chose qu'une prière de meurtre, un appel aux feux éternels?

« Laissez faire, disait-on, ils chantent, n'agissent pas. » Cependant on voyait déjà s'ébranler de grandes foules. En Alsace, huit mille paysans s'assemblèrent pour empêcher de mettre les scellés sur un bien ecclésiastique. Ces bonnes gens, à la vérité, disait-on, n'avaient d'armes que leur chapelet. Mais le soir ils en avaient d'autres, quand le curé constitutionnel, rentré chez lui, recevait des pierres dans ses vitres, et que parfois la balle perçait ses contrevents.

Ce n'était pas par de petits ressorts d'intrigues timidement ménagés, indirects, qu'on poussait les masses à la guerre civile. On employait hardiment les plus grossiers moyens pour leur brouiller l'esprit, les enivrer de fanatisme, on leur versait l'erreur et le meurtre à pleins bords. La bonne vierge Marie apparaissait, et voulait qu'on tuât. A Apt, à Avignon, elle se remua, fit des miracles, déclara qu'elle ne voulait plus rester dans les mains des constitutionnels, et les réfractaires l'enlevèrent, au prix d'un violent combat. Mais il y a trop de soleil en Provence; la Vierge aimait bien mieux apparaître en Vendée; dans les brumes, les épais fourrés, les haies impénétrables. Elle profita des vieilles superstitions locales; elle se montra dans trois lieux différents, et toujours près d'un vieux chêne druidique. Son lieu chéri était ce Saint-Laurent, d'où les *Filles de la sagesse* colportaient les miracles, l'appel au sang.

Cette violente et directe préparation de la guerre civile, cette entente profonde des femmes avec les prêtres, des prêtres avec le roi, celle du roi (soupçonnée alors, prouvée depuis) avec les ennemis de la France, dont il appela les armées dès 1791, tout cela, dis-je, eut son effet. Les royalistes constitutionnels, qui avaient cru pouvoir concilier la liberté et la royauté, ménager l'ancien culte, se trouvèrent cruellement démentis par le roi même et le clergé ; ils furent brisés, firent place aux Girondins qui tuèrent la royauté, aux Montagnards qui tuèrent le roi, mais qui, par cela même, créèrent dans la sensibilité populaire et dans le cœur des femmes la plus redoutable machine de la contre-révolution : la légende de Louis XVI.

LIVRE III

XIV

Mᵐᵉ ROLAND (91-92)

Pour vouloir la République, l'inspirer, la faire, ce n'était pas assez d'un noble cœur et d'un grand esprit. Il fallait encore une chose... Et quelle? Être jeune, avoir cette jeunesse d'âme, cette chaleur de sang, cet aveuglement fécond qui voit déjà dans le monde ce qui n'est encore qu'en l'âme, et qui, le voyant, le crée... Il fallait avoir la foi.

Il fallait une certaine harmonie, non seulement de volonté et d'idées, mais d'habitudes et de mœurs républicaines; avoir en soi la république intérieure, la république morale, la seule qui légitime et fonde la république politique; je veux dire posséder le gouvernement de soi-même, sa propre démocratie, trouver sa liberté dans l'obéissance au devoir... Et il fallait encore, chose qui semblaitcont radictoire, qu'une telle âme, vertueuse et forte, eût un moment passionné, qui la fît sortir d'elle-même, la lançât dans l'action.

Dans les mauvais jours d'affaissement, de fatigue, quand la foi révolutionnaire défaillit en eux, plusieurs des députés et journalistes principaux de l'époque allaient prendre force et courage dans une maison où ces deux choses ne manquaient jamais : maison modeste, le petit hôtel Britannique de la rue Guénégaud, près le Pont-Neuf. Cette rue, assez sombre, qui mène à la rue Mazarine, plus sombre encore, n'a, comme on sait, d'autre vue que les longues murailles de la Monnaie. Ils montaient au troisième étage, et là, invariablement, trouvaient deux personnes travaillant ensemble, M. et Mme Roland, venus récemment de Lyon. Le petit salon n'offrait qu'une table où les deux époux écrivaient; la chambre à coucher, entr'ouverte, laissait voir deux lits. Roland avait près de soixante ans, elle trente-six, et paraissait beaucoup moins; il semblait le père de sa femme. C'était un homme assez grand et maigre, l'air austère et passionné. Cet homme, qu'on a trop sacrifié à la gloire de sa femme[1], était un ardent citoyen qui avait la France dans le cœur, un de ces vieux Français de la race des Vauban et des Boisguillebert, qui, sous la royauté, n'en poursuivaient pas moins, dans les seules

---

1. Avant son mariage avec Roland, Mlle Phlipon avait été obligée, par l'inconduite de son père, de se réfugier dans un couvent de la rue Neuve-Saint-Étienne, qui mène au Jardin des Plantes, petite rue si illustre par le souvenir de Pascal, de Rollin, de Bernardin de Saint-Pierre. Elle y vivait, non en religieuse, mais dans sa chambre entre Plutarque et Rousseau, gaie et courageuse, comme toujours, mais dans une extrême pauvreté, avec une sobriété plus que spartiate, et semblant déjà s'exercer aux vertus de la République

voies ouvertes alors, la sainte idée du bien public. Inspecteur des manufactures, il avait passé toute sa vie dans les travaux, les voyages, à rechercher les améliorations dont notre industrie était susceptible. Il avait publié plusieurs de ces voyages, et divers traités ou mémoires relatifs à certains métiers. Sa belle et courageuse femme, sans se rebuter de l'aridité des sujets, copiait, traduisait, compilait pour lui. L'*Art du tourbier*, l'*Art du fabricant de laine rase et sèche*, le *Dictionnaire des manufactures*, avaient occupé la belle main de Mme Roland, absorbé ses meilleures années, sans autre distraction que la naissance et l'allaitement du seul enfant qu'elle ait eu. Étroitement associée aux travaux, aux idées de son mari, elle avait pour lui une sorte de culte filial jusqu'à lui préparer souvent ses aliments elle-même ; une préparation toute spéciale était nécessaire, l'estomac du vieillard était délicat, fatigué par le travail.

Roland rédigeait lui-même, et n'employait nullement la plume de sa femme à cette époque ; ce fut plus tard, devenu ministre, au milieu d'embarras, de soins infinis, qu'il y eut recours. Elle n'avait aucune impatience d'écrire, et, si la Révolution ne fût venue la tirer de sa retraite, elle eût enterré ces dons inutiles, le talent, l'éloquence, aussi bien que la beauté.

Quand les politiques venaient, Madame Roland ne se mêlait pas d'elle-même aux discussions, elle continuait son ouvrage ou écrivait des lettres ; mais si, comme il arrivait, on en appelait à elle, elle parlait alors avec une vivacité, une propriété d'expressions, une force gracieuse et pénétrante, dont on était tout saisi. « L'amour-propre aurait bien voulu trouver de l'apprêt dans ce qu'elle disait; mais il n'y avait pas moyen; c'était tout simplement une nature trop parfaite. »

Au premier coup d'œil, on était tenté de croire qu'on voyait la Julie de Rousseau[1]; à tort, ce n'était ni la Julie, ni la Sophie, c'était Mme Roland, une fille de Rousseau certainement, plus légitime encore peut-être que celles qui sortirent immédiatement de sa plume. Celle-ci n'était pas comme les deux autres une noble demoiselle. Manon Phlipon, c'est son nom de fille (j'en suis fâché pour ceux qui n'aiment pas les noms plébéiens), eut un graveur pour père, et elle gravait elle-même dans la maison paternelle. Elle procédait du peuple; on le voyait aisément à un certain éclat de sang et de carnation qu'on a beaucoup moins dans les classes élevées; elle avait la main belle, mais non pas petite, la bouche un peu grande, le menton assez retroussé, la taille élégante, d'une cambrure marquée fortement; une richesse de hanches et de seins que les dames ont rarement.

Elle différait encore en un point des héroïnes de Rousseau, c'est qu'elle n'eut pas leur faiblesse.

---

1. Voyez les portraits de Lemontey, Riouffe et tant d'autres; comme gravure, le bon et naïf portrait mis par Champagneux en tête de la première édition des *Mémoires* (an VIII). Elle est prise peu avant le temps de sa mort, à trente-neuf ans. Elle est forte, et déjà un peu *maman*, si on ose le dire, très sereine, ferme et résolue, avec une tendance visiblement critique. Ce dernier caractère ne tient pas seulement à sa polémique révolutionnaire; mais tels sont en général ceux qui ont lutté, qui ont peu donné au plaisir, qui ont contenu, ajourné la passion, qui n'ont pas eu enfin leur satisfaction en ce monde.

Mme Roland fut vertueuse, nullement amollie par l'inaction, la rêverie où languissent les femmes ; elle fut au plus haut degré laborieuse, active, le travail fut pour elle le gardien de la vertu. Une idée sacrée, le *devoir*, plane sur cette belle vie, de la naissance à la mort ; elle se rend ce témoignage au dernier moment, à l'heure où l'on ne ment plus : « Personne, dit-elle, moins que moi n'a connu la volupté. » — Et ailleurs : « J'ai commandé à mes sens. »

Pure dans la maison paternelle, au quai de l'Horloge, comme le bleu profond du ciel, qu'elle regardait, dit-elle, de là jusqu'aux Champs-Élysées ; — pure à la table de son sérieux époux, travaillant infatigablement pour lui ; pure au berceau de son enfant, qu'elle s'obstine à allaiter, malgré de vives douleurs ; — elle ne l'est pas moins dans les lettres qu'elle écrit à ses amis, aux jeunes hommes qui l'entouraient d'une amitié passionnée[1] ; elle les calme et les console, les élève au-dessus de leur faiblesse. Ils lui restent fidèles jusqu'à la mort, comme à la vertu elle-même.

L'un d'eux, sans songer au péril, allait en pleine Terreur recevoir d'elle, à sa prison, les feuilles

---

1. Voyez la belle lettre à Bosc, alors fort troublé d'elle et triste de la voir transplantée près de Lyon, si loin de Paris : « Assise au coin du feu, après une nuit paisible et les soins divers de la matinée, mon ami à son bureau, ma petite à tricoter, et moi causant avec l'un, veillant l'ouvrage de l'autre, savourant le bonheur d'être bien chaudement au sein de ma petite et chère famille, écrivant à un ami, tandis que la neige tombe sur tant de malheureux, je m'attendris sur leur sort », etc. — Doux tableau d'intérieur, sérieux bonheur de la vertu, montré au jeune homme pour calmer son cœur, l'épurer, l'élever... Demain pourtant, le vent de la tempête aura emporté ce nid !...

immortelles où elle a raconté sa vie. Proscrit lui-même et poursuivi, fuyant sur la neige, sans abri que l'arbre chargé de givre, il sauvait ces feuilles sacrées; elles le sauvèrent peut-être, lui gardant sur la poitrine la chaleur et la force du grand cœur qui les écrivit[1].

Les hommes qui souffrent à voir une vertu trop parfaite ont cherché inquiètement s'ils ne trouveraient pas quelque faiblesse en la vie de cette femme; et, sans preuve, sans le moindre indice[2], ils ont imaginé qu'au fort du drame où elle devenait acteur, à son moment le plus viril, parmi les dangers, les horreurs (après Septembre apparemment? ou la veille du naufrage qui emporta la Gironde?), Mme Roland avait le temps, le cœur d'écouter les galanteries et de faire l'amour... La seule chose qui les embarrasse, c'est de trouver le nom de l'amant favorisé.

Encore une fois, il n'y a nul fait qui motive ces

---

1. Ce fut lui aussi, l'honnête et digne Bosc, qui, au dernier moment, s'élevant au-dessus de lui-même, pour accomplir en elle l'idéal suprême qu'il y avait toujours admiré, lui donna le noble conseil de ne point dérober sa mort aux regards, de ne point s'empoisonner, mais d'accepter l'échafaud, de mourir publiquement, d'honorer par son courage la République et l'humanité. Il la suit à l'immortalité, par ce conseil héroïque. Mme Roland y marche souriante, la main dans la main de son austère époux, et elle y mène avec elle ce jeune groupe d'aimables, d'irrévocable amis (sans parler de la Gironde), Bosc, Champagneux, Bancal des Issarts. Rien ne les séparera.

2. Si vous cherchez ces indices, on vous renvoie à deux passages des *Mémoires* de Mme Roland, lesquels ne prouvent rien du tout. Elle parle des passions, « dont à peine, avec la vigueur d'un athlète, elle sauve l'âge mûr ». Que conclurez-vous de là? Elle parle des « bonnes raisons » qui, vers le 31 mai, la poussaient au départ. Il est bien extraordinaire et absolument hardi d'induire que ces bonnes raisons ne peuvent être qu'un amour pour Barbaroux ou Buzot.

suppositions. Mme Roland, tout l'annonce, fut toujours reine d'elle-même, maîtresse absolue de ses volontés, de ses actes. N'eut-elle aucune émotion? cette âme forte, mais passionnée, n'eut-elle pas son orage?... Cette question est tout autre, et sans hésiter je répondrai : Oui.

Qu'on me permette d'insister. — Ce fait, peu remarqué encore, n'est point un détail indifférent purement anecdotique de la vie privée. Il eut sur Mme Roland une grave influence en 91, et la puissante action qu'elle exerça dès cette époque serait beaucoup moins explicable, si l'on ne voyait à nu les causes particulières qui passionnaient alors cette âme, jusque-là calme et forte, mais d'une force toute assise en soi et sans action au dehors.

Mme Roland menait sa vie obscure, laborieuse, en 89, au triste clos de la Platière, près de Villefranche, et non loin de Lyon. Elle entend, avec toute la France, le canon de la Bastille : son sein s'émeut et se gonfle; le prodigieux événement semble réaliser tous ses rêves, tout ce qu'elle a lu des Anciens, imaginé espéré; voilà qu'elle a une patrie. La Révolution s'épand sur la France; Lyon s'éveille, et Villefranche, la campagne, tous les villages. La fédération de 90 appelle à Lyon une moitié du royaume, toutes les députations de la garde nationale de la Corse à la Lorraine. Dès le matin Mme Roland était en extase sur l'admirable quai du Rhône, et s'enivrait de tout ce peuple, de cette fraternité nouvelle, de cette splendide aurore. Elle en écrivit le soir la relation pour son ami Champagneux, jeune homme de Lyon, qui, sans profit et par pur patriotisme, faisait un journal. Le numéro, non signé, fut vendu à soixante mille. Tous ces gardes nationaux, retournant chez eux, emportèrent, sans le savoir, l'âme de Mme Roland.

Elle aussi, elle retourna, elle revint pensive dans son désert au clos de la Platière, qui lui parut, plus qu'à l'ordinaire encore, stérile et aride. Peu propre alors aux travaux techniques dont l'occupait son mari, elle lisait le *Procès-verbal*, si intéressant, *des électeurs de* 89, la révolution du 14 juillet, la prise de la Bastille. Le hasard voulut justement qu'un de ces électeurs, M. Bancal des Issarts, fût adressé aux Roland par leurs amis de Lyon, et passât quelques jours chez eux. M. Bancal, d'une famille de fabricants de Montpellier, mais transplantée à Clermont, y avait été notaire; il venait de quitter cette position lucrative pour se livrer tout entier aux études de son choix, aux recherches politiques et philanthropiques, aux devoirs du citoyen. Il avait environ quarante ans, rien de brillant, mais beaucoup de douceur et de sensibilité, un cœur bon et charitable. Il avait eu une éducation fort religieuse, et, après avoir traversé une période philosophique et politique, la Convention, une longue captivité en Autriche, il est mort dans de grands sentiments de piété, dans la lecture de la Bible, qu'il s'essayait à lire en hébreu.

Il fut amené à la Platière par un jeune médecin, Lanthenas, ami des Roland, qui vivait beaucoup chez eux, y passant des semaines, des mois, travaillant avec eux, pour eux, faisant leurs commissions. La douceur de Lanthenas, la sensibilité de Bancal des Issarts, la bonté austère mais chaleureuse de Roland, leur amour commun du beau et du bon, leur attachement à cette femme parfaite qui leur en présentait l'image, cela formait tout naturellement un groupe, une harmonie complète. Ils se convinrent si bien, qu'ils se demandèrent s'ils ne pourraient continuer de vivre ensemble. Auquel des trois vint cette idée, on ne le sait; mais elle fut saisie par Roland avec vivacité, soutenue avec chaleur. Les Roland, en réunissant tout ce qu'ils avaient, pouvaient apporter à l'association soixante mille livres; Lanthenas en avait vingt ou un peu plus, à quoi Bancal en aurait joint une centaine de mille. Cela faisait une somme assez ronde, qui leur permettait d'acheter des biens nationaux, alors à vil prix.

Rien de plus touchant, de plus digne, de plus honnête, que les lettres où Roland parle de ce projet à Bancal. Cette noble confiance, cette foi à l'amitié, à la vertu, donne et de Roland et d'eux tous la plus haute idée : « Venez, mon ami, lui dit-il. Eh ! que tardez-vous ?... Vous avez vu notre manière franche et ronde : ce n'est point à mon âge qu'on change, quand on n'a jamais varié... Nous prêchons le patriotisme, nous élevons l'âme; le docteur fait son métier; ma femme est l'apothicaire des malades du canton. Vous et moi, nous ferons les affaires, » etc.

La grande affaire de Roland c'était de catéchiser les paysans de la contrée, de leur prêcher le nouvel Évangile. Marcheur admirable malgré son âge, parfois le bâton à la main, il s'en allait jusqu'à Lyon avec son ami Lanthenas, jetant la bonne semence de la liberté sur tout le chemin. Le digne homme croyait trouver dans Bancal un auxiliaire utile, un nouveau missionnaire, dont la parole douce et onctueuse ferait des miracles. Habitué à voir l'assiduité désintéressée du jeune Lanthenas près de Mme Roland, il ne lui venait pas même à l'esprit que Bancal, plus âgé plus sérieux, pût apporter dans sa maison autre chose que la paix. Sa femme, qu'il aimait pourtant si profondément, il avait un peu oublié qu'elle fût une femme, n'y voyant que l'immuable compagnon de ses travaux. Laborieuse, sobre, fraîche et pure, le teint transparent, l'œil ferme et limpide, Mme Roland était la plus rassurante image de la force et de la vertu. Sa grâce était bien d'une femme, mais son mâle esprit, son cœur stoïque, étaient d'un homme. On dirait plutôt, à regarder ses amis, que, près d'elle, ce sont eux qui sont femmes ; Bancal, Lanthenas, Bosc, Champagneux, ont tous des traits assez doux. Et le plus femme de tous par le cœur peut-être, le plus faible, c'est celui qu'on croit le plus ferme, c'est l'austère Roland, faible d'une profonde passion de vieillard, suspendu à la vie de l'autre ; il n'y paraîtra que trop à la mort.

La situation eût été, sinon périlleuse, du moins pleine de combats, d'orages. C'était Volmar appelant Saint-Preux auprès de Julie, c'était la barque en péril aux rochers de Meillerie. Il n'y eût pas eu naufrage, croyons-le, mais il valait mieux ne pas s'embarquer.

C'est ce que Mme Roland écrit à Bancal dans une lettre vertueuse, mais en même temps trop naïve et trop émue. Cette lettre, adorablement imprudente, est restée par cela même un monument inappréciable de la pureté de Mme Roland, de son inexpérience, de la virginité de cœur qu'elle conserva toujours... On ne peut lire qu'à genoux.

Rien ne m'a jamais plus surpris, touché... Quoi ! ce héros fut donc vraiment une femme ? Voilà donc un moment (l'unique) où ce grand courage a fléchi. La cuirasse du guerrier s'entr'ouvre, et c'est une femme qu'on voit, le sein blessé de Clorinde.

Bancal avait écrivit aux Roland une lettre affectueuse, tendre, où il disait de cette union projetée : « Elle fera le charme de notre vie, et nous ne serons pas inutiles à nos semblables. » Roland, alors à Lyon, envoya la lettre à sa femme. Elle était seule à la campagne ; l'été avait été très sec, la chaleur était très forte, quoiqu'on fût déjà en octobre. Le tonnerre grondait, et pendant plusieurs jours il ne cessa point, Orage au ciel et sur la terre, orage de la passion, orage de la Révolution... De grands troubles, sans doute, allaient arriver, un flot inconnu d'événements qui devaient bientôt bouleverser les cœurs et les destinées ; dans ces grands moments d'attente, l'homme croit volontiers que c'est pour lui que Dieu tonne.

Mᵐᵉ Roland lut à peine, et elle fut inondée de larmes. Elle se mit à table sans savoir ce qu'elle écrirait ; elle écrivit son trouble même, ne cacha point qu'elle pleurait. C'était bien plus qu'un aveu tendre. Mais, en même temps, cette excellente et courageuse femme, brisant son espoir, se faisait l'effort d'écrire : « Non, je ne suis point assurée de votre bonheur, je ne me pardonnerais point de l'avoir troublé. Je crois vous voir l'attacher à des moyens que je crois faux, à une espérance que je

dois interdire. » Tout le reste est un mélange bien touchant de vertu, de passion, d'inconséquence ; de temps à autre, un accent mélancolique, et je ne sais quelle sombre prévision du destin : « Quand est-ce que nous nous reverrons ?... Question que je me fais souvent et que je n'ose résoudre... Mais pourquoi chercher à pénétrer l'avenir que la nature a voulu nous cacher ? Laissons-le donc sous le voile imposant dont elle le couvre, puisqu'il ne nous est pas donné de le pénétrer ; nous n'avons sur lui qu'une sorte d'influence, elle est grande sans doute : c'est de préparer son bonheur par le sage emploi du présent...»
— Et plus loin : « Il ne s'est point écoulé vingt-quatre heures dans la semaine que le tonnerre ne se soit fait entendre. Il vient encore de gronder. J'aime assez la teinte qu'il prête à nos campagnes, elle est auguste et sombre, mais elle serait terrible qu'elle n'inspirerait pas plus d'effroi... »

Bancal était sage et honnête. Bien triste, malgré l'hiver, il passa en Angleterre, et il y resta longtemps. Oserai-je le dire ? plus longtemps peut-être que Mme Roland ne l'eût voulu elle-même. Telle est l'inconséquence du cœur, même le plus vertueux. Ses lettres, lues attentivement, offrent une fluctuation étrange ; elle s'éloigne, elle se rapproche ; par moments elle se défie d'elle-même et par moments se rassure.

Qui dira qu'en février, partant pour Paris, où les affaires de la ville de Lyon amenaient Roland, elle n'ait pas quelque joie secrète de se retrouver au grand centre où Bancal va nécessairement revenir ? Mais c'est justement Paris qui bientôt donne à ses idées un tout autre cours. Là passion se transforme, elle se tourne entièrement du côté des affaires publiques. Chose bien intéressante et touchante à observer. Après la grande émotion de la fédération lyonnaise, ce spectacle attendrissant de l'union de tout un peuple, elle s'était trouvée faible et tendre au sentiment individuel. Et maintenant ce sentiment, au spectacle de Paris, redevient tout général, civique et patriotique ; Mme Roland se retrouve elle-même et n'aime plus que la France.

S'il s'agissait d'une autre femme, je dirais qu'elle fut sauvée d'elle-même par la Révolution, par la République, par le combat et la mort. Son austère union avec Roland fut confirmée par leur participation commune aux événements de l'époque. Ce mariage de travail devint un mariage de luttes communes, de sacrifices, d'efforts héroïques. Préservée ainsi, elle arriva, pure et victorieuse, à l'échafaud, à la gloire.

Elle vint à Paris en février 91, à la veille du moment si grave où devait s'agiter la question de la République; elle y apportait deux forces : la vertu à la fois et la passion. Réservée jusque-là dans son désert pour les grands événements, elle arrivait avec une jeunesse d'esprit, une fraîcheur d'idées, de sentiments, d'impressions, à rajeunir les politiques les plus fatigués. Eux, ils étaient déjà las ; elle, elle naissait de ce jour.

Autre force mystérieuse. Cette personne très pure, admirablement gardée par le sort, arrivait pourtant le jour où la femme est bien redoutable, le jour où le devoir ne suffira plus, le jour où le cœur, longtemps contenu, s'épandra. Elle arrivait invincible, avec une force d'impulsion inconnue. Nul scrupule ne la retardait; le bonheur voulait que, le sentiment personnel s'étant vaincu ou éludé, l'âme se tournât tout entière vers un noble but, grand, vertueux, glorieux, et, n'y sentant que l'honneur, se lançât à pleines voiles sur ce nouvel océan de la Révolution et de la patrie.

Voilà pourquoi, en ce moment, elle était irrésistible. Tel fut à peu près Rousseau, lorsque, après sa passion malheureuse pour Mme d'Houdetot, retombé sur lui-même et rentré en lui, il y retrouva un foyer immense, cette inextinguible flamme où s'embrasa tout le siècle; le nôtre, à cent ans de distance, en sent encore la chaleur.

Rien de plus sévère que le premier coup d'œil de Mme Roland sur Paris. L'Assemblée lui fait horreur, ses amis lui font pitié. Assise dans les tribunes de l'Assemblée ou des Jacobins, elle perce d'un œil pénétrant tous les caractères, elle voit à nu les faussetés, les lâchetés, les bassesses, la comédie des constitutionnels, les tergiversations, l'indécision des amis de la liberté. Elle ne ménage nullement ni Brissot, qu'elle aime, mais qu'elle trouve timide et léger, ni Condorcet, qu'elle croit double, ni Fauchet, dans lequel « elle voit bien qu'il y a un prêtre ». A peine fait-elle grâce à Pétion et Robespierre; encore on voit bien que leurs lenteurs, leurs ménagements, vont peu à son impatience. Jeune, ardente, forte, sévère, elle leur demande compte à tous, ne veut pas entendre parler de délais, d'obstacles; elle les somme d'être hommes et d'agir.

Au triste spectacle de la liberté entrevue, espérée, déjà perdue, selon elle, elle voudrait retourner à Lyon, « elle verse des larmes de sang... Il nous faudra, dit-elle (le 5 mai), une nouvelle insurrection, ou nous sommes perdus pour le bonheur ou la liberté ; mais je doute qu'il y ait assez de vigueur dans le peuple. La guerre civile même, tout horrible qu'elle soit, avancerait la régénération de notre caractère et de nos mœurs... — Il faut être prêt à tout, même à mourir sans regret. »

La génération dont Mme Roland désespère si aisément avait des dons admirables, la foi au progrès, le désir sincère du bonheur des hommes, l'amour ardent du bien public ; elle a étonné le monde par la grandeur des sacrifices. Cependant, il faut le dire, à cette époque où la situation ne commandait pas encore avec une force impérieuse, ces caractères formés sous l'Ancien-Régime, ne s'annonçaient pas sous un aspect mâle et sévère. Le courage d'esprit manquait. L'initiative du génie ne fut alors chez personne ; je n'excepte pas Mirabeau, malgré son gigantesque talent.

Les hommes d'alors, il faut le dire aussi, avaient déjà immensément écrit, parlé, combattu. Que de travaux, de discussions, d'événements entassés ! Que de réformes rapides ! Quel renouvellement du monde ! La vie des hommes importants de l'Assemblée, de la presse, avait été si laborieuse, qu'elle nous semble un problème ; deux séances de l'Assemblée, sans repos que les séances des Jacobins et autres clubs, jusqu'à onze heures ou minuit ; puis les discours à préparer pour le lendemain, les articles, les affaires et les intrigues, les séances des comités, les conciliabules politiques... L'élan immense du premier moment, l'espoir infini, les avaient d'abord mis à même de supporter tout cela. Mais enfin l'effort durait, le travail sans fin ni bornes; ils étaient un peu retombés. Cette génération n'était plus entière d'esprit ni de forces; quelque sincères que fussent ses convictions, elle n'avait pas la jeunesse, la fraîcheur d'esprit, le premier élan de la foi.

Le 22 juin, au milieu de l'hésitation universelle des politiques, M*me* Roland n'hésita point. Elle écrivit, et fit écrire en province, pour qu'à l'encontre de la faible et pâle adresse des Jacobins les assemblées primaires demandassent une convocation générale : « Pour délibérer par *oui* et par *non* s'il convient de conserver au gouvernement la forme monarchique. » — Elle prouve très bien, le 24, que toute régence est impossible, qu'il faut suspendre Louis XVI, etc.

Tous ou presque tous reculaient, hésitaient, flottaient encore. Ils balançaient les considérations d'intérêts, d'opportunité, s'attendaient les uns les autres, se comptaient. « Nous n'étions pas douze républicains en 89, » dit Camille Desmoulins. Ils avaient bien multiplié en 91, grâce au voyage de Varennes, et le nombre était immense des républicains qui l'étaient sans le savoir; il fallait le leur apprendre à eux-mêmes. Ceux-là seuls calculaient bien l'affaire, qui ne voulaient pas calculer. En tête de cette avant-garde marchait M*me* Roland; elle jetait le glaive d'or dans la balance indécise : son courage et l'idée du droit.

XV

Mme ROLAND (SUITE)

Mme Roland, à cette époque, à en juger par ses lettres, était beaucoup plus violente qu'elle ne le parut plus tard. Elle dit en propres termes : « La chute du trône est arrêtée dans la destinée des empires... Il faut qu'on juge le roi... Chose cruelle à penser, nous ne saurions être régénérés que par le sang. »

Le massacre du Champ de Mars (juillet 91), où ceux qui demandaient la république furent fusillés sur l'autel, lui parut la mort de la liberté. Elle montra le plus touchant intérêt pour Robespierre, que l'on croyait en péril. Elle alla, à onze heures du soir, rue de Saintonge, au Marais, où il demeurait, pour lui offrir un asile. Mais il était resté chez le menuisier Duplay, rue Saint-Honoré. De là, M. et Mme Roland allèrent chez Buzot le prier de défendre Robespierre à l'Assemblée. Buzot refusa ; mais Grégoire, qui était présent, s'engagea à le faire.

Ils étaient venus à Paris pour les affaires de la ville de Lyon. Ayant obtenu ce qu'ils voulaient, ils retournèrent dans leur solitude. Immédiatement (27 septembre 91), Madame Roland écrivit à Robespierre une fort belle lettre, à la fois spartiate et sentimentale, lettre digne, mais flatteuse. Cette lettre, un peu tendue, sent peut-être le calcul et l'intention politique. Elle était visiblement frappée de l'élasticité prodigieuse avec laquelle la machine jacobine, loin d'être brisée, se relevait alors dans toute la France, et du grand rôle politique de l'homme qui se trouvait le centre de la société. J'y remarque les passages suivants :

« Lors même que j'aurais suivi la marche du Corps législatif dans les papiers publics, j'aurais distingué le petit nombre d'hommes courageux, fidèles aux principes, et parmi ces hommes, celui dont l'énergie n'a cessé de... etc. J'aurais voué à ces élus l'attachement et la reconnaissance. — (Suivent des choses très hautes : Faire le bien comme Dieu, sans vouloir de reconnaissance.) Le peu d'âmes élevées qui seraient capables de grandes choses, dispersées sur la surface de la terre, et commandées par les circonstances, ne peuvent jamais se réunir pour agir de concert... — (Elle s'encadre gracieusement de son enfant, de la nature, nature triste toutefois. Elle esquisse le paysage pierreux, la sécheresse extraordinaire. — Lyon aristocrate. — A la campagne, on croit Roland aristocrate ; on a crié : A la lanterne ! etc.) — Vous avez beaucoup fait, Monsieur, pour démontrer et répandre ces principes ; il est beau, il est consolant de pouvoir se rendre ce témoignage, à un âge où tant d'autres ne savent point quelle carrière leur est réservée... Si je n'avais considéré que ce que je pouvais vous mander, je me serais abstenue de vous écrire; mais sans avoir rien à vous apprendre, j'ai eu foi à l'intérêt avec lequel vous recevriez des nouvelles de deux êtres dont l'âme est faite pour vous sentir, et qui aiment à vous exprimer une estime qu'ils accordent à peu de personnes, un attachement qu'ils n'ont voué qu'à ceux qui placent au-dessus de tout la gloire d'être justes et le bonheur d'être sensibles. M. Roland vient de me rejoindre, fatigué, attristé... » etc.

Nous ne voyons pas qu'il ait répondu à ces avances. Du Girondin au Jacobin il y avait différence, non fortuite, mais naturelle, innée, différence d'espèce, haine instinctive, comme du loup au chien. Mme Roland, en particulier, par ses qualités brillantes et viriles, effarouchait Robespierre. Tous deux avaient ce qui semblerait pouvoir rapprocher les hommes, et qui, au contraire, crée entre eux les plus vives antipathies : *avoir un même défaut*. Sous l'héroïsme de l'une, sous la persévérance admirable de l'autre, il y avait un défaut commun, disons-le, un ridicule. Tous deux, ils écrivaient toujours, *ils étaient nés scribes*. Préoccupés, on le verra, du style autant que des affaires, ils ont écrit la nuit, le jour, vivant, mourant; dans les plus terribles crises, et presque sous le couteau, la plume et le style furent pour eux une pensée obstinée. Vrais fils du dix-huitième siècle, du siècle éminemment littéraire et *bellétriste*, pour dire comme les Allemands, ils gardèrent ce caractère dans les tragédies d'un autre âge. Mme Roland, d'un cœur tranquille, écrit, soigne, caresse ses admirables portraits, pendant que les crieurs publics lui chantent sous ses fenêtres : « La mort de la femme Roland ! » Robespierre, la veille du 9 thermidor, entre la pensée de l'assassinat et celle de l'échafaud, arrondit sa période, moins soucieux de vivre, ce semble, que de rester bon écrivain.

Comme politiques et gens de lettres, dès cette époque, ils s'aimaient peu. Robespierre, d'ailleurs, avait un sens trop juste, une trop parfaite entente de l'unité de vie nécessaire aux grands travailleurs, pour se rapprocher aisément de cette femme, de cette reine. Près de Mme Roland, qu'eût été la vie d'un ami ? ou l'obéissance, ou l'orage.

M. et Mme Roland ne revinrent à Paris qu'en 92, lorsque la force des choses, la chute imminente du trône, porta la Gironde aux affaires. Mme Roland fut, dans les salons dorés du ministère de l'intérieur, ce qu'elle avait été dans sa solitude rustique. Seulement ce qu'il y avait naturellement en elle de sérieux, de fort, de viril, de tendu, y parut souvent hauteur et lui fit beaucoup d'ennemis. Il est faux qu'elle donnât les places, plus vrai qu'au contraire elle notait les pétitions de mots sévères qui écartaient les solliciteurs.

Les deux ministères de Roland appartiennent à l'histoire plus qu'à la biographie. Un mot seulement sur la fameuse Lettre au Roi, à propos de laquelle on a inculpé, certes à tort, la loyauté du ministre et de sa femme.

Roland, ministre républicain d'un roi, se sentant chaque jour plus déplacé aux Tuileries, n'avait mis le pied dans ce lieu fatal qu'à la condition positive qu'un secrétaire, nommé *ad hoc* expressément, écrirait chaque jour tout au long les délibérations, les avis, pour qu'il en restât témoignage, et qu'en cas de perfidie on pût, dans chaque mesure, diviser et distinguer, faire la part précise de responsabilité qui revenait à chacun.

La promesse ne fut pas tenue ; le roi ne le voulut point. Roland alors adopta deux moyens qui le couvraient. Convaincu que la publicité est l'âme d'un État libre, il publia chaque jour dans un journal, *le Thermomètre*, tout ce qui pouvait se donner utilement des décisions du conseil ; d'autre part, il minuta, par la plume de sa femme, une lettre franche, vive et forte, pour donner au roi, et plus tard peut-être au public, si le roi se moquait de lui.

Cette lettre n'était point confidentielle ; elle ne promettait nullement le secret, quoi qu'on ait dit. Elle s'adressait visiblement à la France autant qu'au roi, et disait, en propres termes, que Roland n'avait recouru à ce moyen qu'au défaut du secrétaire et du registre qui eussent pu témoigner pour lui. Elle fut remise par Roland le 10 juin, le même jour où la cour faisait jouer contre l'Assemblée une nouvelle machine, une pétition menaçante, où l'on disait perfidement, au nom de huit mille prétendus gardes nationaux, que l'appel des vingt mille fédérés des départements était un outrage à la garde nationale de Paris.

Le 11 ou 12, le roi ne parlant pas de la lettre, Roland prit le parti de la lire tout haut en conseil. Cette pièce, vraiment éloquente, est la suprême protestation d'une loyauté républicaine, qui pourtant montre encore au roi une dernière porte de salut. Il y a des paroles dures, de nobles et tendres aussi, celle-ci qui est sublime : « Non, la patrie n'est pas un mot ; c'est un être auquel on a fait des sacrifices, à qui l'on s'attache chaque jour par les sollicitudes qu'il cause, qu'on a créé par de grands efforts, qui s'élève au milieu des inquiétudes et qu'on aime autant par ce qu'il coûte que par ce qu'on espère... » Suivent de graves avertissements, de trop véridiques prophéties sur les chances terribles de la résistance, qui forcera la République de s'achever dans le sang.

Cette lettre eut le meilleur succès que pût espérer l'auteur. Elle le fit renvoyer.

Nous avons noté ailleurs les fautes du second ministère de Roland. l'hésitation pour rester à Paris ou le quitter à l'approche de l'invasion, la maladresse avec laquelle on fit attaquer Robespierre par un homme aussi léger que Louvet, la sévérité impolitique avec laquelle on repoussa les avances de Danton. Quant au reproche de n'avoir point accéléré la vente des biens nationaux, d'avoir laissé la France sans argent dans un tel péril, Roland fit de grands efforts pour ne pas le mériter ; mais les administrations girondines de départements restèrent sourdes aux injonctions, aux sommations les plus pressantes.

Dès septembre 92, M. et Mme Roland coururent les plus grands périls pour la vie et pour l'honneur. On n'osa user du poignard ; on employa les armes plus cruelles de la calomnie. En décembre 92, un intrigant, nommé Viard, alla trouver Chabot et Marat, se fit fort de leur faire saisir les fils d'un grand complot girondin ; Roland en était, et sa femme. Marat tomba sur l'hameçon avec l'âpreté du requin; quand on jette au poisson vorace du bois, des pierres ou du fer, il avale indifféremment. Chabot était fort léger, gobe-mouche, s'il en fut, avec de l'esprit, peu de sens, encore moins de délicatesse; il se dépêcha de croire, se garda bien d'examiner. La Convention perdit tout un jour à examiner elle-même, à se disputer, s'injurier. On fit au Viard l'honneur de le faire venir, et l'on entrevit fort bien que le respectable témoin produit par Chabot et Marat était un espion, qui probablement travaillait pour tous les partis. On appela, on écouta Mme Roland, qui toucha toute l'Assemblée par sa grâce et sa raison, ses paroles pleines de sens, de modestie et de tact. Chabot était accablé. Marat, furieux, écrivit le soir dans sa feuille que le tout avait été arrangé par les rolandistes pour mystifier les patriotes et les rendre ridicules.

Au 2 juin, quand la plupart des Girondins s'éloignèrent ou se cachèrent, les plus braves, sans comparaison, ce furent les Roland, qui jamais ne daignèrent découcher ni changer d'asile. Mme Roland ne craignait ni la prison ni la mort; elle ne redoutait rien qu'un outrage personnel, et, pour rester toujours maîtresse de son sort, elle ne s'endormait pas sans mettre un pistolet sous son chevet. Sur l'avis que la Commune avait lancé contre Roland un décret d'arrestation, elle courut aux Tuileries, dans l'idée héroïque (plus que raisonnable) d'écraser les accusateurs, de foudroyer la Montagne de son éloquence et de son courage, d'arracher à l'Assemblée la liberté de son époux. Elle fut elle-même arrêtée dans la nuit.

Il faut lire toute la scène dans ses *Mémoires* admirables, qu'on croirait souvent moins écrits d'une plume de femme que du poignard de Caton. Mais tel mot, arraché des entrailles maternelles, telle allusion touchante à l'irréprochable amitié, font trop sentir, par moments que ce grand homme est une femme, que cette âme, pour être si forte, hélas! n'en était pas moins tendre.

Elle ne fit rien pour se soustraire à l'arrestation, et vint à son tour loger à la Conciergerie près du cachot de la reine, sous ces voûtes veuves à peine de Vergniaud, de Brissot, et pleines de leurs ombres. Elle y vint royalement, héroïquement, ayant, comme Vergniaud, jeté le poison qu'elle avait, et voulut mourir au grand jour. Elle croyait honorer la République par son courage au tribunal et la fermeté de sa mort. Ceux qui la virent à la Conciergerie disent qu'elle était toujours belle, pleine de charme, jeune à trente-neuf ans; une jeunesse entière et puissante, un trésor de vie réservé jaillissait de ses beaux yeux. Sa force paraissait surtout dans sa douceur raisonneuse, dans l'irréprochable harmonie de sa personne et de sa parole. Elle s'était amusée en prison à écrire à Robespierre, non pour lui demander rien, mais pour lui faire la leçon. Elle la faisait au tribunal, lorsqu'on lui ferma la bouche. Le 8, où elle mourut, était un jour froid de novembre. La nature dépouillée et morne exprimait l'état des cœurs; la Révolution aussi s'enfonçait dans son hiver, dans la mort des illusions. Entre les deux jardins sans feuilles, la nuit tombant (cinq heures et demie du soir), elle arriva au pied de la Liberté colossale, assise près de l'échafaud, à la place où est l'obélisque, monta légèrement les degrés, et, se tournant vers la statue, lui dit, avec une grave douceur, sans reproche : « O Liberté ! que de crimes commis en ton nom ! »

Elle avait fait la gloire de son parti, de son époux, et n'avait pas peu contribué à les perdre. Elle a involontairement obscurci Roland dans l'avenir. Mais elle lui rendait justice, elle avait pour cette âme antique, enthousiaste et austère une sorte de religion. Lorsqu'elle eut un moment l'idée de s'empoisonner, elle lui écrivit pour s'excuser près de lui de disposer de sa vie sans son aveu. Elle savait que Roland n'avait qu'une unique faiblesse, son violent amour pour elle, d'autant plus profond qu'il le contenait.

Quand on la jugea, elle dit : « Roland se tuera. » On ne put lui cacher sa mort. Retiré près de Rouen, chez des dames, amies très sûres, il se déroba, et, pour faire perdre sa trace, voulut s'éloigner. Le vieillard, par cette saison, n'aurait pas été bien loin. Il trouva une mauvaise diligence qui allait au pas ; les routes de 93 n'étaient que fondrières. Il n'arriva que le soir aux confins de l'Eure. Dans l'anéantissement de toute police, les voleurs couraient les routes, attaquaient les fermes ; des gendarmes les poursuivaient. Cela inquiéta Roland, il ne remit pas plus loin ce qu'il avait résolu. Il descendit, quitta la route, suivit une allée qui tourne pour conduire à un château ; il s'arrêta au pied d'un chêne, tira sa canne à dard et se perça d'outre en outre. On trouva sur lui son nom, et ce mot : « Respectez les restes d'un homme vertueux. » L'avenir ne l'a pas démenti. Il a

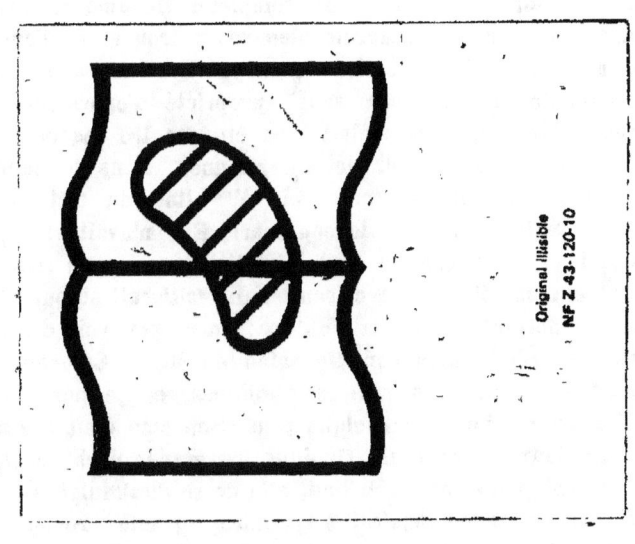

emporté avec lui l'estime de ses adversaires, spécialement de Robert Lindet [1].

[1]. Nous ne résistons pas au plaisir de copier le portrait que Lémontey fait de Mme Roland :

« J'ai vu quelquefois, dit-il, Mme Roland avant 1789 : ses yeux, sa taille et sa chevelure étaient d'une beauté remarquable, et son teint délicat avait une fraîcheur et un coloris qui, joints à son air de réserve et de candeur, la rajeunissaient singulièrement. Je ne lui trouvai point l'élégance aisée d'une Parisienne, qu'elle s'attribue dans ses *Mémoires*; je ne veux point dire qu'elle eût de la gaucherie, parce que ce qui est simple et naturel ne saurait jamais manquer de grâce. Je me souviens que, la première fois que je la vis, elle réalisa l'idée que je m'étais faite de la petite-fille de Vevey, qui a tourné tant de têtes, de la Julie de J.-J. Rousseau; et, quand je l'entendis, l'illusion fut encore plus complète. Madame Roland parlait bien, trop bien. L'amour-propre aurait bien voulu trouver de l'apprêt dans ce qu'elle disait; mais il n'y avait pas moyen : c'était simplement une nature trop parfaite. Esprit, bon sens, propriété d'expressions, raison piquante, grâce naïve, tout cela coulait sans étude entre des dents d'ivoire et des lèvres rosées; force était de s'y résigner. Dans le cours de la Révolution je n'ai revu qu'une seule fois Mme Roland; c'était au commencement du premier ministère de son mari. Elle n'avait rien perdu de son air de fraîcheur, d'adolescence et de simplicité; son mari ressemblait à un quaker dont elle eût été la fille, et son enfant voltigeait autour d'elle avec de beaux cheveux flottant jusqu'à la ceinture; on croyait voir des habitants de la Pensylvanie transplantés dans le salon de M. de Calonne. Mme Roland ne parlait plus que des affaires publiques, et je pus reconnaître que ma modération lui inspirait quelque pitié. Son âme était exaltée, mais son cœur restait doux et inoffensif. Quoique les grands déchirements de la monarchie n'eussent point encore eu lieu, elle ne se dissimulait pas que des symptômes d'anarchie commençaient à poindre, et elle promettait de la combattre jusqu'à la mort. Je me rappelle le ton calme et résolu dont elle m'annonça qu'elle porterait, quand il le faudrait, sa tête sur l'échafaud; et j'avoue que l'image de cette tête charmante abandonnée au glaive du bourreau me fit une impression qui ne s'est point effacée, car la fureur des partis ne nous avait pas encore accoutumés à ces effroyables idées. Aussi, dans la suite, les prodiges de la fermeté de Mme Roland et l'héroïsme de sa mort ne me surprirent point. Tout était d'accord et rien n'était joué dans cette femme célèbre; ce ne fut pas seulement le caractère le plus fort, mais encore le plus vrai de notre Révolution; l'histoire ne la dédaignera pas, et d'autres nations nous l'envieront. »

XVI

Mlle KÉRALIO (Mme ROBERT) (17 JUILLET 91)

L'acte primitif de la République, la fameuse pétition du Champ de Mars pour ne reconnaître *ni Louis XVI ni aucun autre roi*, cet acte improvisé au milieu de la foule sur l'autel de la Patrie (17 juillet 91), existe encore aux archives du département de la Seine. Il fut écrit par le cordelier Robert.

Sa femme, Mme Robert (Mlle Kéralio), le dit le soir à Mme Roland. Et l'acte en témoigne lui-même. Il est visiblement de l'écriture de Robert, qui l'a signé l'un des premiers.

Robert était un gros homme qui avait plus de patriotisme que de talent, aucune facilité. Sa femme, au contraire, écrivain connu, journaliste infatigable, esprit vif, rapide, ardent, dut très probablement dicter.

Cette pièce est fort remarquable. Elle fut très réellement improvisée. Les Jacobins y étaient contraires. Même le girondin Brissot, qui voulait la chute du roi, avait rédigé un projet de pétition timide, que les Cordeliers écartèrent. Des meneurs des Cordeliers les uns furent arrêtés le matin, les autres se cachèrent pour ne pas l'être. Il se trouva un moment que, Danton, Desmoulins, Fréron, Legendre, ne paraissant pas, des Cordeliers fort secondaires, comme était Robert, se trouvèrent là en première ligne, et à même de prendre l'iniative.

La petite Mme Robert, adroite, spirituelle et fière (c'est le portrait qu'en fait Mme Roland), ambitieuse surtout, impatiente de traîner depuis longtemps dans l'obscur labeur d'une femme qui écrit pour vivre, saisit l'occasion aux cheveux. Elle dicta, je n'en fais nul doute, et le gros Robert écrivit.

Le style semble trahir l'auteur. Le discours est coupé, coupé, comme d'une personne haletante. Plusieurs négligences heureuses, de petits élans dardés (comme la colère d'une femme, ou celle du colibri), dénoncent assez clairement la main féminine. « Mais, messieurs, mais, représentants d'un peuple généreux et confiant, rappelez-vous », etc.

Mme Roland avait été le matin au Champ de Mars pour pressentir le tour que prendraient les choses. Elle revint, croyant sans doute qu'il n'y aurait rien à faire. La veille au soir, elle avait vu la salle des Jacobins envahie par une foule étrange qu'on croyait, non sans vraisemblance, payée par les orléanistes qui voulaient détourner à leur profit le mouvement républicain.

Donc, ce furent les Cordeliers seuls, M. et Mme Robert en tête, qui restés au Champ de Mars, au milieu du peuple, écrivant pour lui, eurent réellement cette audacieuse initiative, dont les Girondins, puis les Jacobins, devaient bientôt profiter.

Qu'était-ce que Mme Robert (Mlle Kéralio)?

Bretonne par son père, mais née à Paris en 1758, elle avait alors trente-trois ans. C'était une femme de lettres, on pourrait dire une savante, élevée par son père, membre de l'Académie des Inscriptions. Guinement de Kéralio, chevalier de Saint-Louis, avait été appelé avec Condillac à l'éducation du prince de Parme. Professeur de tactique à l'École militaire, inspecteur d'une école militaire de province, il avait eu parmi ses élèves le jeune Corse Bonaparte. Son traitement ne suffisant pas à soutenir sa famille, il écrivait au *Mercure*, au *Journal des savants*, et faisait de plus une foule de traductions. La petite Kéralio n'avait pas dix-sept ans qu'elle traduisait et compilait. A dix-huit ans, elle fit un roman (*Adélaïde*) dont personne ne s'aperçut. Alors, elle mit dix ans à faire un ouvrage sérieux, une longue *Histoire d'Élisabeth*, pleine d'études et de recherches. Par malheur, ce grand ouvrage ne fut achevé qu'en 89; c'était trop tard; on faisait l'histoire au lieu de la lire. Vite le père et la fille se tournèrent aux choses du temps. Mlle Kéralio se fit journaliste, rédigea le *Journal de l'État et du citoyen*. Le vieux Kéralio fut, sous La Fayette, instructeur de la garde nationale. On ne voit pas que ni lui ni elle y aient beaucoup profité. Il avait perdu la place qui le faisait vivre, lorsque sa fille, fort à point, trouva un mari.

Ce mari, très opposé au parti de La Fayette, était le cordelier Robert, qui, dès la fin de 90, suivant hardiment la voie de Camille Desmoulins, avait écrit *le Républicanisme adapté à la France.* Mlle Kéralio, née noble, élevée dans le monde de l'Ancien-Régime, se jeta avec ardeur dans le mouvement. Son mariage la transportait au plus brûlant foyer de l'agitation parisienne, au club des Cordeliers. Le jour où les chefs cordeliers, arrêtés ou en fuite, manquèrent au dangereux poste de l'autel de la patrie, elle y fut, elle y agit, et, de la main de son mari, fit l'acte décisif.

La chose n'était pas sans péril. Quoiqu'on ne prévît pas le massacre que firent le soir les royalistes et les soldats de La Fayette, le Champ de Mars avait été témoin, dès le matin, d'une scène fort tragique, d'une plaisanterie fatale qui aboutit à un acte sanglant. Quelque triste et honteux que soit le détail, nous ne pouvons le supprimer ; il tient trop à notre sujet.

Les gentilshommes royalistes étaient rieurs. Dans leurs *Actes des apôtres* et ailleurs, ils faisaient de leurs ennemis d'intarissables gorges chaudes. Ils s'amusèrent spécialement de l'éclipse des chefs cordeliers, des coups de bâton que tels d'entre eux reçurent de la main des Fayettistes. Les royalistes de bas étage, ex-laquais, portiers, perruquiers, avaient leurs farces aussi ; ils jouaient, quand ils l'osaient, des tours aux révolutionnaires. Les perruquiers spécialement, ruinés par la Révolution, étaient de furieux royalistes. Agents, messagers de plaisirs, sous l'Ancien-Régime, témoins nécessaires du lever, des plus libres scènes d'alcôve, ils étaient aussi généralement libertins pour leur propre compte. L'un d'eux, le samedi soir, la veille du 17 juillet, eut une idée qui ne pouvait guère tomber que dans la tête d'un libertin désœuvré ; ce fut d'aller s'établir sous les planches de l'autel de la Patrie et de regarder sous les jupes des femmes. On ne portait plus de paniers alors, mais des jupes fort bouffantes par derrière. Les altières républicaines, tribuns en bonnet, orateurs des clubs, les romaines, les dames de lettres, allaient monter là fièrement. Le perruquier trouvait bouffon de voir (ou d'imaginer), puis d'en faire des gorges chaudes. Fausse ou vraie, la chose, sans nul doute, eût été vivement saisie dans les salons royalistes; le ton y était très libre, celui même des plus grandes dames. On voit avec étonnement, dans les *Mémoires* de Lauzun, ce qu'on osait dire en présence de la reine. Les lectrices de *Faublas* et d'autres livres bien pires auraient sans nul doute reçu avidement ces descriptions effrontées.

Le perruquier, comme celui du *Lutrin*, pour s'enfermer dans ces ténèbres, voulut avoir un camarade, et choisit un brave, un vieux soldat invalide, non moins royaliste, non moins libertin. Ils prennent des vivres, un baril d'eau, vont la nuit au Champ de Mars, lèvent une planche et descendent, la remettent adroitement. Puis, au moyen d'une vrille, ils se mettent à percer des trous. Les nuits sont courtes en juillet, il faisait déjà bien clair, et ils travaillaient encore. L'attente du grand jour éveillait beaucoup de gens, la misère aussi, l'espoir de vendre quelque chose à la foule; une marchande de gâteaux ou de limonade, prenant le devant sur les autres, rôdait déjà, en attendant, sur l'autel de la Patrie. Elle sent la vrille sous le pied, elle a peur, elle s'écrie. Il y avait là un apprenti, qui était venu studieusement copier les inscriptions patriotiques. Il court appeler la garde du

Gros-Caillou, qui ne veut bouger; il va tout courant à l'Hôtel de Ville, ramène des hommes, des outils, on ouvre les planches, on trouve les deux coupables, bien penauds et qui font semblant de dormir. Leur affaire était mauvaise; on ne plaisantait pas alors sur l'autel de la Patrie : un officier périt à Brest pour le crime de s'en être moqué. Ici, circonstance aggravante, ils avouent leur vilaine envie. La population du Gros-Caillou est toute de blanchisseuses, une rude population de femmes, armées de battoirs, qui ont eu parfois dans la Révolution leurs jours d'émeute et de révolte. Ces dames reçurent fort mal l'aveu d'un outrage aux femmes. D'autre part, parmi la foule, d'autres bruits couraient, ils avaient, disait-on, reçu, pour tenter un coup, promesse de rentes viagères; le baril d'eau, en passant de bouche en bouche, devint un baril de poudre; puis, la conséquence : « Ils voulaient faire sauter le peuple... » La garde ne peut plus les défendre, on les arrache, on les égorge; puis, pour terrifier les aristocrates, on coupe les deux têtes, on les porte dans Paris. A huit heures et demie ou neuf heures, elles étaient au Palais-Royal.

Un moment après, l'Assemblée, émue, indignée, mais fort habilement dirigée par les royalistes contre la pétition républicaine qu'on prévoyait et redoutait, déclara « Que ceux qui, *par écrits* individuels ou collectifs, porteraient le peuple à résister, étaient criminels de lèse-nation ». La pétition se trouvait ainsi identifiée à l'assassinat du matin et tout rassemblement menacé comme une réunion d'assassins. De moment en moment, le président Charles de Lameth écrivait à la municipalité pour qu'elle déployât le drapeau rouge et lançât la garde nationale contre les pétitionnaires du Champ de Mars.

Le rassemblement, en réalité, était fort inoffensif. Il comptait plus de femmes encore que d'hommes, dit un témoin oculaire. Parmi les signatures, on en voit en très grand nombre de femmes et de filles. Sans doute, ce jour de dimanche, elles étaient au bras de leurs pères, de leurs frères ou de leurs maris. Croyantes d'une foi docile, elles ont voulu témoigner avec eux, communier avec eux dans ce grand acte dont plusieurs d'entre elles ne comprenaient pas toute la portée. N'importe, elles restaient courageuses et fidèles, et plus d'une bientôt a témoigné de son sang.

Le nombre des signatures dut être véritablement immense. Les feuilles qui subsistent en contiennent plusieurs milliers. Mais il est visible que beaucoup ont été perdues. La dernière est cotée cinquante. Ce prodigieux empressement du peuple à signer un acte si hostile au roi, si sévère pour l'Assemblée, dut effrayer celle-ci. On lui porta, sans nul doute, une des copies qui circulaient, et elle vit avec terreur, cette Assemblée souveraine, jusqu'ici juge et arbitre entre le roi et le peuple, qu'elle passait au rang d'accusée. Il fallait dès lors, à tout prix, dissoudre le rassemblement, déchirer la pétition.

Telle fut certainement la pensée, je ne dis pas de l'Assemblée entière, qui se laissait conduire, mais la pensée des meneurs. Ils prétendirent avoir avis que la foule du Champ de Mars voulait marcher sur l'Assemblée, chose inexacte certainement, et positivement démentie par tout ce que les témoins oculaires vivant encore racontent de l'attitude du peuple. Qu'il y ait eu, dans le nombre, quelque fou pour proposer l'expédition, cela n'est pas impossible ; mais personne n'avait la moindre action sur la foule. Elle était devenue immense, mêlée de mille éléments divers, d'autant moins facile à entraîner, d'autant moins offensive. Les villages de la banlieue, ne sachant rien des derniers événements, s'étaient mis en marche, spécialement la banlieue de l'ouest, Vaugirard, Issy, Sèvres, Saint-Cloud, Boulogne, etc. Ils venaient comme à une fête ; mais une fois au Champ de Mars, ils n'avaient aucune idée d'aller au delà ; ils cherchaient plutôt, dans ce jour d'extrême chaleur, un peu d'ombre pour se reposer sous les arbres qui sont autour, ou bien au centre, sous la large pyramide de l'autel de la Patrie.

Cependant un dernier, un foudroyant message de l'Assemblée arrive, vers quatre heures, à l'Hôtel de Ville ; et en même temps un bruit venu de la même source se répand à la Grève, dans tout ce qu'il y avait là de garde soldée : « Une troupe de cinquante mille brigands se sont postés au Champ de Mars, ils vont marcher sur l'Assemblée. »

La municipalité ne résista plus. Elle déploya le drapeau rouge. Le maire Bailly, fort pâle, descendit à la Grève, et marcha à la tête d'une colonne de la garde nationale. La Fayette suivit un autre chemin.

Voici le récit inédit d'un témoin, très croyable, qui était garde national et alla au Champ de Mars avec le faubourg Saint-Antoine :

« L'aspect que présentait alors cette place immense nous frappa d'étonnement. Nous nous attendions à la voir occupée par une populace en furie ; nous n'y trouvâmes que la population pacifique des promeneurs du dimanche, rassemblée par groupes, en familles, et composée en grande majorité de femmes et d'enfants, au milieu desquels circulaient des marchands de coco, de pain d'épice et de gâteaux de Nanterre, qui avaient alors la vogue de la nouveauté. Il n'y avait dans cette foule personne qui fût armé, excepté quelques gardes nationaux parés de leur uniforme et de leur sabre; mais la plupart accompagnaient leurs femmes et n'avaient rien de menaçant ni de suspect. La sécurité était si grande, que plusieurs de nos compagnies mirent leurs fusils en faisceaux, et que, poussés par la curiosité, quelques-uns d'entre nous allèrent jusqu'au milieu du Champ de Mars. Interrogés à leur retour, ils dirent qu'il n'y avait rien de nouveau, sinon qu'on signait une pétition sur les marches de l'autel de la Patrie.

« Cet autel était une immense construction, haute de cent pieds; elle s'appuyait sur quatre massifs qui occupaient les angles de son vaste quadrilatère et qui supportaient des trépieds de grandeur colossale. Ces massifs étaient liés entre eux par des escaliers dont la largeur était telle, qu'un bataillon entier pouvait monter de front chacun d'eux. De la plate-forme sur laquelle ils conduisaient, s'élevait pyramidalement, par une multitude de degrés, un terre-plein que couronnait l'autel de la Patrie, ombragée d'un palmier.

« Les marches pratiquées sur les quatre faces, depuis la base jusqu'au sommet, avaient offert des sièges à la foule fatiguée par une longue promenade et par la chaleur du soleil de juillet. Aussi, quand nous arrivâmes, ce grand monument ressemblait-il à une montagne animée, formée d'êtres humains superposés. Nul de nous ne prévoyait que cet édifice élevé pour une fête allait être changé en un échafaud sanglant. »

Ni Bailly ni La Fayette n'étaient des hommes sanguinaires. Ils n'avaient donné qu'un ordre général d'employer la force *en cas de résistance*. Les événements entraînèrent tout : la garde nationale soldée (espèce de gendarmerie) entrait par le milieu du Champ de Mars (du côté du Gros-Caillou) quand *on lui dit* qu'à l'autre bout on avait tiré sur le maire. Et, en effet, d'un groupe d'enfants et d'hommes exaltés un coup de feu était parti, qui, derrière le maire, blessa un dragon.

On dit, mais qui était cet *on ?* les royalistes, sans nul doute, peut-être les perruquiers, qui étaient venus en nombre, armés jusqu'aux dents, pour venger le perruquier tué le matin.

La garde soldée n'attendit rien, et, sans vérifier cet *on dit*, elle avança à la course dans le Champ de Mars et déchargea toutes ses armes sur l'autel de la Patrie, couvert de femmes et d'enfants. Robert et sa femme ne furent point atteints. Ce sont eux ou leurs amis, les Cordeliers, qui, sous le feu, ramassèrent les feuillets épars de la pétition que nous possédons encore en partie.

Le soir, ils se réfugièrent chez Mme Roland. Il faut lire le récit de celle-ci, qui, par son aigreur, ne témoigne que trop de l'excessive timidité de la politique girondine : « En revenant des Jacobins chez moi, à onze heures du soir, je trouvai M. et Mme Robert.

« Nous venons, me dit la femme avec l'air de confiance

« d'une ancienne amie, vous demander un asile ; il ne
« faut pas vous avoir beaucoup vue pour croire à la
« franchise de votre caractère et de votre patriotisme.
« Mon mari rédigeait la pétition sur l'autel de la
« Patrie ; j'étais à ses côtés ; nous échappons à la
« boucherie, sans oser nous retirer, ni chez nous,
« ni chez des amis connus, où l'on pourrait nous
« venir chercher. — Je vous sais bon gré, lui répli-
« quai-je d'avoir songé à moi dans une aussi triste
« circonstance, et je m'honore d'accueillir les persé-
« cutés ; mais vous serez mal cachés ici (j'étais à
« l'hôtel Britannique, rue Guénégaud) ; cette maison
« est fréquentée, et l'hôte est fort partisan de La
« Fayette. — Il n'est question que de cette nuit ; de-
« main nous aviserons à notre retraite. » Je fis dire à
la maîtresse de l'hôtel qu'une femme de mes parentes,
arrivant à Paris dans ce moment de tumulte, avait
laissé ses bagages à la diligence, et passerait la nuit
avec moi ; que je la priais de faire dresser deux lits
de camp dans mon appartement. Ils furent disposés
dans un salon où se tinrent les hommes, et Mme Robert
coucha dans le lit de mon mari, auprès du mien, dans
ma chambre. Le lendemain matin, levée d'assez bonne
heure, je n'eus rien de plus pressé que de faire des
lettres pour instruire mes amis éloignés de ce qui
s'était passé la veille. M. et Mme Robert, que je supposais
devoir être bien actifs, et avoir des correspondances
plus étendues, comme journalistes, s'habillèrent doucement, causèrent après le déjeuner que je leur fis
servir, et se mirent au balcon sur la rue ; ils allèrent
même jusqu'à appeler par la fenêtre et faire monter
près d'eux un passant de leur connaissance.

« Je trouvais cette conduite bien inconséquente de la part de gens qui se cachaient. Le personnage qu'ils avaient fait monter les entretint avec chaleur des événements de la veille, se vanta d'avoir passé son sabre au travers du corps d'un garde national ; il parlait très haut, dans la pièce voisine d'une grande antichambre commune avec un autre appartement que le mien. J'appelai M⁽ᵐᵉ⁾ Robert : « Je vous ai accueillie,
« Madame, avec l'intérêt de la justice et de l'humanité
« pour d'honnêtes gens en danger; mais je ne puis
« donner asile à toutes vos connaissances : vous vous
« exposez à entretenir, comme vous le faites dans
« une maison telle que celle-ci, quelqu'un d'aussi peu
« discret ; je reçois habituellement des députés, qui
« risqueraient d'être compromis, si on les voyait
« entrer ici au moment où s'y trouve une personne
« qui se glorifie d'avoir commis hier des voies
« de fait ; je vous prie de l'inviter à se retirer. »
M⁽ᵐᵉ⁾ Robert appela son mari, je réitérai mes observations avec un accent plus élevé, parce que le personnage, plus épais, me semblait avoir besoin d'une impression forte ; on congédia l'homme. J'appris qu'il s'appelait Vachard, qu'il était président d'une société dite des Indigents : on célébra beaucoup ses excellentes qualités et son ardent patriotisme. Je gémis en moi-même du prix qu'il fallait attacher au patriotisme d'un individu qui avait toute l'encolure de ce qu'on appelle une mauvaise tête, et que j'aurais pris pour un mauvais sujet. J'ai su depuis que c'était un colporteur de la feuille de Marat, qui ne savait pas lire, et qui est aujourd'hui administrateur du département de Paris, où il figure très bien avec ses pareils.

« Il était midi ; M. et Mᵐᵉ Robert parlèrent d'aller chez eux, où tout devait être en désordre : je leur dis que, par cette raison, s'ils voulaient accepter ma soupe avant de partir, je la leur ferais servir de bonne heure ; ils me répliquèrent qu'ils aimaient mieux revenir, et s'engagèrent ainsi en sortant. Je les revis effectivement vers trois heures ; ils avaient fait toilette ; la femme avait de grandes plumes et beaucoup de rouge ; le mari s'était revêtu d'un habit de soie, bleu céleste, sur lequel ses cheveux noirs, tombant en grosses boucles, tranchaient singulièrement. Une longue épée à son côté ajoutait à son costume tout ce qui pouvait le faire remarquer. Mais, bon Dieu ! ces gens sont-ils fous ! me demandai-je à moi-même ? Et je les regardais parler, pour m'assurer qu'ils n'eussent point perdu l'esprit. Le gros Robert mangeait à merveille, et sa femme jasait à plaisir. Ils me quittèrent enfin, et je ne les revis plus, ni ne parlai d'eux à personne.

« De retour à Paris, l'hiver suivant, Robert, rencontrant Roland aux Jacobins, lui fit d'honnêtes reproches, ou des plaintes de politesse, de n'avoir plus eu aucune espèce de relation avec nous ; sa femme vint me visiter plusieurs fois, m'inviter, de la manière la plus pressante, à aller chez elle deux jours de la semaine, où elle tenait assemblée, et où se trouvaient des hommes de mérite de la législature : je m'y rendis une fois ; je vis Antoine, dont je connaissais toute la médiocrité, petit homme, bon à mettre sur une toilette, faisant de jolis vers, écrivant agréablement la bagatelle, mais sans consistance et sans caractère. Je vis des députés patriotes

à la toise, décents comme Chabot ; quelques femmes ardentes en civisme et d'honorables membres de la Société fraternelle achevaient la composition d'un cercle qui ne me convenait guère, et dans lequel je ne retournai pas. A quelques mois de là, Roland fut appelé au ministère ; vingt-quatre heures étaient à peine écoulées depuis sa nomination que je vis arriver chez moi Mme Robert : « Ah çà ! voilà votre
« mari en place ; les patriotes doivent se servir
« réciproquement, j'espère que vous n'oublierez pas
« le mien. — Je serais, Madame, enchantée de vous
« être utile ; mais j'ignore ce que je pourrais pour
« cela, et certainement M. Roland ne négligera rien
« pour l'intérêt public, par l'emploi des personnes
« capables. » Quatre jours se passent ; Mme Robert revient me faire une visite du matin ; une autre visite encore peu de jours après, et toujours grande instance sur la nécessité de placer son mari, sur ses droits à l'obtenir par son patriotisme. J'appris à Mme Robert que le ministre de l'intérieur n'avait aucune espèce de places à sa nomination, autres que celles de ses bureaux ; qu'elles étaient toutes remplies ; que malgré l'utilité dont il pouvait être de changer quelques agents, il convenait à l'homme prudent d'étudier les choses et les personnes avant d'opérer des renouvellements, pour ne pas entraver la marche des affaires ; et qu'enfin, d'après ce qu'elle m'annonçait elle-même, sans doute que son mari ne voudrait pas d'une place de commis. « Véritablement Robert est fait pour mieux que cela.
« — Dans ce cas, le ministre de l'intérieur ne peut
« vous servir de rien. — Mais il faut qu'il parle à

« celui des affaires étrangères, et qu'il fasse donner
« quelque mission à Robert. — Je crois qu'il est
« dans l'austérité de M. Roland de ne solliciter per-
« sonne, et de ne se point mêler du département de
« ses collègues ; mais comme vous n'entendez pro-
« bablement qu'un témoignage à rendre du civisme
« de votre mari, je le dirai au mien. »

« Mme Robert se mit aux trousses de Dumouriez, à celles de Brissot, et elle revint, après trois
semaines, me dire qu'elle avait la parole du premier,
et qu'elle me priait de lui rappeler sa promesse
quand je le verrais.

« Il vint dîner chez moi dans la semaine ; Brissot
et d'autres y étaient : « N'avez-vous pas, dis-je au
« premier, promis à certaine dame, fort pressante,
« de placer incessamment son mari ? Elle m'a priée
« de vous en faire souvenir ; et son activité est si
« grande, que je suis bien aise de pouvoir la calmer
« à mon égard, en lui disant que j'ai fait ce qu'elle
« désirait. — N'est-ce pas de Robert dont il est ques-
« tion ? demanda aussitôt Brissot. — Justement. —
« Ah ! reprit-il avec cette bonhomie qui le caractérise,
« vous devez (en s'adressant à Dumouriez) placer
« cet homme-là : c'est un sincère ami de la Révo-
« lution, un chaud patriote ; il n'est point heureux ;
« il faut que le règne de la liberté soit utile à ceux
« qui l'aiment. — Quoi ! interrompit Dumouriez avec
« autant de vivacité que de gaieté, vous me parlez
« de ce petit homme à tête noire, aussi large qu'il a
« de hauteur ! mais, par ma foi, je n'ai pas envie de
« me déshonorer. Je n'enverrai nulle part une telle
« caboche. — Mais, répliqua Brissot, parmi les

« agents que vous êtes dans le cas d'employer, tous
« n'ont pas beoin d'une égale capacité. — Eh! con-
« naissez-vous bien Robert? demanda Dumouriez. —
« Je connais beaucoup Kéralio, le père de sa femme ;
« homme infiniment respectable : j'ai vu chez lui
« Robert; je sais qu'on lui reproche quelque travers ;
« mais je le crois honnête, ayant un excellent cœur,
« pénétré d'un vrai civisme, et ayant besoin d'être
« employé. — Je n'emploie pas un fou semblable. —
« Mais vous avez promis à sa femme. — Sans doute,
« une place inférieure de mille écus d'appointe-
« ments, dont il n'a pas voulu. Savez-vous ce qu'il
« me demande? l'ambassade de Constantinople! —
« L'ambassade de Constantinople! s'écria Brissot en
« riant; cela n'est pas possible. — Cela est ainsi. —
« Je n'ai plus rien à dire. — Ni moi, ajoute Dumou-
« riez, sinon que je fais rouler ce tonneau jusqu'à
« la rue s'il se représente chez moi, et que j'interdis
« ma porte à sa femme. »

« Mme Robert revint encore chez moi; je voulais m'en défaire absolument, mais sans éclat; et je
ne pouvais employer qu'une manière conforme à
ma franchise. Elle se plaignit beaucoup de Dumouriez, de ses lenteurs; je lui dis que je lui avais parlé,
mais que je ne devais pas lui dissimuler qu'elle
avait des ennemis, qui répandaient de mauvais bruits
sur son compte; que je l'engageais à remonter à la
source pour les détruire, afin qu'un homme public
ne s'exposât point aux reproches des malveillants
en employant une personne qu'environnaient des
préjugés défavorables; qu'elle ne devait avoir besoin
sur cela que d'explications que je l'invitais à

donner. Mᵐᵉ Robert alla chez Brissot, qui, dans son ingénuité, dit qu'elle avait fait une folie de demander une ambassade, et qu'avec de pareilles prétentions l'on devait finir par ne rien obtenir. Nous ne la revîmes plus ; mais son mari fit une brochure contre Brissot pour le dénoncer comme un distributeur de places et un faussaire qui lui avait promis l'ambassade de Constantinople, et s'était dédit. Il se jeta aux Cordeliers, se lia avec Danton, s'offrit d'être son commis lorsqu'au 10 août Danton fut ministre, fut poussé par lui au corps électoral et dans la députation de Paris à la Convention ; paya ses dettes, fit de la dépense, recevait chez lui, à manger, d'Orléans et mille autres ; est riche aujourd'hui ; calomnie Roland et déchire sa femme : tout cela se conçoit ; il fait son métier et gagne son argent. »

Ce portrait amer, injuste, et qui prouve que Mᵐᵉ Roland, que les plus grands caractères ont leurs misères et leurs faiblesses, est matériellement inexact, en plus d'un point, en un très certainement. Robert *ne se jeta point aux Cordeliers* à la fin de 92, puisqu'il leur appartenait dès le commencement de 91, et qu'en juillet 91 il avait fait avec sa femme l'acte le plus hardi qui signale les Cordeliers à l'histoire, l'acte originel de la République.

Robert était un bon homme, d'un cœur chaleureux. Il paraît avoir été l'un de ceux qui, dans l'été de 93 (en août ou septembre), firent, avec Garat, quelques tentatives près de Robespierre pour sauver les Girondins, dès lors perdus sans ressource, et que personne ne pouvait sauver.

Un minime accident lui fut très fatal. La Convention avait porté une loi très sévère contre les accaparements. On dénonça Robert comme ayant chez lui un tonneau de rhum. Il eut beau protester que ce très petit baril était pour sa consommation. On n'en déblatéra pas moins aux Jacobins contre Robert l'*accapareur*, charmé qu'on était de couler à fond les vieux Cordeliers.

Quoi qu'en dise Mme Roland, ni Robert ni sa femme ne s'étaient enrichis. La pauvre femme, après la Révolution, vécut de sa plume, comme auparavant, écrivant pour les libraires force traductions de l'anglais et de temps en temps des romans : *Amélia et Caroline, ou l'Amour et l'Amitié; Alphonse et Mathilde, ou la Famille espagnole; Rose et Albert, ou le Tombeau d'Emma* (1810). C'est le dernier de ses ouvrages, et probablement la fin de sa vie.

Tout cela est oublié, même son *Histoire d'Élisabeth*. Mais ce qui ne le sera pas, c'est la grande initiative qu'elle prit pour la République le 17 juillet 1791.

XVII

CHARLOTTE CORDAY

Le dimanche 7 juillet 1793, on avait battu la générale et réuni sur l'immense tapis vert de la prairie de Caen les volontaires qui partaient pour Paris, *pour la guerre de Marat*. Il en vint trente. Les belles dames qui se trouvaient là avec les députés, étaient surprises et mal édifiées de ce petit nombre. Une demoiselle, entre autres, paraissait profondément triste : c'était Mlle Marie-Charlotte Corday d'Armont, jeune et belle personne, républicaine, de famille noble et pauvre, qui vivait à Caen avec sa tante. Pétion, qui l'avait vue quelquefois, supposa qu'elle avait là sans doute quelque amant dont le départ l'attristait. Il l'en plaisanta lourdement, disant : « Vous auriez bien du chagrin, n'est-il pas vrai, s'ils ne partaient pas? »

Le Girondin blasé après tant d'événements ne devinait pas le sentiment neuf et vierge, la flamme ardente qui possédait ce jeune cœur. Il ne savait pas que ses discours et ceux de ses amis, qui, dans la bouche d'hommes finis, n'étaient que des discours, dans le cœur de Mlle Corday étaient la destinée, la vie, la mort. Sur cette prairie de Caen, qui peut recevoir cent mille hommes et qui n'en avait que trente, elle avait vu une chose que personne ne voyait : la *Patrie abandonnée.*

Les hommes faisant si peu, elle entra en cette pensée qu'il fallait la main d'une femme.

Mlle Corday se trouvait être d'une bien grande noblesse; la très proche parente des héroïnes de Corneille, de Chimène, de Pauline et de la sœur d'Horace. Elle était l'arrière-petite-nièce de l'auteur de *Cinna.* Le sublime en elle était la nature.

Dans sa dernière lettre de mort, elle fait assez entendre tout ce qui fut dans son esprit : elle dit tout d'un mot, qu'elle répète sans cesse : « *La paix, la paix.* »

Sublime et raisonneuse, comme son oncle, à la normande, elle fit ce raisonnement : La loi est la paix même. Qui a tué la loi au 2 juin ? Marat surtout. Le meurtrier de la loi tué, la paix va refleurir. La mort d'un seul sera la vie de tous.

Telle fut toute sa pensée. Pour sa vie, à elle-même, qu'elle donnait, elle n'y songea point.

Pensée étroite, autant que haute. Elle vit tout en un homme; dans le fil d'une vie, elle crut couper celui de nos mauvaises destinées, nettement, simplement, comme elle coupait, fille laborieuse, celui de son fuseau.

Qu'on ne croie pas voir en Mlle Corday une virago farouche qui ne comptait pour rien le sang. Tout au contraire, ce fut pour l'épargner qu'elle se décida à frapper ce coup. Elle crut sauver tout un monde en exterminant l'exterminateur. Elle avait un cœur de femme, tendre et doux. L'acte qu'elle s'imposa fut un acte de pitié.

Dans l'unique portrait qui reste d'elle, et qu'on a fait au moment de sa mort, on sent son extrême douceur. Rien qui soit moins en rapport avec le sanglant souvenir que rappelle son nom. C'est la figure d'une jeune demoiselle normande, figure vierge, s'il en fut, l'éclat doux du pommier en fleur. Elle paraît beaucoup plus jeune que son âge de vingt-cinq ans. On croit entendre sa voix un peu enfantine, les mots mêmes qu'elle écrivit à son père, dans l'orthographe qui représente la prononciation traînante de Normandie : « Pardonnais-moi, mon papa... »

Dans ce tragique portrait, elle paraît infiniment sensée, raisonnable, sérieuse, comme sont les femmes de son pays. Prend-elle légèrement son sort? point du tout, il n'y a rien là du faux héroïsme. Il faut songer qu'elle était à une demi-heure de la terrible épreuve. N'a-t-elle pas un peu de l'enfant boudeur? Je le croirais; en regardant bien, l'on surprend, sur sa lèvre, un léger mouvement, à peine une petite moue. Quoi! si peu d'irritation contre la mort!... contre l'ennemi barbare qui va trancher cette charmante vie, tant d'amours et de romans possibles. On est renversé, de la voir si douce ; le cœur échappe, les yeux s'obscurcissent; il faut regarder ailleurs.

Le peintre a créé pour les hommes un désespoir, un regret éternel. Nul qui puisse la voir sans dire en son cœur : « Oh ! que je sois né si tard !... Oh ! combien je l'aurais aimée ! »

Elle a les cheveux cendrés du plus doux reflet : bonnet blanc et robe blanche. Était-ce en signe de son innocence et comme justification visible ? je ne sais. Il y a dans ses yeux du doute et de la tristesse. Triste de son sort, je ne le crois pas ; mais de son acte, peut-être... Le plus ferme qui frappe un tel coup, quelle que soit sa foi, voit souvent, au dernier moment, s'élever d'étranges doutes.

En regardant bien dans ses yeux tristes et doux, on sent encore une chose, qui peut-être explique toute sa destinée : *Elle avait toujours été seule.*

Oui, c'est là l'unique chose qu'on trouve peu rassurante en elle. Dans cet être charmant et bon, il y eut cette sinistre puissance, le *démon de la solitude.*

D'abord, elle n'eut pas de mère. La sienne mourut de bonne heure ; elle ne connut point les caresses maternelles ; elle n'eut point dans ses premières années ce doux lait de femme que rien ne supplée.

Elle n'eut pas de père, à vrai dire. Le sien, pauvre noble de campagne, tête utopique et romanesque, qui écrivait contre les abus dont la noblesse vivait, s'occupait beaucoup de ses livres, peu de ses enfants.

On peut dire même qu'elle n'eut pas de frère. Du moins, les deux qu'elle avait étaient, en 92, si parfaitement éloignés des opinions de leur sœur, qu'ils allèrent rejoindre l'armée de Condé.

Admise à treize ans au couvent de l'Abbaye aux Dames de Caen, où l'on recevait les filles de la pauvre noblesse, n'y fut-elle pas seule encore? On peut le croire, quand on sait combien, dans ces asiles religieux qui sembleraient devoir être les sanctuaires de l'égalité chrétienne, les riches méprisent les pauvres. Nul lieu, plus que l'Abbaye aux Dames, ne semble propre à conserver les traditions de l'orgueil. Fondée par Mathilde, la femme de Guillaume-le-Conquérant, elle domine la ville, et, dans l'effort de ses voûtes romanes, haussées et surexhaussées, elle porte encore écrite l'insolence féodale.

L'âme de la jeune Charlotte chercha son premier asile dans la dévotion, dans les douces amitiés de cloître. Elle aima surtout deux demoiselles, nobles et pauvres comme elle. Elle entrevit aussi le monde. Une société fort mondaine des jeunes gens de la noblesse était admise au parloir du couvent et dans les salons de l'abbesse. Leur futilité dut contribuer à fortifier le cœur viril de la jeune fille dans l'éloignement du monde et le goût de la solitude.

Ses vrais amis étaient ses livres. La philosophie du siècle envahissait les couvents. Lectures fortuites et peu choisies, Raynal pêle-mêle avec Rousseau. « Sa tête, dit un journaliste, était une furie de lectures de toutes sortes. »

Elle était de celles qui peuvent traverser impunément les livres et les opinions sans que leur pureté en soit altérée. Elle garda, dans la science du bien et du mal, un don singulier de virginité morale et comme d'enfance. Cela apparaissait surtout dans les intonations d'une voix presque enfantine, d'un timbre argentin, où l'on sentait parfaitement que la personne était entière, que rien encore n'avait fléchi. On pouvait oublier peut-être les traits de Mlle Corday, mais sa voix jamais. Une personne qui l'entendit une fois à Caen, dans une occasion sans importance, dix ans après avait encore dans l'oreille cette voix unique, et l'eût pu noter.

Cette prolongation d'enfance fut une singularité de Jeanne d'Arc, qui resta une petite fille et ne fut jamais une femme.

Ce qui plus qu'aucune chose rendait Mlle Corday très frappante, impossible à oublier, c'est que cette voix enfantine était unie à une beauté sérieuse, virile par l'expression, quoique délicate par les traits. Ce contraste avait l'effet double et de séduire et d'imposer. On regardait, on approchait; mais, dans cette fleur du temps, quelque chose intimidait qui n'était nullement du temps, mais de l'immortalité. Elle y allait et la voulait. Elle vivait déjà entre les héros dans l'Élysée de Plutarque, parmi ceux qui donnèrent leur vie pour vivre éternellement.

Les Girondins n'eurent sur elle aucune influence. La plupart, nous l'avons vu, avaient cessé d'être eux-mêmes. Elle vit deux fois Barbaroux[1], comme député de Provence, pour avoir de lui une lettre et solliciter l'affaire d'une de ses amies de famille provençale.

Elle avait vu aussi Fauchet, l'évêque du Calvados; elle l'aimait peu, l'estimait peu, comme prêtre, et

---

1. Les historiens romanesques ne tiennent jamais quitte leur héroïne sans essayer de prouver qu'elle a dû être amoureuse. Celle-ci probablement, disent-ils, l'aura été de Barbaroux. D'autres, sur un mot d'une vieille servante, ont imaginé un certain Franquelin, jeune homme sensible et bien tourné, qui aurait eu l'insigne honneur d'être aimé de Mlle Corday et de lui coûter des larmes. C'est peu connaître la nature humaine. De tels actes supposent l'austère virginité du cœur. Si la prêtresse de Tauride

comme prêtre immoral. Il est inutile de dire que M{ll.e} Corday n'était en rapport avec aucun prêtre, et ne se confessait jamais.

A la suppression des couvents, trouvant son père remarié, elle s'était réfugiée à Caen chez une vieille tante, Mme de Breteville. Et c'est là qu'elle prit sa résolution.

La prit-elle sans hésitation? non; elle fut retenue un moment par la pensée de sa tante, de cette bonne vieille dame qui la recueillait, et qu'en récompense elle allait cruellement compromettre... Sa tante, un jour, surprit dans ses yeux une larme : « Je pleure, dit-elle, sur la France, sur mes parents et sur vous... Tant que Marat vit, qui est sûr de vivre? »

Elle distribua ses livres, sauf un volume de Plutarque qu'elle emporta avec elle. Elle rencontra dans la cour l'enfant d'un ouvrier qui logeait dans la maison ; elle lui donna son carton de dessin, l'embrassa, et laissa tomber une larme encore sur sa joue... Deux larmes ! assez pour la nature.

Charlotte Corday ne crut devoir quitter la vie sans d'abord aller saluer son père encore une fois. Elle le vit à Argentan, et reçut sa bénédiction. De là elle alla à Paris dans une voiture publique, en compagnie de quelques Montagnards, grands admirateurs de Marat,

---

savait enfoncer le couteau, c'est que nul amour humain n'avait amolli son cœur. — Le plus absurde de tous, c'est Wimpfen, qui la fait d'abord royaliste! amoureuse du royaliste Belzunce! La haine de Wimpfen pour les Girondins, qui repoussèrent ses propositions d'appeler l'Anglais, semble lui faire perdre l'esprit. Il va jusqu'à supposer que le pauvre homme Pétion, à moitié mort, qui n'avait plus qu'une idée, ses enfants, voulait .. (devinez!...) *brûler Caen*, pour imputer ensuite ce crime à la Montagne! Tout le reste est de cette force.

qui commencèrent tout d'abord par être amoureux d'elle et lui demander sa main. Elle faisait semblant de dormir, souriait, et jouait avec un enfant.

Elle arriva à Paris le jeudi 11, vers midi, et alla descendre dans la rue des Vieux-Augustins, n° 17, à l'hôtel de la Providence. Elle se coucha à cinq heures du soir, et, fatiguée, dormit jusqu'au lendemain du sommeil de la jeunesse et d'une conscience paisible. Son sacrifice était fait, son acte accompli en pensée ; elle n'avait ni trouble ni doute.

Elle était si fixe dans son projet, qu'elle ne sentait pas le besoin de précipiter l'exécution. Elle s'occupa tranquillement de remplir préalablement un devoir d'amitié, qui avait été le prétexte de son voyage à Paris. Elle avait obtenu à Caen une lettre de Barbaroux pour son collègue Duperret, voulant, disait-elle, par son entremise, retirer du ministère de l'intérieur des pièces utiles à son amie, Mlle de Forbin, émigrée.

Le matin elle ne trouva pas Duperret, qui était à la Convention. Elle rentra chez elle, et passa le jour à lire tranquillement les *Vies* de Plutarque, la bible des forts. Le soir, elle retourna chez le député, le trouva à table, avec sa famille, ses filles inquiètes. Il lui promit obligeamment de la conduire le lendemain. Elle s'émut en voyant cette famille qu'elle allait compromettre, et dit à Duperret d'une voix presque suppliante : « Croyez-moi, partez pour Caen ; fuyez avant demain soir. » La nuit même, et peut-être pendant que Charlotte parlait, Duperret était déjà proscrit ou du moins bien près de l'être. Il ne lui tint pas moins parole, la mena le lendemain matin chez le ministre, qui ne recevait point, et lui fit enfin comprendre que, suspects tous deux, ils ne pouvaient guère servir la demoiselle émigrée.

Elle ne rentra chez elle que pour éconduire Duperret, qui l'accompagnait, sortit sur-le-champ, et se fit indiquer le Palais-Royal. Dans ce jardin plein de soleil, égayé d'une foule riante, et parmi les jeux des enfants, elle chercha, trouva un coutelier, et acheta quarante sous un couteau, frais émoulu, à manche d'ébène, qu'elle cacha sous son fichu.

La voilà en possession de son arme ; comment s'en servira-t-elle ? Elle eût voulu donner une grande solennité à l'exécution du jugement qu'elle avait porté sur Marat. Sa première idée, celle qu'elle conçut à Caen, qu'elle couva, qu'elle apporta à Paris, eût été d'une mise en scène saisissante et dramatique. Elle voulait le frapper au Champ de Mars, par-devant le peuple, par-devant le ciel, à la solennité du 14 juillet, punir, au jour anniversaire de la défaite de la royauté, ce roi de l'anarchie. Elle eût accompli à la lettre, en vraie nièce de Corneille, les fameux vers de Cinna :

> Demain, au Capitole, il fait un sacrifice...
> Qu'il en soit la victime, et faisons en ces lieux
> Justice au monde entier, à la face des dieux.

La fête étant ajournée, elle adoptait une autre idée, celle de punir Marat au lieu même de son crime, au lieu où, brisant la représentation nationale, il avait dicté le vote de la Convention, désigné ceux-ci pour la vie, ceux-là pour la mort. Elle l'aurait frappé au sommet de la Montagne. Mais Marat était malade ; il n'allait plus à l'Assemblée.

Il fallait donc aller chez lui, le chercher à son

foyer, y pénétrer à travers la surveillance inquiète de ceux qui l'entouraient ; il fallait, chose pénible, entrer en rapport avec lui, le tromper. C'est la seule chose qui lui ait coûté, qui lui ait laissé un scrupule et un remords.

Le premier billet qu'elle écrivit à Marat resta sans réponse. Elle en écrivit alors un second, où se marque une sorte d'impatience, le progrès de la passion.

Elle va jusqu'à dire « qu'elle lui révélera des secrets ; qu'elle est persécutée, qu'elle est malheureuse... », ne craignant point d'abuser de la pitié pour tromper celui qu'elle condamnait à mort comme impitoyable, comme ennemi de l'humanité.

Elle n'eut pas besoin, du reste, de commettre cette faute ; elle ne remit point le billet.

Le soir du 13 juillet, à sept heures, elle sortit de chez elle, prit une voiture publique à la place des Victoires, et, traversant le Pont-Neuf, descendit à la porte de Marat, rue des Cordeliers, n° 20 (aujourd'hui rue de l'École-de-Médecine, n° 18). C'est la grande et triste maison avant celle de la tourelle qui fait le coin de la rue.

Marat demeurait à l'étage le plus sombre de cette sombre maison, au premier étage, commode pour le mouvement du journaliste et du tribun populaire, dont la maison est publique autant que la rue, pour l'affluence des porteurs, afficheurs, le va-et-vient des épreuves, un monde d'allants et venants. L'intérieur, l'ameublement présentaient un bizarre contraste, fidèle image des dissonances qui caractérisaient Marat et sa destinée. Les pièces fort obscures qui étaient sur la cour, garnies de vieux meubles, de tables sales où l'on pliait les journaux, donnaient l'idée d'un triste logement d'ouvrier. Si vous pénétriez plus loin, vous trouviez avec surprise un petit salon sur la rue, meublé en damas bleu et blanc, couleurs délicates et galantes, avec de beaux rideaux de soie et des vases de porcelaine, ordinairement garnis de fleurs. C'était visiblement le logis d'une femme, d'une femme bonne, attentive et tendre, qui, soigneuse, paraît pour l'homme voué à ce mortel travail le lieu du repos. C'était là le mystère de la vie de Marat, qui fut plus tard dévoilé par sa sœur : il n'était pas chez lui, il n'avait pas de *chez lui* en ce monde. « Marat ne faisait point ses frais (c'est sa sœur Albertine qui parle) ; une femme divine, touchée de sa situation, lorsqu'il fuyait de cave en cave, avait pris et caché chez elle l'Ami du peuple, lui avait voué sa fortune, immolé son repos. »

On trouva dans les papiers de Marat une promesse de mariage à Catherine Évrard. Déjà il l'avait épousée *devant le soleil, devant la nature.*

Cette créature infortunée et vieillie avant l'âge se consumait d'inquiétude. Elle sentait la mort autour de Marat, elle veillait aux portes, elle arrêtait au seuil tout visage suspect.

Celui de Mlle Corday était loin de l'être ; sa mise décente de demoiselle de province prévenait pour elle. Dans ce temps où toute chose était extrême, où la tenue des femmes était ou négligée ou cynique, la jeune fille semblait bien de bonne vieille roche normande, n'abusant point de sa beauté, contenant par un ruban vert sa chevelure superbe sous le bonnet connu des femmes du Calvados, coiffure modeste, moins triomphale que celle des dames de Caux. Contre l'usage du temps, malgré une chaleur de juillet, son sein était sévèrement recouvert d'un fichu de soie qui se renouait solidement derrière la taille. Elle avait une robe blanche, nul autre luxe que celui qui recommande la femme, les dentelles du bonnet flottantes autour de ses joues. Du reste, aucune pâleur, des joues roses, une voix assurée, nul signe d'émotion.

Elle franchit d'un pas ferme la première barrière, ne s'arrêtant pas à la consigne de la portière, qui la rappelait en vain. Elle subit l'inspection peu bienveillante de Catherine, qui, au bruit, avait entr'ouvert la porte et voulait l'empêcher d'entrer. Ce débat fut entendu de Marat, et les sons de cette voix vibrante, argentine, arrivèrent à lui. Il n'avait nulle horreur des femmes et, quoique au bain, il ordonna impérieusement qu'on la fît entrer.

La pièce était petite, obscure. Marat au bain, recouvert d'un drap sale et d'une planche sur laquelle il écrivait, ne laissait passer que la tête, les épaules et le bras droit. Ses cheveux gras, entourés d'un mouchoir ou d'une serviette, sa peau jaune et ses membres grêles, sa grande bouche batracienne, ne rappelaient pas beaucoup que cet être fût un homme. Du reste, la jeune fille, on peut bien le croire, n'y regarda pas. Elle avait promis des nouvelles de la Normandie; il les demanda, les noms surtout des députés réfugiés à Caen; elle les nomma, et il écrivait à mesure. Puis, ayant fini : « C'est bon! dans huit jours ils iront à la guillotine. »

Charlotte, ayant dans ces mots trouvé un surcroît de force, une raison pour frapper, tira de son sein le couteau, et le plongea tout entier jusqu'au manche au cœur de Marat. Le coup tombant ainsi d'en haut, et frappé avec une assurance extraordinaire, passa près de la clavicule, traversa tout le poumon, ouvrit le tronc des carotides et tout un fleuve de sang.

« A moi! ma chère amie! » C'est tout ce qu'il put dire; et il expira.

XVIII

MORT DE CHARLOTTE CORDAY (19 JUILLET 93)

La femme entre, un commissionnaire... Ils trouvent Charlotte, debout et comme pétrifiée, près de la fenêtre... L'homme lui lance un coup de chaise à la tête, barre la porte pour qu'elle ne sorte. Mais elle ne bougeait pas. Aux cris, les voisins accourent, le quartier, tous les passants. On appelle le chirurgien, qui ne trouve qu'un mort. Cependant la garde nationale avait empêché qu'on ne mît Charlotte en pièces; on lui tenait les deux mains. Elle ne songeait guère à s'en servir. Immobile, elle regardait d'un œil terne et froid. Un perruquier du quartier qui avait pris le couteau, le brandissait en criant. Elle n'y prenait pas garde. La seule chose qui semblait l'étonner, et qui (elle l'a dit elle-même) la faisait souffrir, c'étaient les cris de Catherine Marat. Elle lui donnait la première et terrible idée « qu'après tout Marat était homme ». Elle avait l'air de se dire : « Quoi donc ! il était aimé ! »

Le commissaire de police arriva bientôt, à sept heures trois quarts, puis les administrateurs de police, Louvet et Marino, enfin les députés Maure, Chabot, Drouet et Legendre, accourus de la Convention pour voir le *Monstre*. Ils furent bien étonnés de trouver entre les soldats qui tenaient ses mains une belle jeune demoiselle, fort calme, qui répondait à tout avec fermeté et simplicité, sans timidité, sans emphase ; elle avouait même *qu'elle eût échappé si elle l'eût pu*. Telles sont les contradictions de la nature. Dans une adresse aux Français qu'elle avait écrite d'avance, et qu'elle avait sur elle, elle disait *qu'elle voulait périr*, pour que sa tête, portée dans Paris, servît de signe de ralliement aux amis des lois.

Autre contradiction. Elle dit et écrivit qu'elle espérait *mourir inconnue*. Et cependant on trouva sur elle son extrait de baptême et son passeport, qui devaient la faire reconnaître.

Les autres objets qu'on lui trouva faisaient connaître parfaitement toute sa tranquillité d'esprit ; c'étaient ceux qu'emporte une femme soigneuse, qui a des habitudes d'ordre. Outre sa clé et sa montre, son argent, elle avait un dé et du fil, pour réparer dans la prison le désordre assez probable qu'une arrestation violente pouvait faire dans ses habits.

Le trajet n'était pas long jusqu'à l'Abbaye, deux minutes à peine. Mais il était dangereux. La rue était pleine d'amis de Marat, des Cordeliers furieux, qui pleuraient, hurlaient qu'on leur livrât l'assassin. Charlotte avait prévu, accepté d'avance tous les genres de mort, excepté d'être déchirée. Elle faiblit dit-on, un instant, crut se trouver mal. On atteignit l'Abbaye.

Interrogée de nouveau, dans la nuit, par les membres du Comité de sûreté générale et par d'autres députés, elle montra non seulement de la fermeté, mais de l'enjouement. Legendre, tout gonflé de son importance, et se croyant tout naïvement digne du martyre, lui dit : « N'était-ce pas vous qui étiez venue hier chez moi en habit de religieuse ? — Le citoyen se trompe, dit-elle avec un sourire. Je n'estimais pas que sa vie ou sa mort importât au salut de la République. »

Chabot tenait toujours sa montre et ne s'en dessaisissait pas... « J'avais cru, dit-elle, que les capucins faisaient vœu de pauvreté. »

Le grand chagrin de Chabot et de ceux qui l'interrogèrent, c'était de ne trouver rien, ni sur elle, ni dans ses réponses, qui pût faire croire qu'elle était envoyée par les Girondins de Caen. Dans l'interrogatoire de nuit, cet imprudent Chabot soutint qu'elle avait encore un papier caché dans son sein, et, profitant lâchement de ce qu'elle avait les mains garrottées, il mettait la main sur elle ; il eût trouvé sans nul doute ce qui n'y était pas, le manifeste de la Gironde. Toute liée qu'elle était, elle le repoussa vivement ; elle se jeta en arrière avec tant de violence, que ses cordons en rompirent et qu'on put voir un moment ce chaste et héroïque sein. Tous furent attendris. On la délia pour qu'elle pût se rajuster. On lui permit aussi de rabattre ses manches et de mettre des gants sous ses chaînes.

Transférée, le 16 au matin, de l'Abbaye à la

Conciergerie, elle y écrivit le soir une longue lettre à Barbaroux, lettre évidemment calculée pour montrer par son enjouement (qui attriste et qui fait mal) une parfaite tranquillité d'âme. Dans cette lettre qui ne pouvait manquer d'être lue, répandue dans Paris le lendemain, et qui, malgré sa forme familière, a la portée d'un manifeste, elle fait croire que les volontaires de Caen étaient ardents et nombreux. Elle ignorait encore la déroute de Vernon.

Ce qui semblerait indiquer qu'elle était moins calme qu'elle n'affectait de l'être, c'est que par quatre fois elle revient sur ce qui motive et excuse son acte : la paix, le désir de la paix. La lettre est datée : Du second jour de la préparation de la paix. Et elle dit vers le milieu : « Puisse la paix s'établir aussitôt que je le désire !... Je jouis de la paix depuis deux jours. Le bonheur de mon pays fait le mien. »

Elle écrivit à son père pour lui demander pardon d'avoir disposé de sa vie, elle lui cita ce vers :

Le crime fait la honte, et non pas l'échafaud.

Elle avait écrit aussi à un jeune député, neveu de l'abbesse de Caen, Doulcet de Pontécoulant, un Girondin prudent qui, dit Charlotte Corday, siégeait sur la Montagne. Elle le prenait pour défenseur. Doulcet ne couchait pas chez lui, et la lettre ne le trouva pas.

Si j'en crois une note précieuse, transmise par la famille du peintre qui la peignit en prison, elle avait fait faire un bonnet exprès pour son jugement. C'est ce qui explique pourquoi elle dépensa trente-six francs dans sa captivité si courte.

Quel serait le système de l'accusation? Les autorités de Paris, dans une proclamation, attribuaient le crime *aux fédéralistes*, et en même temps disaient : « Que cette furie était sortie de la maison du ci-devant comte Dorset. » Fouquier-Tinville écrivait au Comité de sûreté « *qu'il venait d'être informé* qu'elle était l'amie de Belzunce, qu'elle avait voulu venger Belzunce et son parent Biron, récemment dénoncé par Marat, que Barbaroux l'avait poussée », etc. Roman absurde, dont il n'osa pas même parler dans son réquisitoire.

Le public ne s'y trompait pas. Tout le monde comprit qu'elle était seule, qu'elle n'avait eu de conseils que celui de son courage, de son dévouement, de son fanatisme. Les prisonniers de l'Abbaye, de la Conciergerie, le peuple même des rues (sauf les cris du premier moment), tous la regardaient dans le silence d'une respectueuse admiration. « Quand elle apparut dans l'auditoire, dit son défenseur officieux, Chauveau-Lagarde, tous, juges, jurés et spectateurs, *ils avaient l'air de la prendre pour un juge qui les aurait appelés au tribunal suprême*... On a pu peindre ses traits, dit-il encore, reproduire ses paroles; mais nul art n'eût peint sa grande âme, respirant tout entière dans sa physionomie... l'effet moral des débats et de ces choses qu'on sent, mais qu'il est impossible d'exprimer. »

Il rectifie ensuite ses réponses, habilement défigurées, mutilées, pâlies dans le *Moniteur*. Il n'y en a pas qui ne soit frappée au coin des répliques qu'on lit dans les dialogues serrés de Corneille.

« Qui vous inspira tant de haine ? — Je n'avais pas besoin de la haine des autres, j'avais assez de la mienne.

« Cet acte a dû vous être suggéré ? — On exécute mal ce qu'on n'a pas conçu soi-même.

« Que haïssiez-vous en lui ? — Ses crimes.

« Qu'entendez-vous par là ? — Les ravages de la France.

« Qu'espériez-vous en le tuant ? — Rendre la paix à mon pays.

« Croyez-vous donc avoir tué tous les Marat ? — Celui-là mort, les autres auront peur, peut-être.

« Depuis quand aviez-vous formé ce dessein ? — Depuis le 31 mai, où l'on arrêta ici les représentants du peuple. »

Le président après une déposition qui la charge :

« Que répondez-vous à cela ? — Rien, sinon que j'ai réussi. »

Sa véracité ne se démentit qu'en un point. Elle soutint qu'à la revue de Caen il y avait trente mille hommes. Elle voulait faire peur à Paris.

Plusieurs réponses montrèrent que ce cœur si résolu n'était pourtant nullement étranger à la nature. Elle ne put entendre jusqu'au bout la déposition que la femme de Marat faisait à travers les sanglots ; elle se hâta de dire : « Oui, c'est moi qui l'ai tué. »

Elle eut aussi un mouvement quand on lui montra le couteau. Elle détourna la vue, et, l'éloignant de la main, elle dit d'une voix entrecoupée : « Oui, je le reconnais, je le reconnais... »

Fouquier-Tinville fit observer qu'elle avait frappé d'en haut, pour ne pas manquer son coup ; autrement elle eût pu rencontrer une côte et ne pas tuer ; et il ajouta : « Apparemment, vous vous étiez d'avance bien exercée ?... — Oh ! le monstre ! s'écria-t-elle. Il me prend pour un assassin ! »

Ce mot, dit Chauveau-Lagarde, fut comme un coup de foudre. Les débats furent clos. Ils avaient duré en tout une demi-heure.

Le président Montané aurait voulu la sauver. Il changea la question qu'il devait poser aux jurés, se contentant de demander : « L'a-t-elle fait avec préméditation ? » et supprimant la seconde moitié de la formule : « avec dessein criminel et contre-révolutionnaire ? » Ce qui lui valut à lui-même son arrestation quelques jours après.

Le président pour la sauver, les jurés pour l'humilier, auraient voulu que le défenseur la présentât comme folle. Il la regarda et lut dans ses yeux ; il la servit comme elle voulait l'être, établissant la *longue préméditation*, et que pour toute défense elle ne voulait pas être défendue. Jeune et mis au-dessus de lui-même par l'aspect de ce grand courage, il hasarda cette parole (qui touchait de si près l'échafaud) : « Ce calme et cette abnégation, *sublimes* sous un rapport... »

Après la condamnation, elle se fit conduire au jeune avocat, et lui dit, avec beaucoup de grâce, qu'elle le remerciait de cette défense délicate et généreuse, qu'elle voulait lui donner une preuve de son estime. « Ces messieurs viennent de m'apprendre que mes biens sont confisqués : je dois quelque chose à la prison, je vous charge d'acquitter ma dette. »

Redescendue de la salle par le sombre escalier tournant dans les cachots qui sont dessous, elle sourit à ses compagnons de prison, qui la regardaient passer, et s'excusa près du concierge Richard et de sa femme, avec qui elle avait promis de déjeuner. Elle reçut la visite d'un prêtre qui lui offrait son ministère, et l'éconduisit poliment : « Remerciez pour moi, dit-elle, les personnes qui vous ont envoyé. »

Elle avait remarqué pendant l'audience qu'un peintre essayait de saisir ses traits, et la regardait avec un vif intérêt. Elle s'était tournée vers lui. Elle le fit appeler après le jugement, et lui donna les derniers moments qui lui restaient avant l'exécution. Le peintre, M. Hauer, était commandant en second du bataillon des Cordeliers. Il dut à ce titre peut-être la faveur qu'on lui fit de le laisser près d'elle, sans autre témoin qu'un gendarme. Elle causa fort tranquillement avec lui de choses indifférentes, et aussi de l'événement du jour, de la paix morale qu'elle sentait en elle-même. Elle pria M. Hauer de copier le portrait en petit, et de l'envoyer à sa famille.

Au bout d'une heure et demie, on frappa doucement à une petite porte qui était derrière elle. On ouvrit, le bourreau entra. Charlotte, se retournant, vit les ciseaux et la chemise rouge qu'il portait. Elle ne put se défendre d'une légère émotion, et dit involontairement : « Quoi ! déjà ! » Elle se remit aussitôt, et, s'adressant à M. Hauer : « Monsieur, dit-elle, je ne sais comment vous remercier du soin que vous avez pris ; je n'ai que ceci à vous offrir, gardez-le en mémoire de moi. » En même temps elle prit les ciseaux, coupa une belle boucle de ses longs cheveux blond cendré, qui s'échappaient de son bonnet, et la remit à M. Hauer. Les gendarmes et le bourreau étaient très émus.

Au moment où elle monta sur la charrette, où la foule, animée de deux fanatismes contraires, de fureur ou d'admiration, vit sortir de la basse arcade de la Conciergerie la belle et splendide victime dans son manteau rouge ; la nature sembla s'associer à la passion humaine, un violent orage éclata sur Paris. Il dura peu, sembla fuir devant elle, quand elle apparut au Pont-Neuf et qu'elle avançait lentement par la rue Saint-Honoré. Le soleil revint haut et fort ; il n'était pas sept heures du soir (19 juillet). Les reflets de l'étoffe rouge relevaient d'une manière étrange et toute fantastique l'effet de son teint, de ses yeux.

On assure que Robespierre, Danton, Camille Desmoulins se placèrent sur son passage et la regardèrent. Paisible image, mais d'autant plus terrible, de la Némésis révolutionnaire, elle troublait les cœurs, les laissait pleins d'étonnement.

Les observateurs sérieux qui la suivirent jusqu'aux derniers moments, gens de lettres, médecins, furent frappés d'une chose rare ; les condamnés les plus fermes se soutenaient par l'animation, soit par des chants patriotiques, soit par un appel redoutable qu'ils lançaient à leurs ennemis. Elle montra un calme parfait parmi les cris de la foule, une sérénité grave et simple ; elle arriva à la place dans une majesté singulière, et comme transfigurée dans l'auréole du couchant.

Un médecin qui ne la perdait pas de vue dit qu'elle lui sembla un moment pâle, quand elle aperçut le couteau. Mais ses couleurs revinrent, elle monta d'un pas ferme. La jeune fille reparut en elle au moment où le bourreau lui arracha son fichu, sa pudeur en souffrit, elle abrégea, avançant d'elle-même au-devant de la mort.

Au moment où la tête tomba, un charpentier maratiste qui servait d'aide au bourreau l'empoigna brutalement, et, la montrant au peuple, eut la férocité indigne de la souffleter. Un frisson d'horreur, un murmure parcourut la place. On crut voir la tête rougir. Simple effet d'optique peut-être : la foule troublée à ce moment avait dans les yeux les rouges rayons du soleil qui perçait les arbres des Champs-Élysées.

La commune de Paris et le tribunal donnèrent satisfaction au sentiment public en mettant l'homme en prison.

Parmi les cris des maratistes, infiniment peu nombreux, l'impression générale avait été violente d'admiration et de douleur. On peut en juger par l'audace qu'eut la *Chronique de Paris*, dans cette grande servitude de la presse, d'imprimer un éloge, presque sans restriction, de Charlotte Corday.

Beaucoup d'hommes restèrent frappés au cœur, et n'en sont jamais revenus. On a vu l'émotion du président, son effort pour la sauver, l'émotion de l'avocat, jeune homme timide qui, cette fois, fut au-dessus de lui-même. Celle du peintre ne fut pas moins grande. Il exposa cette année un portrait de Marat, peut-être pour s'excuser d'avoir peint Charlotte Corday. Mais son nom ne paraît plus dans aucune exposition. Il semble n'avoir plus peint depuis cette œuvre fatale.

L'effet de cette mort fut terrible : ce fut de faire aimer la mort.

Son exemple, cette calme intrépidité d'une fille charmante, eut un effet d'attraction. Plus d'un qui l'avait entrevue mit une volupté sombre à la suivre, à la chercher dans les mondes inconnus. Un jeune Allemand, Adam Lux, envoyé à Paris pour demander la réunion de Mayence à la France, imprima une brochure où il demande à mourir pour rejoindre Charlotte Corday. Cet infortuné, venu ici le cœur plein d'enthousiasme, croyant contempler face à face dans la Révolution française le pur idéal de la régénération humaine, ne pouvait supporter l'obscurcissement précoce de cet idéal; il ne comprenait pas les trop cruelles épreuves qu'entraîne un tel enfantement. Dans ses pensées mélancoliques, quand la liberté lui semblait perdue, il la voit, c'est Charlotte Corday. Il la voit au tribunal, touchante, admirable d'intrépidité ; il la voit majestueuse et reine sur l'échafaud... Elle lui apparut deux fois... Assez ! il a bu la mort.

« Je croyais bien à son courage, dit-il, mais que devins-je quand je vis toute sa douceur parmi les hurlements barbares, ce regard pénétrant, ces vives et humides étincelles jaillissant de ces beaux yeux,

où parlait une âme tendre autant qu'intrépide !...
O souvenir immortel! émotions douces et amères
que je n'avais jamais connues !... Elles soutiennent
en moi l'amour de cette Patrie pour laquelle elle
voulut mourir, et dont, par adoption, moi aussi
je suis le fils. Qu'ils m'honorent maintenant de leur
guillotine, elle n'est plus qu'un autel ! »

Ame pure et sainte, cœur mystique, il adore
Charlotte Corday, et il n'adore point le meurtre.

« On a droit sans doute, dit-il, de tuer l'usurpateur et le tyran, mais tel n'était point Marat. »

Remarquable douceur d'âme. Elle contraste fortement avec la violence d'un grand peuple qui devint amoureux de l'assassinat. Je parle du peuple girondin, et même des royalistes. Leur fureur avait besoin d'un saint, et d'une légende. Charlotte était un bien autre souvenir, d'une tout autre poésie, que celui de Louis XVI, vulgaire martyr, qui n'eut d'intéressant que son malheur.

Une religion se fonde dans le sang de Charlotte Corday : la religion du poignard.

André Chénier écrit un hymne à la divinité nouvelle :

> O vertu ! le poignard, seul espoir de la terre,
> Est ton arme sacrée!

Cet hymne, incessamment refait en tout âge et dans tout pays, reparaît au bout de l'Europe, dans l'*Hymne au poignard*, de Pouchkine.

Le vieux patron des meurtres héroïques, Brutus, pâle souvenir d'une lointaine Antiquité, se trouve transformé désormais dans une divinité nouvelle plus puissante et plus séduisante. Le jeune homme qui rêve un grand coup, qu'il s'appelle Alibaud ou Sand, de qui rêve-t-il maintenant? Qui voit-il dans ses rêves? est-ce le fantôme de Brutus? Non, la ravissante Charlotte, telle qu'elle fut dans la splendeur sinistre du manteau rouge, dans l'auréole sanglante du soleil de juillet, dans la pourpre du soir.

XIX

LE PALAIS-ROYAL EN 93. — LES SALONS
COMMENT S'ÉNERVA LA GIRONDE

Les émotions trop vives, les violentes alternatives, les chutes et rechutes n'avaient pas seulement brisé le nerf moral; elles avaient émoussé, ce semble, chez beaucoup d'hommes le sentiment qui survit à tous les autres, celui de la vie; on l'eût cru très fort dans ces hommes qui se ruaient au plaisir si aveuglément, c'était souvent le contraire. Beaucoup, ennuyés, dégoûtés, très peu curieux de vivre, prenaient le plaisir pour suicide. On avait pu l'observer dès le commencement de la Révolution. A mesure qu'un parti politique faiblissait, devenait malade, tournait à la mort, les hommes qui l'avaient composé ne songeaient plus qu'à jouir; on l'avait vu pour Mirabeau, Chapelier, Talleyrand, Clermont-Tonnerre, pour le club de 89, réuni chez le premier restaurateur du Palais-Royal, à côté des jeux; la brillante coterie ne fut plus qu'une compagnie de joueurs. Le centre aussi de la Législative et de la Convention, tant d'hommes précipités au cours de la fatalité, allaient se consoler, s'oublier dans ces maisons de ruine. Ce Palais-Royal, si vivant, tout éblouissant de lumière, de luxe et d'or, de belles femmes qui allaient à vous, vous priaient d'être heureux, de vivre, qu'était-ce, en réalité, sinon la maison de la mort?

Elle était là, sous toutes ses formes, et les plus rapides. Au perron, les marchands d'or, aux galeries de bois, les filles. Les premiers, embusqués au coin des marchands de vins, des petits cafés, vous offraient, à bon compte, les moyens de vous ruiner. Votre portefeuille, réalisé sur-le-champ en monnaie courante, laissait bonne part au Perron, une autre aux cafés, puis aux jeux du premier étage, le reste au second. Au comble, on était à sec ; tout s'était évaporé.

Ce n'étaient plus ces premiers temps du Palais-Royal, où ses cafés furent les églises de la Révolution naissante, où Camille, au café de Foy, prêcha la croisade. Ce n'était plus cet âge d'innocence révolutionnaire où le bon Fauchet professait au Cirque la doctrine des *Amis*, et l'association philanthropique du *Cercle de la Vérité*. Les cafés, les restaurateurs étaient très fréquentés, maisons sombres. Telles de ces boutiques fameuses allaient devenir funèbres. Le restaurateur Février vit tuer chez lui Saint-Fargeau. Tout près, au café Corraza, fut tramée la mort de la Gironde.

La vie, la mort, le plaisir rapide, grossier, violent, le plaisir exterminateur, voilà le Palais-Royal de 93.

Il fallait des jeux, et qu'on pût sur une carte se jouer en une fois, d'un seul coup se perdre.

Il fallait des filles : non point cette race chétive que nous voyons dans les rues, propre à confirmer les hommes dans la continence. Les filles qu'on promenait alors étaient choisies, s'il faut le dire, comme on choisit dans les pâturages normands les gigantesques animaux, florissants de chair et de vie, qu'on montre au carnaval. Le sein nu, les épaules, les bras nus, en plein hiver, la tête empanachée d'énormes bouquets de fleurs, elles dominaient de haut toute la foule des hommes. Les vieillards se rappellent, de la Terreur au Consulat, avoir vu au Palais-Royal quatre blondes colossales, énormes, véritables atlas de la prostitution, qui, plus que nulle autre, ont porté le poids de l'orgie révolutionnaire. De quel mépris elles voyaient s'agiter aux galeries de bois l'essaim des marchandes de modes, dont la mine spirituelle et les piquantes œillades rachetaient peu la maigreur !

Voilà les côtés visibles du Palais-Royal. Mais qui aurait parcouru les deux vallées de Gomorrhe qui circulent tout autour, qui eût monté les neuf étages du passage Radziwill, véritable tour de Sodome, eût trouvé bien autre chose. Beaucoup aiment mieux ces antres obscurs, ces trous ténébreux, petits tripots, bouges, culs-de-sac, caves éclairées le jour par des lampes, le tout assaisonné de cette odeur fade de vieille maison, qui, à Versailles même, au milieu de toutes ses pompes, saisissait l'odorat dès le bas de l'escalier. La vieille duchesse de D..., rentrant aux Tuileries en 1814, lorsqu'on la félicitait, qu'on lui montrait que le bon temps était tout à fait revenu : « Oui, dit-elle tristement ; mais ce n'est pas là l'odeur de Versailles. »

Voilà le monde sale, infect, obscur, de jouissances honteuses, où s'était réfugiée une foule d'hommes, les uns contre-révolutionnaires, les autres désormais sans parti, dégoûtés, ennuyés, brisés par les événements, n'ayant plus ni cœur ni idée. Ceux-là étaient déterminés à se créer un alibi dans le jeu et dans les femmes, pendant tout ce temps d'orage. Ils s'enveloppaient là-dedans, bien décidés à ne penser plus. Le peuple mourait de faim et l'armée de froid ; que leur importait ? Ennemis de la Révolution qui les appelait au sacrifice, ils avaient l'air de lui dire : « Nous sommes dans ta caverne ; tu peux nous manger un à un, moi demain, lui aujourd'hui... Pour cela d'accord ; mais pour faire de nous des hommes, pour réveiller notre cœur, pour nous rendre généreux, sensibles aux souffrances infinies du monde... pour cela, nous t'en défions. »

Nous avons plongé ici au plus bas de l'égoïsme, ouvert la sentine, regardé l'égout... Assez, détournons la tête.

Et sachons bien, toutefois, que nous n'en sommes pas quittes. Si nous nous élevons au-dessus, c'est par transitions insensibles. Des maisons de filles aux maisons de jeux, alors innombrables, peu de différence, les jeux étant tenus généralement par des dames équivoques. Les salons d'actrices arrivent au-dessus, et de niveau, tout à côté, ceux de telles femmes de lettres, telles intrigantes politiques. Triste échelle où l'élévation n'est pas amélioration. Le plus bas peut-être encore était le moins dangereux. Les filles, c'est l'abrutissement et le chemin de la mort. Les dames ici, le plus souvent, c'est une autre mort, et pire, celle des croyances et des principes, l'énervation des opinions, un art fatal pour amollir, détremper les caractères.

« Qu'on se représente des hommes nouveaux sur le terrain de Paris jetés dans un monde pareil, où tout se trouvait d'accord pour les affaiblir et les amoindrir, leur ôter le nerf civique, l'enthousiasme et l'austérité. La plupart des Girondins perdirent, sous cette influence, non pas l'ardeur du combat, non pas le courage, non la force de mourir, mais plutôt celle de vaincre, la fixe et forte résolution de l'emporter à tout prix. Ils s'adoucirent, n'eurent plus « cette âcreté dans le sang qui fait gagner des batailles ». Le plaisir aidant la philosophie, ils se résignèrent. Dès qu'un homme politique se résigne, il est perdu.

Ces hommes, la plupart très jeunes, jusque-là ensevelis dans l'obscurité des provinces, se voyaient transportés tout à coup en pleine lumière, en présence d'un luxe tout nouveau pour eux, enveloppés des paroles flatteuses, des caresses du monde élégant. Flatteries, caresses d'autant plus puissantes qu'elles étaient souvent sincères ; on admirait leur énergie, et l'on avait tant besoin d'eux ! Les femmes surtout, les femmes les meilleures, ont en pareil cas une influence dangereuse, à laquelle nul ne résiste. Elles agissent par leurs grâces, souvent plus encore par l'intérêt touchant qu'elles inspirent, par leurs frayeurs qu'on veut calmer, par le bonheur qu'elles ont réellement à se rassurer près de vous. Tel arrivait bien en garde, armé, cuirassé, ferme à toute séduction ; la beauté n'y eût rien gagné. Mais que faire contre une femme qui a peur, et qui le dit, qui vous prend les mains, qui se serre à vous ?... « Ah ! monsieur ! ah ! mon ami, vous pouvez encore nous sauver... Parlez pour nous, je vous prie ; rassurez-moi, faites pour moi telle démarche, tel discours... Vous ne le feriez pas pour d'autres, je le sais, mais vous le ferez pour moi... Voyez comme bat mon cœur ! »

Ces dames étaient fort habiles. Elles se gardaient bien d'abord de montrer l'arrière-pensée. Au premier jour, vous n'auriez vu dans leurs salons que de bons républicains, modérés, honnêtes. Au second déjà, l'on vous présentait des Feuillants, des Fayettistes. Et pour quelque temps encore, on ne montrait pas davantage. Enfin, sûre de son pouvoir, ayant acquis le faible cœur, ayant habitué les yeux, les oreilles, à ces nuances de sociétés peu républicaines, on démasquait le vrai fonds, les vieux amis royalistes pour qui l'on avait travaillé. Heureux, si le pauvre jeune homme, arrivé très pur à Paris, ne se trouvait pas à son insu mêlé aux gentilshommes espions, aux intrigants de Coblentz.

La Gironde tomba ainsi presque entière aux filets de la société de Paris. On ne demandait pas aux Girondins de se faire royalistes ; on se faisait Girondin. Ce parti devenait peu à peu l'asile du royalisme, le masque protecteur sous lequel la contre-révolution put se maintenir à Paris, en présence de la Révolution même. Les hommes d'argent, de banque, s'étaient divisés : les uns Girondins, d'autres Jacobins. Cependant la transition de leurs premières opinions, trop connues, aux opinions républicaines, leur semblait plus aisée du côté de la Gironde. Les salons d'artistes surtout, de femmes à la mode, étaient un terrain neutre où les hommes de banque rencontraient, comme par hasard, les hommes politiques, causaient avec eux, s'abouchaient, sans autre présentation, finissaient par se lier.

Mais les relations les plus pures, les plus éloignées de l'intrigue, celles du véritable amour, n'en contribuèrent pas moins à briser le nerf de la Gironde. L'amour de Mlle Candeille ne fut nullement étranger à la perte de Vergniaud. Cette préoccupation de cœur augmenta son indécision, son indolence naturelle. On disait que son âme semblait souvent errer ailleurs. Ce n'était pas sans raison. Cette âme, dans le temps où la patrie l'eût réclamée tout entière, elle habitait dans une autre âme. Un cœur de femme, faible et charmant, tenait comme enfermé ce cœur de lion de Vergniaud. La voix et la harpe de Mlle Candeille, la belle, la bonne, l'adorable, l'avaient fasciné. Pauvre, il fut aimé, préféré de celle que la foule suivait. La vanité n'y eut point part, ni les succès de l'orateur, ni ceux de la jeune muse, dont une pièce obtenait cent cinquante représentations.

Cette femme belle et ravissante, pleine de grâce morale, touchante par son talent, par ses vertus d'intérieur, par sa tendre piété filiale, avait recherché, aimé ce paresseux génie, qui dormait sur les hauteurs; elle que la foule suivait, elle s'était écartée de tout pour monter à lui. Vergniaud s'était laissé aimer; il avait enveloppé sa vie dans cet amour, et il y continuait ses rêves. Trop clairvoyant toutefois pour ne pas voir que tous deux suivaient les bords d'un abîme, où sans doute il faudrait tomber. Autre tristesse : cette femme accomplie qui s'était donnée à lui, il ne pouvait la protéger. Elle appartenait, hélas! au public; sa piété, le besoin de soutenir ses parents, l'avaient menée sur le théâtre, exposée aux caprices d'un monde si orageux. Celle qui voulait plaire à un seul, il lui fallait plaire à tous, partager entre cette foule avide de sensations, hardie, immorale, le trésor de sa beauté, auquel un seul avait droit. Chose humiliante et douloureuse! terrible aussi, à faire trembler, en présence des factions, quand l'immolation d'une femme pouvait être, à chaque instant, un jeu cruel des partis, un barbare amusement.

Là était bien vulnérable le grand orateur. Là craignait celui qui ne craignait rien. Là, il n'y avait plus ni cuirasse, ni habit, rien qui garantît son cœur.

Ce temps aimait le danger. Ce fut justement au milieu du procès de Louis XVI, sous les regards meurtriers des partis qui se marquaient pour la mort, qu'ils dévoilèrent au public l'endroit qu'on pouvait frapper. Vergniaud venait d'avoir le plus grand de ses triomphes, le triomphe de l'humanité. Mlle Candeille elle-même, descendant sur le théâtre, joua sa propre pièce, *la Belle Fermière*. Elle transporta le public ravi à cent lieues, à mille de tous les événements, dans un monde doux et paisible, où l'on avait tout oublié, même le danger de la patrie.

L'expérience réussit. *La Belle Fermière* eut un

succès immense ; les Jacobins eux-mêmes épargnèrent cette femme charmante, qui versait à tous l'opium d'amour, les eaux du Léthé. L'impression n'en fut pas moins peu favorable à la Gironde. La pièce de l'amie de Vergniaud révélait trop que son parti était celui de l'humanité et de la nature plus encore que de la patrie, qu'il serait l'abri des vaincus, qu'enfin ce parti n'avait pas l'inflexible austérité dont le temps avait besoin.

XX

LA PREMIÈRE FEMME DE DANTON (92-93)

La collection du colonel Maurin, malheureusement vendue et dispersée aujourd'hui, contenait, entre autres choses précieuses, un fort beau plâtre de la première femme de Danton, tiré, je crois, sur le mort. Le caractère en était la bonté, le calme et la force. On ne s'étonnait nullement qu'elle eût exercé beaucoup d'empire sur le cœur de son mari, et laissé tant de regrets.

Comment en eût-il été autrement ? celle-ci fut la femme de sa jeunesse et de sa pauvreté, de son premier temps obscur. Danton, alors avocat au conseil, avocat sans causes, ne possédant guère que des dettes, était nourri par son beau-père, le limonadier du coin du Pont-Neuf, qui, dit-on, leur donnait quelques louis par mois. Il vivait royalement sur le pavé de Paris, sans souci ni inquiétude, gagnant peu, ne désirant rien. Quand les vivres manquaient absolument au ménage, on s'en allait pour quelque temps au bois, à Fontenay près Vincennes, où le beau-père avait une petite maison.

Danton, avec une nature riche en éléments de vices, n'avait guère de vices coûteux. Il n'était ni joueur ni buveur. Il aimait les femmes, il est vrai, néanmoins surtout la sienne. Les femmes, c'était l'endroit sensible par où les partis l'attaquaient, cherchaient à acquérir quelque prise sur lui. Ainsi le parti d'Orléans essaya de l'ensorceler par la maîtresse du prince, la belle Mme de Buffon. Danton, par imagination, par l'exigence de son tempérament orageux, était fort mobile. Cependant son besoin d'amour réel et d'attachement le ramenait invariablement chaque soir au lit conjugal, à la bonne et chère femme de sa jeunesse, au foyer obscur de l'ancien Danton.

Le malheur de la pauvre femme fut d'être transportée brusquement, en 92, au ministère de la Justice, au terrible moment de l'invasion et des massacres de Paris. Elle tomba malade, au grand chagrin de son mari. Nous ne doutons nullement que ce fut en grande partie à cause d'elle que Danton fit, en novembre ou décembre, une dernière démarche, pénible, humiliante, pour se rapprocher de la Gironde, enrayer, s'il était possible, sur la pente de l'abîme qui allait tout dévorer.

L'écrasante rapidité d'une telle révolution qui lui jetait sur le cœur événement sur événement, avait brisé Mme Danton. La réputation terrible de son mari, sa forfanterie épouvantable d'avoir fait Septembre, l'avait tuée. Elle était entrée tremblante dans ce fatal hôtel du ministère de la Justice, et elle en sortit morte, je veux dire frappée à mort. Ce fut une ombre qui revint au petit appartement du passage du Commerce, dans la triste maison qui fait arcade et voûte entre le passage et la rue (triste elle-même) des Cordeliers ; c'est aujourd'hui la rue de l'École-de-Médecine.

Le coup était fort pour Danton. Il arrivait au point fatal où, l'homme ayant accompli par la concentration de ses puissances l'œuvre principale de sa vie, son unité diminue, sa dualité reparaît. Le ressort de la volonté étant moins tendu, reviennent avec force la nature et le cœur, ce qui fut primitif en l'homme. Cela, dans le cours ordinaire des choses, arrive en deux âges distincts, divisés par le temps. Mais alors, nous l'avons dit, il n'y avait plus de temps ; la Révolution l'avait tué, avec bien d'autres choses.

C'était déjà ce moment pour Danton. Son œuvre faite, le Salut public en 92, il eut, contre la volonté un moment détendue, l'insurrection de la nature, qui lui reprit le cœur, le fouilla durement, jusqu'à ce que l'orgueil et la fureur le reprissent à leur tour et le menassent rugissant à la mort.

Les hommes qui jettent la vie au dehors dans une si terrible abondance, qui nourrissent les peuples de leur parole, de leur poitrine brûlante, du sang de leur cœur, ont un grand besoin du foyer. Il faut qu'il se refasse, ce cœur, qu'il se calme, ce sang. Et cela ne se fait jamais que par une femme, et très bonne, comme était Mme Danton. Elle était, si nous en jugeons par le portrait et le buste, forte et calme, autant que belle et douce : la tradition d'Arcis, où elle alla souvent, ajoute qu'elle était pieuse, naturellement mélancolique, d'un caractère timide.

Elle avait eu le mérite, dans sa situation aisée et calme, de vouloir courir ce hasard, de reconnaître et suivre ce jeune homme, ce génie ignoré, sans réputation ni fortune. Vertueuse, elle l'avait choisi malgré ses vices, visibles en sa face sombre et bouleversée. Elle s'était associée à cette destinée obscure, flottante, et qu'on pouvait dire bâtie sur l'orage. Simple femme, mais pleine de cœur, elle avait saisi au passage cet ange de ténèbres et de lumière pour le suivre à travers l'abîme, passer le Pont-Aigu... Là elle n'eut plus la force, et glissa dans la main de Dieu.

« La femme, c'est la Fortune », a dit l'Orient quelque part. Ce n'était pas seulement la femme qui échappait à Danton, c'était la fortune et son bon destin ; c'était la jeunesse et la Grâce, cette faveur dont le sort doue l'homme, en pur don, quand il n'a rien mérité encore. C'étaient la confiance et la foi, le premier acte de foi qu'on eût fait en lui. Une femme du prophète arabe lui demandant pourquoi toujours il regrettait sa première femme : « C'est, dit-il, qu'elle a cru en moi quand personne n'y croyait. »

Je ne doute aucunement que ce ne soit Mᵐᵉ Danton qui ait fait promettre à son mari, s'il fallait renverser le roi, de lui sauver la vie, du moins de sauver la reine, la pieuse Madame Élisabeth, les deux enfants. Lui aussi, il avait deux enfants : l'un conçu (on le voit par les dates) du moment sacré qui suivit la prise de la Bastille ; l'autre, de l'année 91, du moment où Mirabeau mort et la Constituante éteinte livraient l'avenir à Danton, où l'Assemblée nouvelle allait venir et le nouveau roi de la parole.

Cette mère, entre deux berceaux, gisait malade,

soignée par la mère de Danton. Chaque fois qu'il rentrait, froissé, blessé des choses du dehors, qu'il laissait à la porte l'armure de l'homme politique et le masque d'acier, il trouvait cette blessure bien autre, cette plaie terrible et saignante, la certitude que, sous peu, il devait être déchiré de lui-même, coupé en deux, guillotiné du cœur. Il avait toujours aimé cette femme excellente; mais sa légèreté, sa fougue, l'avaient parfois mené ailleurs. Et voilà qu'elle partait, voilà qu'il s'apercevait de la force et profondeur de sa passion pour elle. Et il n'y pouvait rien, elle fondait, fuyait, s'échappait de lui, à mesure que ses bras contractés serraient davantage.

Le plus dur, c'est qu'il ne lui était pas même donné de la voir au moins jusqu'au bout et de recevoir son adieu. Il ne pouvait rester ici ; il lui fallait quitter ce lit de mort. Sa situation contradictoire allait éclater; il lui était impossible de mettre d'accord Danton et Danton. La France, le monde, allaient avoir les yeux sur lui dans ce fatal procès. Il ne pouvait pas parler, il ne pouvait pas se taire. S'il ne trouvait quelque ménagement qui ralliât le côté droit, et, par lui, le centre, la masse de la Convention, il lui fallait s'éloigner, fuir de Paris, se faire envoyer en Belgique, sauf à revenir quand le cours des choses et la destinée auraient délié ou tranché le nœud. Mais alors cette femme malade, si malade, vivrait-elle encore? trouverait-elle en son amour assez de souffle et de force pour vivre jusque-là, malgré la nature, et garder le dernier soupir pour son mari de retour?... On pouvait prévoir ce qui arriva, qu'il serait trop tard, qu'il ne reviendrait que pour trouver la maison vide, les enfants sans mère, et ce corps, si violemment aimé, au fond du cercueil. Danton ne croyait guère à l'âme, et c'est le corps qu'il poursuivit et qu'il voulut revoir, qu'il arracha de la terre, effroyable et défiguré, au bout de sept nuits et sept jours, qu'il disputa aux vers d'un frénétique embrassement.

XXI

LA SECONDE FEMME DE DANTON
L'AMOUR EN 93

La chute de la Gironde fut suivie d'un découragement immense. Les vainqueurs en furent presque aussi atteints que les vaincus. Marat tomba malade. Vergniaud ne daigna même fuir. Danton chercha dans un second mariage une sorte d'*alibi* des affaires politiques.

L'amour fut pour beaucoup dans la mort de Vergniaud et de Danton.

Le grand orateur girondin, prisonnier rue de Clichy, dans ce quartier alors désert et tout en jardins, prisonnier moins de la Convention que de M^(lle) Candeille, flottait dans l'amour et le doute. Lui resterait-il, cet amour d'une brillante femme de théâtre, dans l'anéantissement de toutes choses? Ce qu'il gardait de lui-même passait dans ses âpres lettres, lancées contre la Montagne. La fatalité l'avait dispensé d'agir, et il ne le regrettait guère, trouvant doux de mourir ainsi, savourant les belles larmes qu'une femme donne si aisément, voulant croire qu'il était aimé.

Danton, aux mêmes moments, s'arrangeait le même suicide.

Malheureusement alors, c'est le cas d'un grand nombre d'hommes. Au moment où l'affaire publique devient une affaire privée, une question de vie et de mort, il disent : « A demain les affaires. » Ils se renferment chez eux, se réfugient au foyer, à l'amour, à la nature. La nature est une bonne mère, elle les reprendra bientôt, les absorbera dans son sein.

Danton se mariait en deuil. Sa première femme, tant aimée, venait de mourir le 10 février. Et il l'avait exhumée le 17, pour la voir encore. Il y avait au 17 juin quatre mois, jour pour jour, qu'éperdu, rugissant de douleur, il avait rouvert la terre pour embrasser dans l'horreur du drap mortuaire celle en qui furent sa jeunesse, son bonheur et sa fortune. Que vit-il, que serra-t-il dans ses bras (au bout de sept jours!)? Ce qui est sûr, c'est qu'en réalité elle l'emporta avec lui.

Mourante, elle avait préparé, voulu son second mariage, qui contribua tant à le perdre. L'aimant avec passion, elle devina qu'il aimait et voulut le rendre heureux. Elle laissait aussi deux petits enfants, et croyait leur donner une mère dans une jeune fille qui n'avait que seize ans, mais qui était pleine de charme moral, pieuse comme Mme Danton et de famille royaliste. La pauvre femme, qui se mourait des émotions de Septembre et de la terrible réputation de son mari, crut sans doute, en le remariant ainsi, le tirer de la Révolution, préparer sa conversion, en faire peut-être le secret défenseur de la reine, de l'enfant du Temple, de tous les persécutés.

Danton avait connu au Parlement le père de la jeune fille, qui était huissier audiencier. Devenu ministre, il lui fit avoir une bonne place à la marine. Mais, tout obligée que la famille était à Danton, elle ne se montra point facile à ses vues de mariage. La mère, nullement dominée par la terreur de son nom, lui reprocha sèchement et Septembre, qu'il n'avait pas fait, et la mort du roi, qu'il eût voulu sauver.

Danton se garda bien de plaider. Il fit ce qu'on fait en pareil cas quand on veut gagner son procès, qu'on est amoureux et pressé : il se repentit. Il avoua, ce qui était vrai, que les excès de l'anarchie lui étaient chaque jour plus difficiles à supporter, qu'il se sentait déjà bien las de la Révolution, etc.

S'il répugnait tant à la mère, il ne plaisait guère à la fille. Mlle Louise Gély, délicate et jolie personne, élevée dans cette famille bourgeoise de vieille roche, d'honnêtes gens médiocres, était toute dans la tradition de l'Ancien-Régime. Elle éprouvait près de Danton de l'étonnement et un peu de peur, bien plus que d'amour. Cet étrange personnage, tout ensemble lion et homme, lui restait incompréhensible. Il avait beau limer ses dents, adoucir ses griffes, elle n'était nullement rassurée devant ce monstre sublime.

Le monstre était pourtant bon homme, mais tout ce qu'il avait de grand tournait contre lui. Ce mystère d'énergie sauvage, cette poétique laideur illuminée d'éclairs, cette force du puissant mâle d'où jaillissait un flot vivant d'idées, de paroles éternelles, tout cela intimidait, peut-être serrait le cœur de l'enfant.

La famille crut l'arrêter court en lui présentant un obstacle qu'elle croyait insurmontable, la nécessité de se soumettre aux cérémonies catholiques. Tout le monde savait que Danton, le vrai fils de Diderot, ne voyait que superstition dans le christianisme et n'adorait que la Nature.

Mais pour cela justement, ce fils, ce serf de la Nature, obéit sans difficulté. Quelque autel, ou quelque idole qu'on lui présentât, il y courut, il y jura... Telle était la tyrannie de son aveugle désir. La nature était complice; elle déployait tout à coup toutes ses énergies contenues; le printemps, un peu retardé, éclatait en été brûlant; c'était l'éruption des roses. Il n'y eut jamais un tel contraste d'une si triomphante saison et d'une situation si trouble. Dans l'abattement moral, pesait d'autant plus la puissance d'une température ardente, exigeante, passionnée. Danton, sous cette impulsion, ne livra pas de grands combats quand on lui dit que c'était d'un prêtre réfractaire qu'il fallait recevoir la bénédiction. Il aurait passé dans la flamme. Ce prêtre enfin, dans son grenier, consciencieux et fanatique, ne tint pas quitte Danton pour un billet acheté. Il fallut, dit-on, qu'il s'agenouillât, simulât la confession, profanant dans un seul acte deux religions à la fois : la nôtre et celle du passé.

Où donc était-il, cet autel consacré par nos Assemblées à la religion de la Loi, sur les ruines du vieil autel de l'arbitraire et de la Grâce? Où était-il l'autel de la Révolution, où le bon Camille, l'ami de Danton, avait porté son nouveau-né, donnant le premier l'exemple aux générations à venir?

Ceux qui connaissent les portraits de Danton, spécialement les esquisses qu'en surprit David dans les nuits de la Convention, n'ignorent pas comment l'homme peut descendre du lion au taureau, que dis-je? tomber au sanglier, type sombre, abaissé, désolant de sensualité sauvage.

Voilà une force nouvelle qui va régner toute-puissante dans la sanguinaire époque que nous devons raconter; force molle, force terrible, qui dissout, brise en dessous le nerf de la Révolution. Sous l'apparente austérité des mœurs républicaines, parmi la terreur et les tragédies de l'échafaud, la femme et l'amour physique sont les rois de 93.

On y voit des condamnés qui s'en vont sur la charrette, insouciants, la rose à la bouche. C'est la vraie image du temps. Elles mènent l'homme à la mort, ces roses sanglantes.

Danton, mené, traîné ainsi, l'avouait avec une naïveté cynique et douloureuse dont il faut bien modifier l'expression. On l'accusait de conspirer. « Moi! dit-il, c'est impossible!... Que voulez-vous que fasse un homme qui, chaque nuit, s'acharne à l'amour? »

Dans des chants mélancoliques qu'on répète encore, Fabre d'Églantine et d'autres ont laissé la *Marseillaise* des voluptés funèbres, chantée bien des fois aux prisons, au tribunal même, jusqu'au pied de l'échafaud. L'Amour, en 93, parut ce qu'il est, le frère de la Mort.

LIVRE IV

XXII

LA DÉESSE DE LA RAISON (10 NOVEMBRE 93)

J'ai connu en 1816 Mlle Dorothée... qui, dans je ne sais quelle ville, avait représenté la Raison aux fêtes de 93. C'était une femme sérieuse et d'une vie toujours exemplaire. On l'avait choisie pour sa grande taille et sa bonne réputation. Elle n'avait jamais été belle, et, de plus, elle louchait.

Les fondateurs du nouveau culte, qui ne songeaient nullement à l'avilir, recommandent expressément, dans leurs journaux, à ceux qui voudront faire la fête en d'autres villes, *de choisir pour remplir un rôle si auguste, des personnes dont le caractère rende la beauté respectable, dont la sévérité de mœurs et de regards repousse la licence et remplisse les cœurs de sentiments honnêtes et purs.* Ce furent généralement des demoiselles de familles estimées qui, de gré ou de force, durent représenter la Raison.

La Raison fut représentée à Saint-Sulpice par la femme d'un des premiers magistrats de Paris, à Notre-Dame par une artiste illustre, aimée et estimée, Mlle Maillard. On sait combien ces premiers sujets sont obligés (par leur art même) à une vie laborieuse et sérieuse. Ce don divin leur est vendu au prix d'une grande abstinence de la plupart des plaisirs. Le jour où le monde plus sage rendra le sacerdoce aux femmes, comme elles l'eurent dans l'Antiquité, qui s'étonnerait de voir marcher à la tête des pompes nationales la bonne, la charitable, la sainte Garcia Viardot?

Trois jours encore avant la fête, on voulait que le symbole qui représenterait la Raison fût une statue. On objecta qu'un simulacre fixe pourrait rappeler la Vierge *et créer une autre idolâtrie*. On préféra un simulacre mobile, animé et vivant, qui, changé à chaque fête, ne pourrait devenir un objet de superstition.

C'était le moment où Chaumette, le célèbre procureur de la Commune, se mettant en opposition avec son collègue Hébert, avait demandé que la tyrannie fantasque des petits comités révolutionnaires fût surveillée, limitée par l'inspection du conseil général. Sous cette bannière de modération et de justice indulgente s'inaugura, le 10 novembre, la nouvelle religion. Gossec avait fait les chants, Chénier les paroles. On avait tant bien que mal, en deux jours, bâti dans le chœur fort étroit de notre Notre-Dame un temple de la Philosophie, qu'ornaient les effigies des sages, des pères de la Révolution. Une montagne portait ce temple; sur un rocher brûlait le flambeau de la Vérité. Les magistrats siégeaient sous les colonnes. Point d'armes, point de soldats. Deux rangs de jeunes filles encore enfants faisaient tout l'ornement de la fête ; elles étaient en robes blanches, couronnées de chêne, et non, comme on l'a dit, de roses.

La Raison, vêtue de blanc avec un manteau d'azur, sort du temple de la Philosophie, vient s'asseoir sur un siège de simple verdure. Les jeunes filles lui chantent son hymne ; elle traverse au pied de la montagne en jetant sur l'assistance un doux regard, un doux sourire. Elle rentre, et l'on chante encore... On attendait... C'était tout...

Chaste cérémonie, triste, sèche, ennuyeuse[1].

De Notre-Dame, la Raison alla à la Convention. Elle y entra avec son innocent cortège de petites filles en blanc ; — la Raison, l'humanité, Chaumette, qui la conduisait, par la courageuse initiative de

---

1. Est-il nécessaire de dire que ce culte n'était nullement le vrai culte de la Révolution ? Elle était déjà vieille et lasse, trop vieille pour enfanter. Ce froid essai de 93 ne sort pas de son sein brûlant, mais des écoles raisonneuses du temps de l'*Encyclopédie*. — Non, cette face négative, abstraite de Dieu, quelque noble et haute qu'elle soit, n'était pas celle que demandaient les cœurs ni la nécessité du temps. Pour soutenir l'effort des héros et des martyrs, il fallait un autre Dieu que celui de la géométrie. Le puissant Dieu de la nature, le Dieu Père et Créateur (méconnu du Moyen-âge, voy. Monuments de Didron) lui-même n'eût pas suffi : ce n'était pas assez de la révélation de Newton et de Lavoisier. Le Dieu qu'il fallait à l'âme, c'était le Dieu de Justice héroïque, par lequel la France, prêtre armé dans l'Europe, devait évoquer du tombeau les peuples ensevelis.

Pour n'être pas nommé encore, pour n'être point adoré dans nos temples, ce Dieu n'en fut pas moins suivi de nos pères dans leur croisade pour les libertés du monde. Aujourd'hui, qu'aurions-nous sans lui ? Sur les ruines amoncelées, sur le foyer éteint, brisé, lorsque le sol fuit sous nos pieds, en lui reposent inébranlables notre cœur et notre espérance.

justice qu'il avait prise la veille, s'harmonisait entièrement au sentiment de l'Assemblée.

Une fraternité très franche éclata entre la Commune, la Convention et le peuple. Le président fit asseoir la Raison près de lui, lui donna, au nom de l'Assemblée, l'accolade fraternelle, et tous, unis un moment sous son doux regard, espérèrent de meilleurs jours.

Un pâle soleil d'après-midi (bien rare en brumaire), pénétrant dans la salle obscure, en éclaircissait un peu les ombres. Les Dantonistes demandèrent que l'Assemblée tînt sa parole, qu'elle allât à Notre-Dame ; que, visitée par la Raison, elle lui rendît sa visite. On se leva d'un même élan.

Le temps était admirable, austère et pur, comme sont les beaux jours d'hiver. La Convention se mit en marche, heureuse de cette lueur d'unité qui avait apparu un moment entre tant de divisions. Beaucoup s'associaient de cœur à la fête, croyant de bonne foi y voir la vraie consommation des temps.

Leur pensée est formulée d'une manière ingénieuse dans un mot de Clootz : « Le discordant fédéralisme des sectes s'évanouit dans l'*unité, l'indivisibilité* de la Raison. »

XXIII

CULTE DES FEMMES POUR ROBESPIERRE

Une chose qui peut étonner, c'est qu'un homme aussi austère d'apparence que Robespierre, cet homme volontairement pauvre, d'une mise soignée, exacte, mais uniforme et médiocre, d'une simplicité calculée, ait été tellement aimé, recherché des femmes.

A cela il n'y a qu'une réponse, et c'est tout le secret du culte dont il fut l'objet : *Il inspirait confiance.*

Les femmes ne haïssent nullement les apparences sévères et graves. Victimes si souvent de la légèreté des hommes, elles se rapprochent volontiers de celui qui les rassure. Elles supposent instinctivement que l'homme austère, en général, est celui qui gardera le mieux son cœur pour une personne aimée.

Pour elles, le cœur est tout. C'est à tort qu'on croit, dans le monde, qu'elles ont besoin d'être amusées. La rhétorique sentimentale de Robespierre avait beau être parfois ennuyeuse, il lui suffisait de dire : « Les charmes de la vertu, les douces leçons de l'amour maternel, une sainte et douce intimité, la sensibilité de mon cœur », et autres phrases pareilles, les femmes étaient touchées. Ajoutez que, parmi ces généralités, il y avait toujours une partie individuelle, plus sentimentale encore, sur lui-même ordinairement, sur les travaux de sa pénible carrière, sur ses souffrances personnelles; tout cela à chaque discours, et si régulièrement qu'on attendait ce passage et tenait les mouchoirs prêts. Puis l'émotion commencée, arrivait le morceau connu, sauf telle ou telle variante, sur les dangers qu'il courait, la haine de ses ennemis, les larmes dont on arroserait un jour la cendre des martyrs de la liberté... Mais, arrivé là, c'était trop, le cœur débondait, elles ne se contenaient plus et s'échappaient en sanglots.

Robespierre s'aidait fort en cela de sa pâle et triste mine, qui plaidait pour lui d'avance près des cœurs sensibles. Avec ses lambeaux de l'*Émile* ou du *Contrat social*, il avait l'air à la tribune d'un triste bâtard de Rousseau. Ses yeux clignotants, mobiles, parcouraient sans cesse toute l'étendue de la salle, plongeaient aux coins mal éclairés, fréquemment se relevaient vers les tribunes des femmes. A cet effet, il manœuvrait, avec sérieux, dextérité, deux paires de lunettes, l'une pour voir de près ou lire, l'autre pour distinguer au loin, comme pour chercher quelque personne. Chacun se disait : « C'est moi. »

La vive partialité des femmes éclata particulièrement lorsque, vers la fin de 92, dans sa lutte contre la Gironde, il déclara aux Jacobins que, si les intrigants disparaissaient, lui-même quitterait la vie publique, fuirait la tribune, ne désirant rien que « de passer ses jours dans les délices d'une sainte et douce intimité ». De nombreuses voix de femmes partirent des tribunes : « Nous vous suivrons ! nous vous suivrons ! »

Dans cet engouement il y avait, en écartant les ridicules de la personne et du temps, une chose fort respectable. Elles suivaient de cœur celui dont les mœurs étaient les plus dignes, la probité la mieux constatée, l'idéalité la plus haute, celui qui, avec autant d'habileté que de courage, se constituant à cette époque le défenseur des idées religieuses, osa, en décembre 92, remercier la Providence du salut de la Patrie.

XXIV

ROBESPIERRE CHEZ Mme DUPLAY (91-95)

Un petit portrait, médiocre et fade, de Robespierre à dix-sept ans, le représente une rose à la main, peut-être pour indiquer qu'il était déjà membre de l'académie des *Rosati* d'Arras. Il tient cette rose sur son cœur. On lit au bas cette douce légende : *Tout pour mon amie.* (Collection Saint-Albin.)

Le jeune homme d'Arras, transplanté à Paris, resta-t-il invariablement fidèle à cette pureté sentimentale ? Nous l'ignorons. A la Constituante, peut-être, l'intime ▉▉▉ des Lameth et autres jeunes nobles de la g▉▉▉ l'en fit quelque peu dévier. Peut-être, dans les premiers mois de cette Assemblée, croyant avoir besoin d'eux, voulant resserrer ce lien par un entraînement calculé, ne fut-il pas étranger à la corruption du temps[1]. S'il en fut ainsi, il aura

---

1. En 96, apparemment, il en était à Héloïse, il avait une maîtresse (voy. notre *Histoire*, t. II). Pour sa conduite en 89, j'hésite à raconter une

cru suivre encore en cela son maître Rousseau, le Rousseau des *Confessions*. Mais de bonne heure il se releva, et personne n'ordonna plus heureusement sa vie dans l'épuration progressive. L'*Émile* le *Vicaire Savoyard*, le *Contrat social*, l'affranchirent et l'ennoblirent : il devint vraiment Robespierre. Comme mœurs, il n'est point descendu.

Nous l'avons vu, le soir du massacre du Champ de Mars (17 juillet 91), prendre asile chez un menuisier; un heureux hasard le voulut ainsi; mais s'il y revint, s'y fixa, ce ne fût en rien un hasard.

Au retour de son triomphe d'Arras, après la Constituante, en octobre 91, il s'était logé avec sa sœur dans un appartement de la rue Saint-Florentin, noble rue, aristocratique, dont les nobles habitants avaient émigré. Charlotte de Robespierre, d'un caractère roide et dur, avait, dès sa première jeunesse, les aigreurs d'une vieille fille; son attitude et ses goûts étaient ceux de l'aristocratie de province; elle eût fort aisément tourné à la grande dame. Robespierre, plus fin et plus féminin, n'en avait pas moins aussi,

anecdote suspecte. Je la tiens d'un artiste illustre, véri███████████ateur de Robespierre, mais qui la tenait lui-même de M. ███████████ Lameth. L'artiste reconduisant un jour le vieux membre de la ███████, celui-ci lui montra, rue de Fleurus, l'ancien hôtel des Lameth, █████ dit qu'un soir Robespierre, ayant dîné là avec eux, se préparait à retourner chez lui, rue de Saintonge, au Marais; il s'aperçut qu'il avait oublié sa bourse, et emprunta un écu de six francs, disant qu'il en avait besoin, parce qu'au retour il devait s'arrêter chez une fille : « Cela vaut mieux, dit-il, que de séduire les femmes de ses amis. » — Si l'on veut croire que Lameth n'a pas inventé ce mot, l'explication la plus probable, à mon sens, c'est que Robespierre, débarqué récemment à Paris et voulant se faire adopter par le parti le plus avancé, qui, dans la Constituante, était la jeune noblesse, croyait utile d'en imiter les mœurs, au moins en paroles. Il y a à parier qu'il sera retourné tout droit dans son honnête Marais.

dans la roideur de son maintien, sa tenue sèche, mais soignée, un certain air d'aristocratie parlementaire. Sa parole était toujours noble, dans la familiarité même, ses prédilections littéraires pour les écrivains nobles ou tendus, pour Racine ou pour Rousseau.

Il n'était point membre de la Législative. Il avait refusé la place d'accusateur public, parce que, disait-il, s'étant violemment prononcé contre ceux qu'on poursuivait, ils l'auraient pu récuser comme ennemi personnel. On supposait aussi qu'il aurait eu trop de peine à surmonter ses répugnances pour la peine de mort. A Arras, elles l'avaient décidé à quitter sa place de juge d'Église. A l'Assemblée constituante, il s'était déclaré contre la peine de mort, contre la loi martiale et toute mesure violente de salut public, qui répugnait trop à son cœur.

Dans cette année de septembre 91 à septembre 92, Robespierre, hors des fonctions publiques, sans mission ni occupation que celle de journaliste et de membre des Jacobins, était moins sur le théâtre. Les Girondins étaient; ils y brillaient par leur accord parfait ●●● sentiment national sur la question de la gu●●● espierre et les Jacobins prirent la thèse de la paix, thèse essentiellement impopulaire qui leur fit grand tort. Nul doute qu'à cette époque la popularité du grand démocrate n'eût un besoin essentiel de se fortifier et de se rajeunir. Il avait parlé longtemps, infatigablement, trois années, occupé, fatigué l'attention; il avait eu, à la fin, son triomphe et sa couronne. Il était à craindre que le public, ce roi, fantasque comme un roi, facile à blaser, ne crût l'avoir assez payé, et n'arrêtât son regard sur quelque autre favori.

La parole de Robespierre ne pouvait changer, il n'avait qu'un style ; son théâtre pouvait changer et sa mise en scène. Il fallait une machine. Robespierre ne la chercha pas ; elle vint à lui, en quelque sorte. Il l'accepta, la saisit, et regarda, sans nul doute, comme une chose heureuse et providentielle de loger chez un menuisier.

La mise en scène est pour beaucoup dans la vie révolutionnaire. Marat, d'instinct, l'avait senti. Il eût pu, très commodément, rester dans son premier asile, le grenier du boucher Legendre ; il préféra les ténèbres de la cave des Cordeliers ; cette retraite souterraine d'où ses brûlantes paroles faisaient chaque matin éruption, comme d'un volcan inconnu, charmait son imagination ; elle devait saisir celle du peuple. Marat, fort imitateur, savait parfaitement qu'en 88 le Marat belge, le jésuite Feller, avait tiré grand parti pour sa popularité d'avoir élu domicile, à cent pieds sous terre, tout au fond d'un puits de houille.

Robespierre n'eût pas imité Feller ni Marat, mais il saisit volontiers l'occasion d'imiter Rousseau, de réaliser en pratique le livre qu'il imitait sans cesse en paroles, de copier l'*Émile* d'aussi près qu'il le pourrait.

Il était malade, rue Saint-Florentin, vers la fin de 91, malade de ses fatigues, malade d'une inaction nouvelle pour lui, malade aussi de sa sœur, lorsque Mme Duplay vint faire à Charlotte une scène épouvantable pour ne pas l'avoir avertie de la maladie de son frère. Elle ne s'en alla pas sans enlever Robespierre, qui se laissa faire d'assez bonne grâce. Elle l'établit chez elle, malgré l'étroitesse du logis, dans une mansarde très propre, où elle mit les meilleurs meubles de la maison, un assez beau lit bleu et blanc avec quelques bonnes chaises. Des rayons de sapin, tout neufs, étaient alentour, pour poser les quelques livres, peu nombreux, de l'orateur ; ses discours, rapports, mémoires, etc., très nombreux, remplissaient le reste. Sauf Rousseau et Racine, Robespierre ne lisait que Robespierre. Aux murs, la main passionnée de Mme Duplay avait suspendu partout les images et portraits qu'on avait faits de son dieu ; quelque part qu'il se tournât, il ne pouvait éviter de se voir lui-même ; à droite, à gauche, Robespierre, Robespierre encore, Robespierre toujours.

Le plus habile politique, qui eût bâti la maison spécialement pour cet usage, n'eût pas si bien réussi que l'avait fait le hasard. Si ce n'était une cave, comme le logis de Marat, la petite cour noire et sombre valait au moins une cave. La maison basse, dont les tuiles verdâtres attestaient l'humidité, avec le jardinet sans air qu'elle possédait au delà, était comme étouffée entre les maisons géantes de la rue Saint-Honoré, quartier mixte, à cette époque, de banque et d'aristocratie. Plus bas, c'étaient les hôtels princiers du faubourg et la splendide rue Royale, avec l'odieux souvenir des quinze cents étouffés du mariage de Louis XVI. Plus haut c'étaient les hôtels des Fermiers-généraux de la place Vendôme, bâtis de la misère du peuple.

Quelles étaient les impressions des visiteurs de

Robespierre, des dévots, des pèlerins, quand, dans ce quartier impie où tout leur blessait les yeux, ils venaient contempler le Juste ? La maison prêchait, parlait. Dès le seuil, l'aspect pauvre et triste de la cour, le hangar, le rabot, les planches, leur disaient le mot du peuple : « C'est ici l'*incorruptible*. » — S'ils montaient, la mansarde les faisait se récrier plus encore ; propre et pauvre, laborieuse visiblement, sans parure que les papiers du grand homme sur des planches de sapin, elle disait sa moralité parfaite, ses travaux infatigables, une vie donnée toute au peuple. Il n'y avait pas là le théâtral, le fantasmagorique du maniaque Marat, se démenant dans sa cave, variable de parole et de mise. Ici, nul caprice, tout réglé, tout honnête, tout sérieux. L'attendrissement venait, on croyait avoir vu, pour la première fois, en ce monde, la maison de la vertu.

Notez pourtant avec cela que la maison, bien regardée, n'était pas une habitation d'artisan. Le premier meuble qu'on apercevait dans le petit salon du bas en avertissait assez. C'était un clavecin, instrument rare alors, même chez la bourgeoisie. L'instrument faisait deviner l'éducation que Mlles Duplay recevaient, chacune à son tour, au couvent voisin, au moins pendant quelques mois. Le menuisier n'était pas précisément menuisier ; il était entrepreneur en menuiserie de bâtiment. La maison était petite, mais enfin elle lui appartenait ; il logeait chez lui.

Tout ceci avait deux aspects ; c'était le peuple d'une part, et ce n'était pas le peuple ; c'était, si l'on veut, le peuple industrieux, laborieux, passé récemment, par ses efforts et son travail, à l'état de petite bourgeoisie. La transition était visible. Le père, bonhomme ardent et rude, la mère, d'une volonté forte et violente, tous deux pleins d'énergie, de cordialité, étaient bien des gens du peuple. La plus jeune des quatre filles en avait la verve et l'élan ; les autres s'en écartaient déjà, l'aînée surtout, que les patriotes appelaient avec une galanterie respectueuse Mlle Cornélia. Celle-ci, décidément, était une demoiselle ; elle aussi sentait Racine, lorsque Robespierre faisait quelquefois la lecture en famille. Elle avait à toute chose une grâce de fierté austère, au ménage comme au clavecin ; qu'elle aidât sa mère au hangar, pour laver ou pour préparer le repas de la famille, c'était toujours Cornélia.

Robespierre passa là une année, loin de la tribune écrivain et journaliste, préparant tout le jour les articles et les discours qu'il devait le soir débiter aux Jacobins ; — une année, la seule, en réalité qu'il ait vécu en ce monde.

Mme Duplay trouvait très doux de le tenir là, l'entourait d'une garde inquiète. On peut en juger par la vivacité avec laquelle elle dit au Comité du 10 août, qui cherchait chez elle un lieu sûr : « Allez-vous-en : vous allez compromettre Robespierre. »

C'était l'enfant de la maison, le dieu. Tous s'étaient donnés à lui. Le fils lui servait de secrétaire, copiait, recopiait ses discours tant raturés. Le père Duplay, le neveu, l'écoutaient insatiablement, dévoraient toutes ses paroles. Mlles Duplay le voyaient comme un frère ; la plus jeune, vive et charmante, ne perdait pas une occasion de dérider le pâle orateur. Avec une telle hospitalité, nulle maison n'eût été triste. La petite cour, avivée par la famille et les ouvriers, ne manquait pas de mouvement. Robespierre de sa mansarde, de la table de sapin où il écrivait, s'il levait les yeux entre deux périodes, voyait aller et venir, de la maison au hangar, du hangar à la maison, Mlle Cornélia ou telle de ses aimables sœurs. Combien dut-il être fortifié dans sa pensée démocratique par une si douce image de la vie du peuple! Le peuple, moins la vulgarité, moins la misère et les vices, compagnons de la misère! Cette vie, à la fois populaire et noble, où les soins domestiques se rehaussent de la distinction morale de ceux qui s'y livrent! La beauté que prend le ménage, même en ses côtés les plus humbles, l'excellence du repas préparé par la main aimée !... qui n'a senti toutes ces choses? Et nous ne doutons pas que l'infortuné Robespierre, dans la vie sèche, sombre, artificielle, que les circonstances lui avaient faite depuis sa naissance, n'ait pourtant senti ce moment du charme de la nature, joui de ce doux rayon.

Il reste bien entendu qu'avec une telle famille un dédommagement était difficile. Un Jacobin dissident fit un jour à Robespierre le reproche « d'exploiter la maison Duplay, de se faire nourrir par eux, comme Orgon nourrit Tartuffe », reproche bas et grossier d'un homme indigne de sentir la fraternité de l'époque et le bonheur de l'amitié.

Ce qui est certain, c'est que Robespierre n'entra chez Mme Duplay qu'à la condition de payer pension. Sa délicatesse le voulait ainsi. On ne le contredit pas, on le laissa dire. Peut-être même fallut-il, pour le contenter, recevoir les premiers mois. Mais dans l'entraînement terrible de sa courte destinée, dans l'accablement de chaque jour, il perdit la chose de vue, se croyant d'ailleurs sans doute sûr de dédommager ses amis d'une autre manière. Il n'avait en réalité que son traitement de député, qu'il oubliait même souvent de toucher. La pension payée à sa sœur, avec quelques dépenses en linge ou habits, et quelques sous donnés sur la route à des petits Savoyards, il ne lui restait exactement rien. Les dix mille francs qu'on aurait trouvés sur lui au 9 thermidor sont une fable de ses ennemis. Il devait alors quatre mille francs de pension à Mme Duplay.

XXV

LUCILE DESMOULINS (AVRIL 94)

L'Assemblée constituante avait ordonné qu'en chaque commune, dans la salle municipale où se faisaient les mariages, les déclarations de naissance et de mort, il y aurait un autel.

Les trois moments pathétiques de la destinée humaine se trouvant ainsi consacrés à l'autel de la Commune, et les religions de la famille unies à celles de la Patrie, cet autel fût bientôt devenu le seul, et la municipalité eût été le temple.

Le conseil de Mirabeau eût été suivi : « Vous n'aurez rien fait, si vous ne *dé*-christianisez la Révolution. »

Plusieurs ouvriers du faubourg Saint-Antoine, en 93, déclarèrent qu'ils ne croyaient pas leurs mariages légitimes, s'ils n'étaient consacrés à la Commune par le magistrat.

Camille Desmoulins, en 91, se maria à Saint-Sulpice selon le rit catholique; la famille de sa femme le voulut ainsi. Mais en 92, son fils Horace étant né, il le porta lui-même à l'Hôtel de Ville, réclama la loi de l'Assemblée constituante. Ce fut le premier exemple du baptême républicain.

Le plus touchant souvenir de toute la Révolution est celui de son grand écrivain, le bon et éloquent Camille, de sa charmante Lucile, de l'acte qui les mena tous deux à la mort (et auquel elle contribua très directement), la proposition si hardie, en pleine Terreur, d'un *Comité de clémence*.

Pauvre, disons mieux, indigent en 89, peu favorisé de la nature sous le rapport physique, et, de plus, à peu près bègue, Camille, par l'attrait du cœur, le charme du plus piquant esprit, avait conquis sa Lucile, jolie, gracieuse, accomplie, et relativement riche. Il existait d'elle un portrait, unique peut-être, une précieuse miniature (collection du colonel Maurin). Qu'est-elle devenue maintenant? dans quelles mains est-elle passée? Cette chose appartient à la France. Je prie l'acquéreur, quel qu'il soit, de s'en souvenir, et de nous la rendre. Qu'elle soit placée au Musée, en attendant le musée révolutionnaire qu'on formera tôt ou tard.

Lucile était fille d'un ancien commis des finances, et d'une très belle et excellente femme qu'on prétendait avoir été maîtresse du ministre des finances Terray. Son portrait est d'une jolie femme d'une classe peu élevée, comme le nom en témoigne : Lucile Duplessis Laridon. Jolie, mais surtout mutine; un petit Desmoulins en femme. Son charmant petit visage ému, orageux, fantasque, a le souffle de *la France libre* (le beau pamphlet de son mari).

Le génie a passé par là, on le sent, l'amour d'un homme de génie [1].

Nous ne résistons pas au plaisir de copier la page naïve dans laquelle cette jeune femme de vingt ans conte ses émotions dans la nuit du 8 août :

« Le 8 août, je suis revenue de la campagne ; déjà tous les esprits fermentaient bien fort ; j'eus des Marseillais à dîner, nous nous amusâmes assez. Après le dîner nous fûmes chez M. Danton. La mère pleurait, elle était on ne peut plus triste ; son petit avait l'air hébété. Danton était résolu ; moi, je riais comme une folle. Ils craignaient que l'affaire n'eût pas lieu ; quoique je n'en fusse pas du tout sûre, je leur disais, comme si je le savais bien, je leur disais qu'elle aurait lieu. « Mais peut-on rire ainsi ? » me disait Mᵐᵉ Danton. « Hélas ! lui dis-je, cela me présage que je verserai bien des larmes ce soir. » — Il faisait beau ; nous fîmes quelques tours dans la rue ; il y avait assez de monde. Plusieurs sans-culottes passèrent en criant : « Vive la nation ! » Puis des troupes à cheval ; enfin des troupes immenses. La peur me prit. Je dis à Mᵐᵉ Danton : « Allons-nous-en. » Elle rit de ma peur ; mais à force de lui en dire, elle eut peur aussi. Je dis à sa mère : « Adieu, « vous ne tarderez pas à entendre sonner le tocsin. »

---

1. Elle l'aima jusqu'à vouloir mourir avec lui. — Et pourtant, eut-il tout entier, sans réserve, ce cœur si dévoué ? Qui l'affirmerait ? Elle était ardemment aimée d'un homme bien inférieur (le trop célèbre Fréron). Elle est bien trouble en ce portrait ; la vie est là bien entamée ; le teint est obscur, peu net... Pauvre Lucile ! j'en ai peur, tu as trop bu à cette coupe, la Révolution est en toi. Je crois te sentir ici dans un nœud inextricable. Mais combien glorieusement tu t'en détachas par la mort !

Arrivés chez elle, je vis que chacun s'armait. Camille, mon cher Camille, arriva avec un fusil. O Dieu! je m'enfonçai dans l'alcôve; je me cachai avec mes deux mains, et je me mis à pleurer. Cependant, ne voulant pas montrer tant de faiblesse et dire tout haut à Camille que je ne voulais pas qu'il se mêlât dans tout cela, je guettai le moment où je pouvais lui parler sans être entendue, et lui dis toutes mes craintes. Il me rassura en me disant qu'il ne quitterait pas Danton. J'ai su depuis qu'il s'était exposé. Fréron avait l'air déterminé à périr. « Je suis las de « la vie, disait-il, je ne cherche qu'à mourir. » Chaque patrouille qui venait, je croyais les voir pour la dernière fois. J'allai me fourrer dans le salon, qui était sans lumière, pour ne pas voir tous ces apprêts... Nos patriotes partirent; je fus m'asseoir près d'un lit, accablée, anéantie, m'assoupissant parfois; et, lorsque je voulais parler, je déraisonnais. Danton vint se coucher, il n'avait pas l'air fort empressé, il ne sortit presque point. Minuit approchait, on vint le chercher plusieurs fois; enfin il partit pour la Commune. Le tocsin des Cordeliers sonna; il sonna longtemps. Seule, baignée de larmes, à genoux sur la fenêtre, cachée dans mon mouchoir, j'écoutais le son de cette fatale cloche... Danton revint. On vint plusieurs fois nous donner de bonnes et de mauvaises nouvelles; je crus m'apercevoir que leur projet était d'aller aux Tuileries; je le leur dis en sanglotant. Je crus que j'allais m'évanouir. Mme Robert demandait son mari à tout le monde. « S'il périt, me dit-elle, je ne lui « survivrai pas. Mais ce Danton, lui, ce point de « ralliement! si mon mari périt, je suis femme à

« le poignarder... » Camille revint à une heure; il s'endormit sur mon épaule... Mme Danton semblait se préparer à la mort de son mari. Le matin on tira le canon. Elle écoute, pâlit, se laisse aller, et s'évanouit...

« Qu'allons-nous devenir, ô mon pauvre Camille? je n'ai plus la force de respirer... Mon Dieu! s'il est vrai que tu existes, sauve donc des hommes qui sont dignes de toi... Nous voulons être libres; ô Dieu! qu'il en coûte!... »

Lucile, qui se montre si naïvement dans sa faiblesse de femme, fut un héros à la mort.

Il faut la voir à ce moment décisif où il fut délibéré, entre Desmoulins et ses amis, s'il ferait le pas décisif, et probablement mortel, de réclamer pour les libertés de la presse et de la tribune, étouffées par l'arrestation de son ami Fabre d'Églantine, s'il oserait se mettre en travers du torrent de la Terreur!

Qui ne voyait en ce moment le danger du pauvre artiste?... Entrons dans cette humble et glorieuse maison (rue de l'Ancienne-Comédie, près de la rue Dauphine). Au premier demeurait Fréron. Au second Camille Desmoulins et sa charmante Lucile. Leurs amis, terrifiés, venaient les prier, les avertir, les arrêter, leur montrer l'abîme. Un homme nullement timide, le général Brune, familier de la maison, était un matin chez eux, et conseillait la prudence. Camille fit déjeuner Brune, et, sans nier qu'il eût raison, tenta de le convertir. « *Edamus et bibamus*, dit-il en latin à Brune, pour n'être entendu de

Lucile, *cras enim moriemur.* » Il parla néanmoins de son dévouement et de sa résolution d'une manière si touchante, que Lucile courut l'embrasser. « Laissez-le, dit-elle, laissez-le, qu'il remplisse sa mission : c'est lui qui sauvera la France... Ceux qui pensent autrement n'auront pas même de mon chocolat. »

Fréron, l'ami de Camille, l'admirateur passionné de sa femme, venait d'écrire la part qu'il avait eue à la prise de Toulon, et comment il avait monté aux batteries l'épée à la main. Je croirais très volontiers que Camille désira d'autant plus s'honorer aux yeux de Lucile : il n'était qu'un grand écrivain, il voulut être un héros.

Le septième numéro du *Vieux Cordelier*, si hardi contre les deux comités gouvernants, le huitième contre Robespierre (publié en 1836), perdirent Camille et le firent envelopper dans le procès de Danton.

La vive émotion qu'excita le procès, la foule incroyable qui entoura le Palais de Justice dans une disposition favorable aux accusés, faisaient croire que, si les prisonniers du Luxembourg parvenaient à sortir, ils pourraient entraîner le peuple. Mais la prison brise l'homme; aucun n'avait d'armes, et presque aucun de courage.

Une femme leur en donna. La jeune femme de Desmoulins errait, éperdue de douleur, autour de ce Luxembourg. Camille était là, collé aux barreaux la suivant des yeux, écrivant les choses les plus navrantes qui ont jamais percé le cœur de l'homme. Elle aussi s'apercevait, à cet horrible moment, qu'elle aimait violemment son mari. Jeune et brillante, elle avait pu voir avec plaisir l'hommage des militaires, celui du général Dillon, celui de Fréron. Fréron était à Paris, et n'osa rien faire pour eux. Dillon était au Luxembourg, buvant en vrai Irlandais et jouant aux cartes avec le premier venu.

Camille s'était perdu pour la France et pour Lucile.

Elle aussi se perdit pour lui.

Le premier jour, elle s'était adressée au cœur de Robespierre. On avait cru autrefois que Robespierre l'épouserait. Elle rappelait dans sa lettre qu'il avait été le témoin de leur mariage, qu'il était leur premier ami, que Camille n'avait rien fait que travailler à sa gloire, ajoutant ce mot d'une femme qui se sent jeune, charmante, regrettable, qui sent sa vie précieuse : « Tu vas nous tuer tous deux; le frapper c'est me tuer, moi. »

Nulle réponse.

Elle écrivit à son admirateur Dillon : « On parle de refaire Septembre... Serait-il d'un homme de cœur de ne pas au moins défendre ses jours? »

Les prisonniers rougirent de cette leçon d'une femme, et se résolurent d'agir. Il paraît toutefois qu'ils ne voulaient commencer qu'après Lucile, lorsque, d'abord, se jetant au milieu du peuple, elle aurait ameuté la foule.

Dillon, brave, parleur, indiscret, tout d'abord en jouant aux cartes avec un certain Laflotte, entre deux vins lui conta toute l'affaire. Laflotte l'écouta et le fit parler. Laflotte était républicain; mais là, enfermé, sans issue, sans espoir, il fut horriblement tenté. Il ne dénonça pas le soir (3 avril), attendit toute la nuit, hésitant encore peut-être. Le matin, il livra son âme, en échange de sa vie, vendit son honneur, dit tout. C'est avec cette arme indigne qu'on égorgea Danton, Camille Desmoulins ; quelques jours après, Lucile, et plusieurs prisonniers du Luxembourg, tous étrangers à l'affaire, et qui ne se connaissaient même pas.

Le seul des accusés qui montra un grand courage fut Lucile Desmoulins. Elle parut intrépide, digne de son glorieux nom. Elle déclara qu'elle avait dit à Dillon, aux prisonniers, que, si on faisait un 2 Septembre, « c'était pour eux un devoir de défendre leur vie ».

Il n'y eut pas un homme, de quelque opinion qu'il fût, qui n'eût le cœur arraché de cette mort. Ce n'était pas une femme politique, une Corday, une Roland ; c'était simplement une femme, une jeune fille à la voir, une enfant pour l'apparence. Hélas ! qu'avait-elle fait ? voulu sauver un amant ?... Son mari, le bon Camille, l'avocat du genre humain. Elle mourait pour sa vertu, l'intrépide et charmante femme, pour l'accomplissement du plus saint devoir.

Sa mère, la belle, la bonne Mme Duplessis, épouvantée de cette chose qu'elle n'eût jamais pu soupçonner, écrivit à Robespierre, qui ne put ou n'osa y répondre. Il avait aimé Lucile, dit-on, voulu l'épouser. On eût cru, s'il eût répondu, qu'il l'aimait encore. Il aurait donné une prise qui l'eût fortement compromis.

Tout le monde exécra cette prudence. Le sens

humain fut soulevé. Chaque homme souffrit et pâtit. Une voix fut dans tout un peuple, sans distinction de partis (de ces voix qui portent malheur) : « Oh! ceci, c'est trop ! »

Qu'avait-on fait en infligeant cette torture à l'âme humaine? on avait suscité aux idées une cruelle guerre, éveillé contre elles une redoutable puissance, aveugle, bestiale et terrible, la sensibilité sauvage qui marche sur les principes, qui, pour venger le sang, en verse des fleuves, qui tuerait des nations pour sauver des hommes[1].

---

1. « De la prison du Luxembourg, duodi germinal, 5 heures du matin.

« Le sommeil bienfaisant a suspendu mes maux. On est libre quand on dort; on n'a point le sentiment de sa captivité : le ciel a eu pitié de moi. Il n'y a qu'un moment; je te voyais en songe, je vous embrassais tour à tour, toi, Horace et Durousse, qui était à la maison, mais notre petit avait perdu un œil par une humeur qui venait de se jeter dessus, et la douleur de cet accident m'a réveillé. Je me suis retrouvé dans mon cachot. Il faisait un peu de jour. Ne pouvant plus te voir et entendre tes réponses, car toi et ta mère vous me parliez, je me suis levé au moins pour te parler et t'écrire. Mais, ouvrant mes fenêtres, la pensée de ma solitude, les affreux barreaux, les verrous qui me séparent de toi, ont vaincu toute ma fermeté d'âme. J'ai fondu en larmes, ou plutôt j'ai sangloté en criant dans mon tombeau : Lucile! Lucile! ô ma chère Lucile, où es-tu? (*Ici on remarque la trace d'une larme.*) Hier au soir j'ai eu un pareil moment, et mon cœur s'est également fondu quand j'ai aperçu, dans le jardin, ta mère. Un mouvement machinal m'a jeté à genoux contre les barreaux; j'ai joint les mains comme implorant sa pitié, elle qui gémit, j'en suis bien sûr, dans ton sein. J'ai vu hier sa douleur (*ici encore une trace de larmes*), à son mouchoir et à son voile qu'elle a baissé, ne pouvant tenir à ce spectacle. Quand vous viendrez, qu'elle s'asseye un peu plus près avec toi, afin que je vous voie mieux. Il n'y a pas de danger, à ce qu'il me semble. Ma lunette n'est pas bien bonne; je voudrais que tu m'achetasses de ces lunettes comme j'en avais une paire il y a six mois, non pas d'argent, mais d'acier, qui ont deux branches qui s'attachent à la tête. Tu demanderais du numéro 15 : le marchand sait ce que cela veut dire; mais surtout, je t'en conjure, Lolotte, par mes amours éternelles, envoie-moi ton portrait; que ton peintre ait compassion de moi, qui ne souffre que pour avoir eu trop compassion des autres; qu'il te donne deux séances par jour. Dans l'horreur de ma prison, ce sera pour moi une fête, un jour d'ivresse et de ravissement, celui où je recevrai ce portrait. En attendant, envoie-moi de tes cheveux; que je les mette contre mon cœur. Ma chère Lucile! me voilà revenu au temps de nos premières amours, où quelqu'un m'intéressait par cela seul qu'il sortait de chez toi. Hier, quand le citoyen qui t'a porté ma lettre fut revenu : « Eh bien, vous l'avez vue? » lui dis-je, comme je le disais autrefois à cet abbé Landreville, et je me surprenais à le regarder comme s'il fût resté sur ses habits, sur toute sa personne, quelque chose de ta présence, quelque chose de toi. C'est une âme charitable puisqu'il t'a remis ma lettre sans retard. Je le verrai, à ce qu'il me paraît, deux fois par jour, le matin et le soir. Ce messager de nos douleurs me devient aussi cher que me l'aurait été autrefois le messager de nos plaisirs. J'ai découvert une fente dans mon appartement; j'ai appliqué mon oreille, j'ai entendu gémir; j'ai hasardé quelques paroles, j'ai entendu la voix d'un malade qui souffrait. Il m'a demandé mon nom, je le lui ai dit. « O mon Dieu! » s'est-il écrié à ce nom, en retombant sur son lit, d'où il s'était levé : et j'ai reconnu distinctement la voix de Fabre d'Églantine. « Oui, je suis Fabre, m'a-t-il dit; mais toi ici! la contre-révolution est donc faite? » Nous n'osons cependant nous parler, de peur que la haine ne nous envie cette faible consolation, et que, si on venait à nous entendre, nous ne fussions séparés et resserrés plus étroitement; car il a une chambre à feu, et la mienne serait assez belle si un cachot pouvait l'être. Mais, chère amie! tu n'imagines pas ce que c'est que d'être au secret sans savoir pour quelle raison, sans avoir été interrogé, sans recevoir un seul journal! c'est vivre et être mort tout ensemble; c'est n'exister que pour sentir qu'on est dans un cercueil! On dit que l'innocence est calme, courageuse. Ah! ma chère Lucile! ma bien-aimée! bien souvent mon innocence est faible comme celle d'un mari, celle d'un père, celle d'un fils. Si c'était Pitt ou Cobourg qui me traitassent si durement; mais mes collègues! mais Robespierre qui a signé l'ordre de mon cachot! mais la République, après tout ce que j'ai fait pour elle! C'est là le prix que je reçois de tant de vertus et de sacrifices! En entrant ici, j'ai vu Hérault-Séchelles, Simon, Ferroux, Chaumette, Antonelle; ils sont moins malheureux : aucun n'est au secret. C'est moi qui me suis dévoué depuis cinq ans à tant de haine et de périls pour la République, moi qui ai conservé ma pureté au milieu de la Révolution, moi qui n'ai de pardon à demander qu'à toi seule au monde, ma chère Lolotte, et à qui tu l'as accordé, parce que tu sais que mon cœur, malgré ses faiblesses, n'est pas indigne de toi; c'est moi que des hommes qui se disaient mes amis, qui se disent républicains, jettent dans un cachot, au secret, comme un conspirateur! Socrate but la ciguë; mais au moins il voyait dans sa prison ses amis et sa femme. Combien il est plus dur d'être séparé de toi! Le plus grand criminel serait trop puni s'il était arraché à une Lucile autrement que par la mort, qui ne fait sentir au moins qu'un moment la douleur d'une telle séparation; mais un coupable n'aurait point été ton époux, et tu ne m'as aimé que parce que je ne respirais que pour le bonheur de mes concitoyens... On m'appelle... Dans ce moment, les commissaires du tribunal révolutionnaire viennent de m'interroger. Il ne me fut fait que cette question : Si j'avais conspiré contre la République? Quelle dérision! et peut-on insulter ainsi au républicanisme le plus pur! Je vois le sort qui m'attend. Adieu, ma Lucile, ma chère Lolotte, mon bon loup; dis adieu à mon père. Tu vois en moi un exemple de la barbarie et de l'ingratitude des hommes. Mes derniers moments ne te déshonoreront pas. Tu vois que ma crainte était fondée, que nos pressentiments furent toujours vrais. J'ai épousé une femme céleste par ses vertus; j'ai été bon mari, bon fils; j'aurais été bon père. J'emporte l'estime et les regrets de tous les vrais républicains, de tous les hommes, la vertu et la liberté. Je meurs à trente-quatre ans; mais c'est un phénomène que j'aie passé, depuis cinq ans, tant de précipices de la révolution sans y tomber, et que j'existe encore et j'appuie encore ma tête avec calme sur l'oreiller de mes écrits trop nombreux, mais qui respirent tous la même philanthropie, le même désir de rendre mes concitoyens heureux et libres, et que la hache des tyrans ne frappera pas. Je vois bien que la puissance enivre presque tous les hommes, que tous disent comme Denis de Syracuse : « La « tyrannie est une belle épitaphe. » Mais, console-toi, veuve désolée! l'épitaphe de ton pauvre Camille est plus glorieuse : c'est celle des Brutus et des Caton, les tyrannicides. O ma chère Lucile! j'étais né pour faire des vers, pour défendre les malheureux, pour te rendre heureuse, pour composer, avec ta mère et mon père, et quelques personnes selon notre cœur, un Otaïti. J'avais rêvé une république que tout le monde eût adorée. Je n'ai pu croire que les hommes fussent si féroces et si injustes. Comment penser que quelques plaisanteries, dans mes écrits contre les collègues qui m'avaient provoqué, effaceraient le souvenir de mes services. Je ne me dissimule point que je meurs victime de ma plaisanterie et de mon amitié pour Danton. Je remercie mes assassins de me faire mourir avec lui et Phélippeaux; et, puisque nos collègues sont assez lâches pour nous abandonner et pour prêter l'oreille à des calomnies que je ne connais pas, mais, à coup sûr, des plus grossières, je vois que nous mourrons victimes de notre courage à dénoncer des traîtres, de notre amour pour la vérité. Nous pouvons bien emporter avec nous ce témoignage, que nous périssons les derniers des républicains. Pardon, chère amie, ma véritable vie, que j'ai perdue du moment qu'on nous a séparés, je m'occupe de ma mémoire. Je devrais bien plutôt m'occuper de te la faire oublier, ma Lucile! mon bon loulou! ma poule! Je t'en conjure, ne reste point sur la branche, ne m'appelle point par tes cris; ils me déchireraient au fond du tombeau : vis pour mon Horace, parle-lui de moi. Tu lui diras ce qu'il ne peut point entendre. Que je l'aurais bien aimé! Malgré mon supplice, je crois qu'il y a un Dieu. Mon sang effacera mes fautes, les faiblesses de l'humanité; et ce que j'ai eu de bon, mes vertus, mon amour de la liberté, Dieu le récompensera. Je te reverrai un jour, ô Lucile! ô Annette! Sensible comme je l'étais, la mort, qui me délivre de la vue de tant de crimes, est-elle un si grand malheur? Adieu, loulou; adieu, ma vie, mon âme, ma divinité sur la terre! Je te laisse de bons amis, tout ce qu'il y a d'hommes vertueux et sensibles. Adieu, Lucile, ma chère Lucile! adieu, Horace, Annette, adieu, mon père! Je sens fuir devant moi le rivage de la vie. Je vois encore Lucile! Je la vois! mes bras croisés te serrent! mes mains liées t'embrassent, et ma tête séparée repose sur toi. Je vais mourir! »

XXVI

EXÉCUTIONS DE FEMMES
LES FEMMES PEUVENT-ELLES ÊTRE EXÉCUTÉES

Ces morts de femmes étaient terribles. La plus simple politique eût dû supprimer l'échafaud pour les femmes. Cela tuait la République.

La mort de Charlotte Corday, sublime, intrépide et calme, commença une religion.

Celle de la Du Barry, tout horripilée de peur, pauvre vieille fille de chair, qui d'avance sentait la mort dans la chair, reculait de toutes ses forces, criait et se faisait traîner, réveilla toutes les fibres de la pitié animale. Le couteau, disait-on, n'entrait pas dans son cou gras... Tous, au récit, frissonnèrent.

Mais le coup le plus terrible fut l'exécution de Lucile. Nulle ne laissa tant de regret, de fureur, ne fut plus âprement vengée.

Qu'on sache bien qu'une société qui ne s'occupe point de l'éducation des femmes et qui n'en est pas maîtresse, est une société perdue. La médecine *préventive* est ici d'autant plus nécessaire, que la *cura-*

tive est réellement impossible. *Il n'y a contre les femmes aucun moyen sérieux de répression.* La simple prison est déjà chose difficile : *Quis custodiet ipsos custodes?* Elles corrompent tout, brisent tout; point de clôture assez forte. Mais les montrer à l'échafaud, grand Dieu! Un gouvernement qui fait cette sottise se guillotine lui-même. La nature, qui par-dessus toutes les lois place l'amour et la perpétuité de l'espèce, a par cela même mis dans les femmes ce mystère (absurde au premier coup d'œil) : *Elles sont très responsables, et elles ne sont pas punissables.* Dans toute la Révolution, je les vois violentes, intrigantes, bien souvent plus coupables que les hommes. Mais, dès qu'on les frappe, on se frappe. Qui les punit se punit. Quelque chose qu'elles aient faites, sous quelque aspect qu'elles paraissent, elles renversent la justice, en détruisent toute idée, la font nier et maudire. Jeunes, on ne peut les punir. Pourquoi? Parce qu'elles sont jeunes, amour, bonheur, fécondité. Vieilles, on ne peut les punir. Pourquoi? Parce qu'elles sont vieilles, c'est-à-dire qu'elles furent mères, qu'elles sont restées sacrées, et que leurs cheveux gris ressemblent à ceux de votre mère. Enceintes!... Ah! c'est là que la pauvre justice n'ose plus dire un seul mot; à elle de se convertir, de s'humilier, de se faire, s'il le faut, injuste. Une puissance est ici qui brave la loi; si la loi s'obstine, tant pis; elle se nuit cruellement, elle apparaît horrible, impie, l'ennemie de Dieu!

Les femmes réclameront peut-être contre tout ceci; peut-être elles demanderont si ce n'est pas les faire éternellement mineures que leur refuser l'échafaud; elles diront qu'elles veulent agir, souffrir les conséquences de leurs actes. Qu'y faire pourtant? Ce n'est pas notre faute, si la nature les a faites, non pas faibles, comme on dit, mais infirmes, périodiquement malades, nature autant que personnes, filles du monde sidéral, donc, par leurs inégalités, écartées de plusieurs fonctions rigides des sociétés politiques. Elles n'y ont pas moins une influence énorme, et le plus souvent fatale jusqu'ici. Il y a paru dans nos révolutions. Ce sont généralement les femmes qui les ont fait avorter; leurs intrigues les ont minées, et leurs morts (souvent méritées, toujours impolitiques) ont puissamment servi la contre-révolution.

Distinguons une chose toutefois. Si elles sont, par leur tempérament, qui est la passion, dangereuses en politique, elles sont peut-être plus propres que l'homme à l'administration. Leurs habitudes sédentaires et le soin qu'elles mettent en tout, leur goût naturel de satisfaire, de plaire et de contenter, en font d'excellents commis. On s'en aperçoit dès aujourd'hui dans l'administration des postes. La Révolution, qui renouvelait tout, en lançant l'homme dans les carrières actives, eût certainement employé la femme dans les carrières sédentaires. Je vois une femme parmi les employés du Comité de salut public. (*Archives, Registres manuscrits des procès-verbaux du Comité*, 5 juin 93, p. 79.)

XXVII

CATHERINE THÉOT, MÈRE DE DIEU.
ROBESPIERRE MESSIE (JUIN 94)

Le temps était au fanatisme. L'excès des émotions avait brisé, humilié, découragé la raison. Sans parler de la Vendée, où l'on ne voyait que miracles, un Dieu avait apparu en Artois. Les morts y ressuscitaient en 94. Dans le Lyonnais, une prophétesse avait eu de grands succès; cent mille âmes y prirent, dit-on, le bâton de voyage, s'en allant sans savoir où. En Allemagne, les sectes innombrables des illuminés s'étendaient non seulement dans le peuple, mais dans les plus hautes classes : le roi de Prusse en était. Mais nul homme de l'Europe n'excitait si vivement l'intérêt de ces mystiques que l'étonnant Maximilien. Sa vie, son élévation à la suprême puissance par le fait seul de la parole, n'était-elle pas un miracle, et le plus étonnant de tous? Plusieurs lettres lui venaient qui le déclaraient un Messie. Tels voyaient distinctement au ciel la *constellation Robespierre*. Le 2 août 93, le président des Jacobins désignait, sans le nommer, le *Sauveur qui allait venir.* Une infinité de personnes avaient ses portraits appendus chez elles, comme image sainte. Des femmes, des généraux même, portaient un petit Robespierre dans leur sein, baisaient, priaient la miniature sacrée. Ce qui est plus étonnant, c'est que ceux qui le voyaient sans cesse et l'approchaient de plus près, *ses saintes femmes*, une baronne, une madame (qui l'aidait dans sa police), ne le regardaient pas moins comme un être d'autre nature. Elles joignaient les mains, disant : « Oui, Robespierre, tu es Dieu. »

Du petit hôtel (démoli) où se tenait le Comité de sûreté jusqu'aux Tuileries, où était le Comité de salut public, régnait un corridor obscur. Là venaient les hommes de la police remettre les paquets cachetés. De là de petites filles portaient les lettres ou les paquets chez la grande dévote du Sauveur futur, cette madame.

Nous avons parlé ailleurs de la vieille idiote de la rue Montmartre, marmottant devant deux plâtres : « Dieu sauve Manuel et Pétion! Dieu sauve Manuel et Pétion! » Et cela, douze heures par jour. Nul doute qu'en 94 elle n'ait tout autant d'heures marmotté pour Robespierre.

L'amer Cévenol, Rabaut-Saint-Étienne, avait très bien indiqué que ces momeries ridicules, cet entourage de dévotes, cette patience de Robespierre à les supporter, c'était le point vulnérable, le talon d'Achille, où l'on percerait le héros. Girey-Dupré dans un noël piquant et facétieux, y frappa, mais en passant. N'était-ce pas le sujet de cette comédie de Fabre d'Églantine:

qu'on fit disparaître, et pour laquelle peut-être Fabre disparut?

Pour formuler l'accusation, il fallait pourtant un fait, une occasion qu'on pût saisir. Robespierre la donna lui-même.

Dans ses instincts de police, insatiablement curieux de faits contre ses ennemis, contre le Comité de sûreté, qu'il voulait briser, il furetait volontiers dans les cartons de ce Comité. Il y trouva, prit, emporta des papiers relatifs à la duchesse de Bourbon, et refusa de les rendre. Cela rendit curieux. Le Comité s'en procura des doubles, et vit que cette affaire, si chère à Robespierre, était une affaire d'illuminisme.

Quel secret motif avait-il de couvrir les *illuminés*, d'empêcher qu'on ne donnât suite à leur affaire?

Ces sectes n'ont jamais été indifférentes aux politiques. Le duc d'Orléans était fort mêlé aux Francs-Maçons et aux Templiers, dont il fut, dit-on, grand maître. Les jansénistes, devenus sous la persécution une société secrète, par l'habileté peu commune avec laquelle ils organisaient la publicité mystérieuse des *Nouvelles ecclésiastiques*, avaient mérité l'attention particulière des Jacobins. Le tableau ingénieux qui révélait ce mécanisme était le seul ornement de la bibliothèque des Jacobins en 1790. Robespierre, de 89 à 91, demeura rue de Saintonge au Marais, près la rue de Touraine, à la porte même du sanctuaire où ces énergumènes du jansénisme expirant firent leurs derniers miracles; le principal miracle était de crucifier des femmes, qui, en descendant de la croix, n'en mangeaient que mieux. Une violente recrudescence du fanatisme, après la Terreur, était facile à prévoir. Mais qui en profiterait?

Au château de la duchesse de Bourbon prêchait un adepte, le chartreux dom Gerle, collègue de Robespierre à la Constituante, celui qui étonna l'Assemblée en demandant, comme chose simple, qu'elle déclarât le catholicisme religion d'État. Dom Gerle, à la même époque, voulait aussi que l'Assemblée proclamât la vérité des prophéties d'une folle, la jeune Suzanne Labrousse. Dom Gerle était toujours lié avec son ancien collègue : il allait souvent le voir, l'honorait comme son patron : et, sans doute pour lui plaire, demeurait aussi chez un menuisier. Il avait obtenu de lui un certificat de civisme.

Bon républicain, le chartreux n'en était pas moins un prophète. Dans un grenier du pays latin, l'esprit lui était soufflé par une vieille femme idiote, qu'on appelait la Mère de Dieu. Catherine Théot (c'était son nom) était assistée dans ses mystères de deux jeunes et charmantes femmes, brune et blonde, qu'on appelait la *Chanteuse* et la *Colombe*. Elles achalandaient le grenier. Des royalistes y allaient, des magnétiseurs, des simples, des fripons, des sots. Jusqu'à quel point un homme aussi grave que Robespierre pouvait-il être mêlé à ces momeries ? on l'ignore. Seulement on savait que la vieille avait trois fauteuils, blanc, rouge et bleu; elle siégeait sur le premier, son fils dom Gerle sur le second à gauche; pour qui était l'autre, le fauteuil d'honneur, à la droite de la Mère de Dieu? n'était-ce pas pour un fils aîné, le *Sauveur qui devait venir ?*

Quelque ridicule que la chose pût être en elle-même,

et quelque intérêt qu'on ait eu à la montrer telle, il y a deux points qui y découvrent l'essai d'une association grossière entre l'illuminisme chrétien, le mysticisme révolutionnaire et l'inauguration d'un gouvernement des prophètes.

« Le premier sceau de l'Évangile fut l'annonce du Verbe ; le second, la séparation des cultes ; *le troisième, la Révolution ; la quatrième, la mort des rois ;* le cinquième, la réunion des peuples ; le sixième, le combat de l'ange exterminateur ; le septième, la résurrection des élus de la Mère de Dieu, et le bonheur général *surveillé par les prophètes.*

« Au jour de la résurrection, où sera la Mère de Dieu ? Sur son trône, *entre ses prophètes,* dans le Panthéon. »

L'espion Sénart, qui se fit initier pour les trahir et les arrêta, trouva, dit-il, chez la Mère une lettre écrite en son nom à Robespierre comme à son premier prophète, au fils de l'Être suprême, au Rédempteur, au Messie.

Les deux Gascons, Barère, Vadier, qui firent ensemble l'œuvre malicieuse du rapport que les Comités lançaient dans la Convention, y mirent (comme ingrédients dans la chaudière du Sabbat) des choses tout à fait étrangères ; je ne sais quel portrait, par exemple, du petit Capet, qu'on avait trouvé à Saint-Cloud. Cela donnait un prétexte de parler dans le rapport du royalisme, de restauration de la royauté. L'Assemblée, désorientée, ne savait d'abord que croire. Peu à peu, elle comprit. Sous le débit sombre et morne de Vadier, elle sentit le puissant comique de la facétie. La plaisanterie dans la bouche d'un homme qui tient son sérieux emporte souvent le fou rire sans qu'on puisse résister. L'effet fut si violent que, sous le couteau de la guillotine, dans le feu, dans les supplices, l'Assemblée eût ri de même. On se tordait sur les bancs.

On décida, d'enthousiasme, que ce rapport serait envoyé aux quarante-quatre mille communes de la République, à toutes les administrations, aux armées. Tirage de cent mille peut-être!

Rien ne contribua plus directement à la chute de Robespierre.

XXVIII

LES DAMES SAINT-AMARANTHE (JUIN 94)

Cette affaire de la Mère de Dieu se compliqua d'une autre accusation, bien moins méritée, dont Robespierre fut l'objet.

On supposa gratuitement que l'apôtre des Jacobins avait cherché des prosélytes jusque dans les maisons de jeu, des disciples parmi les dames qui recevaient des joueurs.

En réalité, on confondit malignement, calomnieusement, Robespierre aîné et Robespierre jeune, qui fréquentait ces maisons.

Robespierre jeune, avocat, parleur facile et vulgaire, homme de société, de plaisir, ne sentait pas assez combien la haute et terrible réputation de son frère demandait de ménagements. Dans ses missions, où son nom lui donnait un rôle très grand et difficile à jouer, il veillait trop peu sur lui. On le voyait mener partout, et dans les clubs même, une femme très équivoque.

Il avait vivement embrassé, par jeunesse et par bon cœur, l'espoir que son frère pourrait adoucir la Révolution. Il ne cachait point cet espoir, ne tenant pas assez compte des obstacles, des délais qui ajournaient ce moment. En Provence, il montra de l'humanité, épargna des communes girondines. A Paris, il eut le courage de sauver plusieurs personnes, entre autres le directeur de l'économat du clergé (qui plus tard fut le beau-père de Geoffroy-Saint-Hilaire).

Dans la précipitation de son zèle anti-terroriste, il lui arriva parfois de faire taire et d'humilier de violents patriotes qui s'étaient avancés sans réserve pour la Révolution. Dans le Jura, par exemple, il imposa royalement silence au représentant Bernard de Saintes. Cette scène, très saisissante, donna aux contre-révolutionnaires du Jura une confiance illimitée. Ils disaient légèrement (un des leurs, Nodier, le rapporte) : « Nous avons la protection de MM. de Robespierre. »

A Paris, Robespierre jeune fréquentait une maison infiniment suspecte du Palais-Royal, en face du Perron même, au coin de la rue Vivienne, l'ancien hôtel Helvétius. Le Perron était, comme on sait, le centre des agioteurs, tripoteurs de Bourse, des marchands d'or et d'assignats, des marchands de femmes. De somptueuses maisons de jeux étaient tout autour, hantées des aristocrates. J'ai dit ailleurs comment tous les vieux partis, à mesure qu'ils se dissolvaient, venaient mourir là, entre les filles et la roulette. Là finirent les Constituants, les Talleyrand, les Chapelier. Là traînèrent les Orléanistes. Plusieurs de la Gironde y vinrent. Robespierre jeune, gâté par ses missions princières, aimait aussi à retrouver là quelques restes de l'ancienne société.

La maison où il jouait était tenue par deux dames royalistes, fort jolies, la fille de dix-sept ans, la mère n'en avait pas quarante. Celle-ci, Mme de Saint-Amaranthe, veuve, à ce qu'elle disait, d'un garde du corps qui se fit tuer au 6 octobre, avait marié sa fille dans une famille d'un nom fameux de police, au jeune Sartines, fils du ministre de la Pompadour, que Latude a immortalisé.

Mme de Saint-Amaranthe, sans trop de mystère, laissait, sous les yeux des joueurs, les portraits du roi et de la reine. Cette enseigne de royalisme ne nuisait pas à la maison. Les riches restaient royalistes. Mais ces dames avaient soin d'avoir de hauts protecteurs patriotes. La petite Saint-Amaranthe était fort aimée du jacobin Desfieux, agent du Comité de sûreté (quand ce comité était sous Chabot), ami intime de Proly et logeant dans la même chambre, ami de Junius Frey, ce fameux banquier patriote qui donna sa sœur à Chabot. Tout cela avait apparu au procès de Desfieux, noyé avec Proly dans le procès des Hébertistes.

Desfieux ayant été exécuté avec Hébert, le 24 mars, Saint-Just transmit une note contre la maison qu'il fréquentait au Comité de sûreté, qui, le 31, fit arrêter les Saint-Amaranthe et Sartines. (*Archives du Comité de sûreté*, registe 642, 10 germinal.

Mais Robespierre jeune, aussi bien que Desfieux, était ami de cette maison; c'est ce qui, sans doute, valut à ces dames de rester en prison assez longtemps sans jugement. Le Comité de sûreté, auquel il dut s'adresser pour leur obtenir des délais, était instruit de l'affaire. Il avait là une ressource, un glaive contre son ennemi. Admirable prise ! La chose habilement arrangée, Robespierre pouvait apparaître comme patron des maisons de jeu !

Robespierre ? lequel des deux ? on se garda de dire *le jeune*. La chose eût perdu tout son prix.

Il fut bientôt averti, sans doute par son frère même, qui fit sa confession. Il vit l'abîme et frémit.

Alla-t-il aux Comités ? ou les comités lui envoyèrent-ils ? on ne sait. Ce qui est sûr, c'est que, le soir du 25 prairial (14 juin), deux choses terribles se firent entre lui et eux.

Il réfléchit que l'affaire était irrémédiable, que l'effet en serait augmenté par sa résistance, qu'il fallait en tirer parti, obtenir des Comités, en retour de cette vaine joie de malignité, un pouvoir nouveau qui lui serviroit peut-être à frapper les Comités, en tout cas à faire un pas décisif dans sa voie de dictature judiciaire.

Lors donc que le vieux Vadier lui dit d'un air observateur : « Nous faisons demain le rapport sur l'affaire Saint-Amaranthe », il fit quelques objections, mollement, et moins qu'on ne pensait.

Chacun crut Robespierre lié avec les Saint-Amaranthe, que, selon toute apparence, il ne connaissait même pas. L'invraisemblance du roman n'arrêta personne. Que cet homme sombrement austère, si cruellement agité, acharné à la poursuite de son tragique destin, s'en allât comme un Barère, un marquis de la Terreur, s'égayer en une telle maison, chez des dames ainsi notées, on trouva cela naturel !... La crédulité furieuse serrait sur ses yeux le bandeau.

Il était à craindre pourtant que l'équité et le bon sens ne retrouvassent un peu de jour, que quelques-uns ne s'avisassent de cette chose si simple : Il y a deux Robespierre.

En juin eut lieu à grand bruit, avec un appareil incroyable, le supplice solennel des prétendus *assassins de Robespierre*, parmi lesquels on avait placé les Saint-Amaranthe.

Le drame de l'exécution, monté avec un soin, un effet extraordinaires, offrit cinquante-quatre personnes, portant toutes le vêtement que la seule Charlotte Corday avait porté jusque-là, la sinistre chemise rouge des paricides et de ceux qui assassinaient les pères du peuple, les représentants. Le cortège mit trois heures pour aller de la Conciergerie à la place de la Révolution, et l'exécution employa une heure.

De sorte que, dans cette longue exhibition de quatre heures entières, le peuple put regarder, compter, connaître, examiner les *assassins de Robespierre*, savoir toute leur histoire.

Des canons suivaient les charrettes, et tout un monde de troupes. Pompeux et redoutable appareil qu'on n'avait jamais vu depuis l'exécution de Louis XVI. « Quoi ! tout cela, disait-on, pour venger un homme ! Et que ferait-on de plus *si Robespierre était roi ?* »

Il y avait cinq ou six femmes jolies, et trois toutes jeunes. C'était là surtout ce que le peuple regardait et ce qu'il ne digérait pas ; — et, autour de ces femmes charmantes, leurs familles tout entières, la Saint-Amaranthe avec tous les siens, la Renault avec tous les siens, une tragédie complète sur chaque voiture, les pleurs et les regrets mutuels, des appels de l'un à l'autre à crever le cœur. Mme de Saint-Amaranthe, fière et résolue d'abord, défaillait à tout instant.

Une actrice des Italiens, Mlle Grandmaison, portait l'intérêt au comble. Maîtresse autrefois de Sartines, qui avait épousé la jeune Saint-Amaranthe, elle lui restait fidèle. Pour lui elle s'était perdue. Elles étaient là ensemble, assises dans la même charrette, les deux infortunées, devenues sœurs dans la mort, et mourant dans un même amour.

Un bruit circulait dans la foule, horriblement calomnieux, que Saint-Just avait voulu avoir la jeune Saint-Amaranthe, et que c'était par jalousie, par rage, qu'il l'avait dénoncée.

Que Robespierre eût ainsi abandonné les Saint-Amaranthe, qu'on supposait ses disciples, ce fut le sujet d'un prodigieux étonnement.

Toutes les conditions de l'horreur et du ridicule semblaient réunies dans cette affaire. Le Comité de sûreté, qui avait arrangé la chose, dans son drame atroce, mêlé de vrai et de faux, avait dépassé à la fois la comédie, la tragédie, écrasé tous les grands maîtres. L'immuable et l'irréprochable, surpris dans le pas secret d'une si leste gymnastique, montré nu entre deux masques, ce fut un aliment si cher à la malignité qu'on crut tout, on avala tout, on n'en rabattit pas un mot. Philosophe chez le menuisier, messie des vieilles rue Saint-Jacques, au Palais-Royal souteneur de jeux! Faire marcher de front ces trois rôles, et sous ce blême visage de censeur impitoyable!...

Shakespeare était humilié, Molière vaincu ; Talma, Garrick, n'étaient plus rien à côté.

Mais quand, en même temps, on réfléchissait au lâche égoïsme qui lançait en avant les siens et qui les abandonnait ! à la prudence infinie de ce messie, de ce sauveur, qui ne sauvait que lui-même, laissant ses apôtres à Judas, avec Marie-Madeleine, pour être en croix à sa place !... oh ! la fureur du mépris débordait de toutes les âmes !

- Hier, dictateur, pape et Dieu... l'infortuné Robespierre aujourd'hui roulait à l'ignominie.

Telle fut l'âcre, brûlante et rapide impression de la calomnie sur des âmes bien préparées. Il avait, toute sa vie, usé d'accusations vagues. Il semblait qu'elles lui revinssent au dernier jour par ce noir flot de boue sanglante...

Les colporteurs, au matin, de clameurs épouvantables, hurlant la *sainte guillotine*, les *cinquante-quatre en manteaux rouges*, les *assassins de Robespierre*, aboyaient plus haut encore les *Mystères de la Mère de Dieu*. Une nuée de petits pamphlets, millions de mouches piquantes nées de l'heure d'orage, volaient sous ce titre. Ces colporteurs, maratistes, hébertistes, regrettant toujours leurs patrons, poussaient par des cris infernaux la publicité monstrueuse du rapport déjà imprimé par décret à près de cent mille.

On ne les laissait pas tranquilles. Mais rien n'y faisait. Le combat des grandes puissances se combattait sur leur dos. La Commune de Robespierre hardiment les arrêtait. Mais le Comité de sûreté à l'instant les relâchait. Ils n'en étaient que plus sauvages, plus furieux à crier. De l'Assemblée aux Jacobins et jusqu'à la maison Duplay, en face de l'Assomption, toute la rue Saint-Honoré vibrait de leurs cris : les vitres en tremblaient. La *Grande colère du Père Duchesne* semblait revenue triomphante dans leurs mille gueules effrénées et dans leurs bouches tordues.

XXIX

INDIFFÉRENCE A LA VIE. — AMOURS RAPIDES DES PRISONS
(93-94)

La prodigalité de la peine de mort avait produit son effet ordinaire : une étonnante indifférence à la vie.

La Terreur généralement était une loterie. Elle frappait au hasard, très souvent frappait à côté. Elle manquait ainsi son objet. Ce grand sacrifice d'efforts et de sang, cette terrible accumulation de haines, étaient en pure perte. On sentait confusément, instinctivement, l'inutilité de ce qui se faisait. De là un grand découragement, une rapide et funeste démoralisation, une sorte de choléra moral.

Quand le nerf moral se brise, deux choses contraires en adviennent. Les uns, décidés à vivre à tout prix, s'établissent en pleine boue. Les autres, d'ennui, de nausée, vont au-devant de la mort, ou du moins ne la fuient plus.

Cela avait commencé à Lyon ; les exécutions trop fréquentes avaient blasé les spectateurs ; un d'eux disait en revenant : « Que ferais-je pour être guillotiné ? » Cinq prisonniers à Paris échappent aux gendarmes ; ils avaient voulu seulement aller encore au Vaudeville. L'un revient au tribunal : « Je ne puis plus retrouver les autres. Pourriez-vous me dire où sont nos gendarmes ? Donnez-moi des renseignements. »

De pareils signes indiquaient trop que décidément la Terreur s'usait. Cet effort contre nature ne pouvait plus se soutenir. La nature, la toute-puissante, l'indomptable nature, qui ne germe nulle part plus énergiquement que sur les tombeaux, reparaissait victorieuse sous mille formes inattendues. La guerre, la terreur, la mort, tout ce qui semblait contre elle lui donnait de nouveaux triomphes. Les femmes ne furent jamais si fortes. Elles se multipliaient, remuaient tout. L'atrocité de la loi rendait quasi légitimes les faiblesses de la grâce. Elles disaient hardiment, en consolant le prisonnier : « Si je ne suis bonne aujourd'hui, il sera trop tard demain. » Le matin, on rencontrait de jolis jeunes imberbes menant le cabriolet à bride abattue ; c'étaient des femmes humaines qui sollicitaient, couraient les puissants du jour. De là, aux prisons, la charité les menait loin. Consolatrices du dehors, ou prisonnières du dedans, aucune ne disputait. Être enceinte, pour ces dernières, c'était une chance de vivre.

Un mot était répété sans cesse, employé à tout : La *nature !* suivre la nature ! Livrez-vous à la nature, etc. Le mot *vie* succéda en 95 : « Coulons la vie !... Manquer sa vie », etc.

On frémissait de la manquer, on la saisissait au passage, on en économisait les miettes. On en volait au destin tout ce qu'on pouvait dérober. De respect humain aucun souvenir. La captivité était, en ce sens, un complet affranchissement. Des hommes graves, des femmes sérieuses, se livraient aux folles parades, aux dérisions de la mort. Leur récréation favorite était la répétition préalable du drame suprême, l'essai de la dernière toilette et les grâces de la guillotine. Ces lugubres parades comportaient d'audacieuses exhibitions de la beauté, on voulait faire regretter ce que la mort allait atteindre. Si l'on en croit un royaliste, de grandes dames humanisées, sur des chaises mal assurées, hasardaient cette gymnastique. Même à la sombre Conciergerie, où l'on ne venait guère que pour mourir, la grille tragique et sacrée, témoin des prédications viriles de Mme Roland, vit souvent, à certaines heures, des scènes bien moins sérieuses ; la nuit, la mort en gardaient le secret.

De même que, l'assignat n'inspirant aucune confiance, on hâtait les transactions, l'homme aussi n'étant pas plus sûr de durer que le papier, les liaisons se brusquaient, se rompaient, se reformaient avec une mobilité extraordinaire. L'existence, pour ainsi parler, était volatilisée. Plus de solide, tout fluide, et bientôt gaz évanoui.

Lavoisier venait d'établir et démontrer la grande idée moderne : solide, fluide et gazeux, trois formes d'une même substance.

Qu'est-ce que l'homme physique et la vie? Un gaz solidifié[1].

1. Je trouve avec bonheur, chez Liebig (*Nouvelles lettres sur la chimie*, lettre XXXVI), cette observation si juste, qui, dans cette extrême mobilité de l'être physique, me garantit la fixité de mon âme et son indépendance : « L'être immatériel, conscient, pensant et sensible, qui habite la boîte d'air condensé qu'on appelle homme, est-il un simple effet de sa structure et de sa disposition intérieure? Beaucoup le croient ainsi. Mais, si cela était vrai, l'homme devrait être identique avec le bœuf ou tout autre animal inférieur dont il ne diffère pas, comme composition et disposition. » Plus la chimie me prouve que je suis matériellement semblable à l'animal, plus elle m'oblige de rapporter à un principe différent mes énergies si variées et tellement supérieures aux siennes.

XXX

CHAQUE PARTI PÉRIT PAR LES FEMMES

Si les femmes, dès le commencement, ajoutèrent une flamme nouvelle à l'enthousiasme révolutionnaire, il faut dire qu'en revanche, sous l'impulsion d'une sensibilité aveugle, elles contribuèrent de bonne heure à la réaction, et, lors même que leur influence était la plus respectable, préparèrent souvent la mort des partis.

La Fayette, par le désintéressement de son caractère, l'imitation de l'Amérique, l'amitié de Jefferson, etc., eût été très loin. Il fut arrêté surtout par l'influence des femmes flatteuses qui l'enlacèrent, par celle même de sa femme, dont l'apparente résignation, la douleur et la vertu agirent puissamment sur son cœur. Il avait chez lui en elle un puissant avocat de la royauté, puissant par ses larmes muettes. Elle ne se consolait pas de voir son mari se faire le geôlier du roi. Née Noailles, avec ses parents, elle ne vivait presque qu'au couvent des Miramionnes, l'un des principaux foyers du fanatisme royaliste. Elle finit par s'enfuir en Auvergne, et délaissa son mari, qui devint, peu à peu, le champion de la royauté.

Les vainqueurs de La Fayette, les Girondins, ont été de même gravement compromis, on l'a vu, par les femmes. Nous avons énuméré ailleurs les courageuses imprudences de Mme Roland. Nous avons vu le génie de Vergniaud s'endormir et s'énerver aux sons trop doux de la harpe de Mlle Candeille.

Robespierre, très faussement accusé pour les légèretés de son frère, le fut avec raison pour le culte fétichiste dont il se laissa devenir l'objet, pour l'adoration ridicule dont l'entouraient ses dévotes. Il fut vraiment frappé à mort par l'affaire de Catherine Théot.

Si, des républicains nous passons aux royalistes, même observation. Les imprudences de la reine, sa violence et ses fautes, ses rapports avec l'étranger, contribuèrent, plus qu'aucune autre chose, à précipiter le destin de la royauté.

Les Vendéennes, de bonne heure, travaillèrent à préparer, à lancer la guerre civile. Mais l'aveugle furie de leur zèle fut aussi l'une des causes qui la firent échouer. Leur obstination à suivre la grande armée qui passa la Loire en octobre 93, contribua plus qu'aucune chose à la paralyser. Le plus capable des Vendéens, M. de Bonchamps, avait espéré dans le désespoir, dans les forces qu'il donnerait, quand, ayant quitté son fort, son profond Bocage, et mise en rase campagne, la Vendée courrait la France, dont les forces était aux frontières. Cette course de sanglier voulait une rapidité, un élan terribles, une décision vigoureuse d'hommes et de soldats. Bonchamps n'avait pas calculé que dix ou douze mille femmes s'accrocheraient aux Vendéens et se feraient emmener.

Elles crurent trop dangereux de rester dans le pays. Aventureuses d'ailleurs, du même élan qu'elles avaient commencé la lutte civile, elles voulurent aussi en courir la suprême chance. Elles jugèrent qu'elles iraient plus vite et mieux que les hommes, qu'elles marcheraient jusqu'au bout du monde. Les unes, femmes sédentaires, les autres, religieuses (comme l'abbesse de Fontevrault), elles embrassaient volontiers d'imagination l'inconnu de la croisade, d'une vie libre et guerrière. Et pourquoi la Révolution, si mal combattue par les hommes, n'aurait-elle pas été vaincue par les femmes, si Dieu le voulait?

On demandait à la tante d'un de mes amis, jusque-là bonne religieuse, ce qu'elle espérait en suivant cette grande armée confuse où elle courait bien des hasards. Elle répondit martialement : « Faire peur à la Convention. »

Bon nombre de Vendéennes croyaient que les hommes moins passionnés pourraient bien avoir besoin d'être soutenus, relevés par leur énergie. Elles voulaient faire marcher droit leurs maris et leurs amants, donner courage à leurs prêtres. Au passage de la Loire, les barques étaient peu nombreuses ; elles employaient, en attendant, le temps à se confesser. Les prêtres les écoutaient, assis sur les tertres du rivage. L'opération fut troublée par quelques volées perdues du canon républicain. Un des confesseurs fuyait... Sa pénitente le rattrape : « Eh ! mon père !

l'absolution ! — Ah ! ma fille, vous l'avez. — Mais elle ne le tint pas quitte : le retenant par sa soutane, elle le fit rester sous le feu.

Tout intrépides qu'elles fussent, ces dames n'en furent pas moins d'un grand embarras pour l'armée. Outre cinquante carrosses où elles s'étaient entassées, il y en avait des milliers, ou en charrette, ou à cheval, à pied, de toutes façons. Beaucoup traînaient des enfants. Plusieurs étaient grosses. Elles trouvèrent bientôt les hommes autres qu'ils n'étaient au départ. Les vertus du Vendéen tenaient à ses habitudes; hors de chez lui, il se trouva démoralisé. Sa confiance en ses chefs, en ses prêtres, disparut; il soupçonnait les premiers de vouloir fuir, s'embarquer. Pour les prêtres, leurs disputes, la fourbe de l'évêque d'Agra, les intrigues de Bernier, leurs mœurs jusque-là cachées, tout parut cyniquement. L'armée y perdit sa foi. Point de milieu; dévots hier, tout à coup douteurs aujourd'hui, beaucoup ne respectaient plus rien.

Les Vendéennes payèrent cruellement la part qu'elles avaient eue à la guerre civile. Sans parler des noyades qui suivirent, dès la bataille du Mans quelque trentaine de femmes furent immédiatement fusillées. Beaucoup d'autres, il est vrai, furent sauvées par les soldats, qui, donnant le bras aux dames tremblantes, les tirèrent de la bagarre. On en cacha tant qu'on put dans les familles de la ville. Marceau, dans un cabriolet à lui, sauva une demoiselle qui avait perdu tous les siens. Elle se souciait peu de vivre et ne fit rien pour aider son libérateur; elle fut jugée et périt. Quelques-unes épousèrent ceux qui les avaient sauvées ; ces mariages tournèrent mal ; l'implacable amertume revenait bientôt.

Un jeune employé du Mans, nommé Goubin, trouve, le soir de la bataille, une pauvre demoiselle, se cachant sous une porte et ne sachant où aller. Lui-même, étranger à la ville, ne connaissant nulle maison sûre, il la retira chez lui. Cette infortunée, grelottante de froid ou de peur, il la mit dans son propre lit. Petit commis à six cents francs, il avait un cabinet, une chaise, un lit, rien de plus. Huit nuits de suite, il dormit sur sa chaise. Fatigué alors, devenant malade, il lui demanda, obtint de coucher près d'elle, habillé. Inutile de dire qu'il fut ce qui devait être. Une heureuse occasion permit à la demoiselle de retourner chez ses parents. Il se trouva qu'elle était riche, de grande famille, et (c'est le plus étonnant) qu'elle avait de la mémoire. Elle fit dire à Goubin qu'elle voulait l'épouser : « Non, mademoiselle ; je suis républicain ; les bleus doivent rester bleus ! »

XXXI

LA RÉACTION PAR LES FEMMES
DANS LE DEMI-SIÈCLE QUI SUIT LA RÉVOLUTION

Plusieurs choses précipitèrent la réaction, après le 9 thermidor :

La tension excessive du gouvernement révolutionnaire, la lassitude d'un ordre de choses qui imposait les plus durs sacrifices et aux sens et au cœur. Immense fut l'élan de la pitié, aveugle, irrésistible.

Il ne faut pas s'étonner si les femmes furent les principaux agents de la réaction.

La négligence voulue du costume, l'adoption du langage et des habitudes populaires, le *débraillé* de l'époque, ont été flétris du nom du cynisme. En réalité, l'autorité républicaine, dans sa sévérité croissante, fut unanime pour imposer, comme garantie de civisme, l'austérité des mœurs.

La *censure* morale était exercée, non seulement par les magistrats, mais par les sociétés populaires. Plus d'une fois des procès d'adultère furent portés à la Commune et aux Jacobins. Les uns et les autres décident que l'homme immoral *est suspect*. Grave et sinistre désignation, plus redoutée alors qu'aucune peine !

Jamais aucun gouvernement ne poursuivit plus rudement les filles publiques.

De là les secours aux filles-mères, dont on a tant parlé. En réalité, si les filles qui ont failli ne sont point secourues, elles deviennent la plupart des filles publiques. L'enfant délaissé va aux hôpitaux, c'est-à-dire qu'il meurt.

Les bals et les jeux (alors synonymes de maisons de prostitution) avaient à peu près disparu.

Les salons, où les femmes avaient tant brillé jusqu'en 92, se ferment avant 93.

Les femmes se jugeaient annulées. Sous ce gouvernement farouche, elles n'eussent été qu'épouses et mères.

La détente se lâche le 9 thermidor. Un débordement inouï, une furieuse bacchanale commença dès le jour même.

Dans la longue promenade qu'on fit faire à Robespierre pour le mener à l'échafaud, le plus horrible, ce fut l'aspect des fenêtres, louées à tout prix. Des figures inconnues, qui depuis longtemps se cachaient, étaient sorties au soleil. Un monde de riches, de filles, paradaient à ces balcons. A la faveur de cette réaction violente de sensibilité publique, leur fureur osait se montrer. Les femmes surtout offraient un spectacle intolérable. Impudentes, demi-nues, sous prétexte de juillet, la gorge chargée de fleurs, accoudées sur le velours, penchées à mi-corps sur la rue Saint-Honoré, avec les hommes derrière, elles criaient d'une voix aigre : « A mort ! à la guillotine ! » Elles reprirent ce jour-là hardiment les grandes toilettes, et, le soir, elles *soupèrent*. Personne ne se contraignait plus.

De Sade sortit de prison le 10 thermidor.

Quand le funèbre cortège arriva à l'Assomption, devant la maison Duplay, les actrices donnèrent une scène. Des furies dansaient en rond. Un enfant était là à point, avec un seau de sang de bœuf ; d'un balai, il jeta des gouttes contre la maison. Robespierre ferma les yeux.

Le soir, ces mêmes bacchantes coururent à Sainte-Pélagie, où était la mère Duplay, criant qu'elles étaient les veuves des victimes de Robespierre. Elles se firent ouvrir les portes par les geôliers effrayés, étranglèrent la vieille femme et la pendirent à la tringle de ses rideaux.

Paris redevint très gai. Il y eut famine, il est vrai. Dans tout l'Ouest et le Midi, on assassinait librement. Le Palais-Royal regorgeait de joueurs et de filles, et les dames, demi-nues, faisaient honte aux filles publiques. Puis, ouvrirent ces *bals des victimes*, où la luxure impudente roulait dans l'orgie son faux deuil.

L'*homme sensible*, en gémissant, spéculait sur l'assignat et les biens nationaux. La *bande noire* pleurait à chaudes larmes les parents qu'elle n'eut jamais. Les marquises et les comtesses, les actrices royalistes, rentrant hardiment en France, sortant de prison ou de leurs cachettes, travaillaient, sans s'épargner, à royaliser la Terreur ; elles enlaçaient les terroristes, fascinaient les thermidoriens, leur poussaient la main au meurtre, leur affilaient le couteau pour saigner la République. Nombre de Montagnards, Tallien, Bentabole, Rovère, s'étaient mariés noblement. Le boucher Legendre, longtemps aplati comme un bœuf saigné, redevint tout à coup terrible sous l'aiguillon de la Contat ; cette maligne Suzanne du *Figaro* de Beaumarchais jeta le lacet au taureau, et le lança, cornes basses, au travers des Jacobins.

Nous n'avons pas à raconter ces choses. Tout ceci n'est plus la Révolution. Ce sont les commencements de la longue Réaction qui dure depuis un demi-siècle.

CONCLUSION

Le défaut essentiel de ce livre, c'est de ne pas remplir son titre. Il ne donne point les *Femmes de la Révolution*, mais quelques héroïnes, quelques femmes plus ou moins célèbres. Il dit telles vertus éclatantes. Il tait un monde de sacrifices obscurs d'autant plus méritants que la gloire ne les soutint pas.

Ce que les femmes furent en 89, à l'immortelle aurore, ce qu'elles furent au midi de 90, à l'heure sainte des fédérations, de quel cœur elles dressèrent l'autel de l'avenir ! — au départ enfin de 92, quand il fallut se l'arracher, ce cœur, et donner tout ce qu'on aimait !... qui pourrait dire cela ? Nous avons entrepris ailleurs d'en faire entrevoir quelque chose, mais combien incomplètement.

Pendant les dix années que coûta cette œuvre historique, nous avions essayé, dans notre chaire du Collège de France, de reprendre et d'approfondir ces grands sujets de l'influence de la femme et de la famille.

En 1848 spécialement, nous indiquions l'initiative que la femme était appelée à prendre dans nos nouvelles circonstances. Nous disions à la République : Vous ne fonderez pas l'État sans une réforme morale de la famille. La famille ébranlée ne se raffermira qu'au foyer de cet autel, fondé par la Révolution.

Qu'ont servi tant d'efforts? et que sont devenues ces paroles? où est cet auditoire bienveillant, sympathique?...

Dois-je dire comme le vieux Villon : *Où sont les neiges de l'autre an?*

Mais les murs au moins s'en souviennent, la salle qui vibra de la puissante voix de Quinet, la voûte où je vis telle parole prophétique de Mickiewicz se graver en lettres de feu...

Oui, je disais aux femmes : Personne plus que vous n'est intéressé dans l'État, puisque personne ne porte plus que vous le poids des malheurs publics.

L'homme donne sa vie et sa sueur. Vous donnez vos enfants.

Qui paye l'impôt du sang? la mère.

C'est elle qui met dans nos affaires la mise la plus forte, le plus terrible enjeu.

Qui plus que vous a le droit, le devoir, de s'entourer de lumières sur un tel intérêt, de s'initier complètement aux destinées de la Patrie?

Femmes qui lisez ce livre, ne laissez pas votre attention distraite aux anecdotes variées de ces biographies. Regardez sérieusement les premières pages et les dernières.

Dans les premières, que voyez-vous?

La sensibilité, le cœur, la sympathie pour les misères du genre humain, vous lança en 89 dans la Révolution. Vous eûtes pitié du monde, et vous vous élevâtes à ce point d'immoler la famille même.

La fin du livre, quelle est-elle?

La sensibilité encore, la pitié et l'horreur du sang, l'amour inquiet de la famille contribuèrent plus qu'aucune autre chose à vous jeter dans la réaction.

L'horreur du sang. Et la Terreur blanche, en 95, en 1815, en versa plus par les assassinats que 93 par les échafauds.

L'amour de la famille. Pour vos fils, en effet, pour leur vie et pour leur salut, vous reniâtes la pensée de 92, la délivrance du monde. Vous cherchâtes abri sous la force. Vos fils, que devinrent-ils? quelque enfant que je fusse alors, ma mémoire est fidèle : jusqu'en 1815, n'étiez-vous pas toutes en deuil?

Le cœur vous trompa-t-il en 89, alors qu'il embrassa le monde? L'avenir dira non. — Mais, qu'il vous ait trompées dans la réaction de cette époque, lorsque vous immolâtes le monde à la famille pour voir ensuite décimer la famille et l'Europe semée des os de vos enfants, rien de plus sûr : le passé vous l'a dit.

Une autre chose encore doit sortir pour vous de ce livre.

Comparez, je vous prie, la vie de vos mères et la vôtre, leur vie pleine et forte, féconde d'œuvres, de nobles passions. Et regardez ensuite, si vous le pouvez, le néant et l'ennui, la langueur où coulent vos jours. Quelle a été votre part, votre rôle, dans ce misérable demi-siècle de la réaction?

Voulez-vous que je vous dise franchement d'où vient la différence?

Elles aimèrent les forts et les vivants. Vous, vous aimez les morts.

J'appelle les vivants ceux dont les actes et dont les œuvres renouvellent le monde, ceux qui du moins en font le mouvement, le vivifient de leur activité, qui voguent avec lui, respirant du grand souffle dont se gonfle la voile du siècle, et dont le mot est : *En avant!*

Et les morts? J'appelle ainsi, madame, l'homme inutile qui vous amuse à vingt ans de sa frivolité, l'homme dangereux qui vous mène à quarante dans les voies de l'intrigue pieuse, qui vous nourrit de petitesses, d'agitations sans but, d'ennui stérile.

Quoi! pendant que le monde vivant qu'on vous laisse ignorer; pendant que le foudroyant génie moderne, dans sa fécondité terrible, multiplie ses miracles par heure et par minute, vapeur et daguerréotype, chemin de fer, télégraphe électrique (où sera tout à l'heure la conscience du globe), tous les arts mécaniques et chimiques, leurs bienfaits, leurs dons infinis, versés à votre insu sur vous (et jusqu'à la robe que vous portez, effort de vingt sciences!), pendant ce prodigieux mouvement de la vie, vous enfermer dans le sépulcre!

Vous user à sauver la ruine qu'on ne sauvera pas!

Si vous aimez le Moyen-âge, écoutez ce mot

prophétique que je traduis d'un de ses chants, d'une vieille *prose*, comique et sublime :

> Le nouveau emporte le vieux,
> L'ombre est chassée par la clarté,
> Le jour met en fuite la nuit...
>
> . . . .
>
> A genoux ! et dis : Amen !...
> Assez mangé d'herbe et de foin...
> Laisse les vieilles choses... Et va !...

Filles de la longue paix qui traîne depuis 1815, connaissez bien votre situation.

Voyez-vous là-bas tous ces nuages noirs qui commencent à crever ? Et, sous vos pieds, entendez-vous ces craquements du sol, ces grondements de volcans souterrains, ces gémissements de la nature ?...

Ah ! cette lourde paix qui fut pour vous un temps de langueur et de rêves, elle fut pour des peuples entiers le cauchemar de l'écrasement. Elle finit... Je connais votre cœur, remerciez-en Dieu qui lève le pesant sceau de plomb sous lequel le monde haletait.

Ce bien-être où languissait votre mollesse, il fallait qu'il finît. Pour ne parler que d'un péril, qui ne voyait venir la barbare rapacité du Nord, la fascination russe, la ruse byzantine poussant vers l'Occident la férocité du Cosaque ?

Oubliez, oubliez que vous fûtes les filles de la paix. Vous voilà tout à l'heure dans la haute et difficile situation de vos mères aux jours des grands combats. Comment soutinrent-elles ces épreuves ? Il est temps pour vous de le demander.

Elles n'acceptèrent pas seulement le sacrifice, elles l'aimèrent, elles allèrent au-devant.

L'infortune, la nécessité, qui croyaient leur faire peur, et venaient à elles les mains pleines de glaives, les trouvèrent fortes et souriantes, sans plainte molle, sans injure à la mort.

Le destin tenta davantage. Il frappa ce qu'elles aimaient… Et là encore il les trouva plus grandes, et disant sous leurs crêpes : « La mort!… mais la mort immortelle! »

A cela plusieurs de vous disent, je les entends d'ici : « Et nous aussi, nous serions fortes!… Viennent l'épreuve et le péril!… Les grandes crises nous trouveront toujours prêtes. Nous ne serons pas au-dessous. »

Au danger? oui, peut-être; mais aux privations? au changement prolongé de situation, d'habitudes? C'est là le difficile, l'écueil même de tel noble cœur!…

Dire adieu à la vie somptueuse, abondante, souffrir, jeûner, d'accord, s'il le fallait. Mais se détacher de ce monde d'inutilités élégantes qui, dans l'état de nos mœurs, semblent faire la poésie de la femme!… Ah! ceci est trop fort! Beaucoup voudraient plutôt mourir!

Dans les années dites *heureuses* qui amenèrent 1848, quand l'horizon moral s'était rembruni tellement, quand l'existence lourde, n'étant point soulevée ni par l'espoir ni par l'épreuve, s'affaissait sur elle-même, je cherchais bien souvent en moi quelle prise

CONCLUSION

restait encore, quelle chance pour un renouvellement.

Entouré de cette foule, où plusieurs avaient foi, plus qu'un autre affecté des signes effrayants d'une caducité de Bas-Empire, je regardais avec inquiétude autour de moi. Que voyais-je devant ma chaire? Une brillante jeunesse, charmant, sympathique auditoire et le plus pénétrant qui fut jamais dévoué à l'idée! ah! plus d'un l'a prouvé!... Mais pour un grand nombre pourtant l'écueil était l'excès de la culture, la curiosité infinie, la mobilité de l'esprit, des amours passagers pour tel et tel système, un faible pour les utopies ingénieuses qui promettent un monde harmonique sans lutte et sans combat, qui, rendant par cela toute privation inutile, feraient disparaître d'ici la nécessité du sacrifice et l'occasion du dévouement.

Le sacrifice est la loi de ce monde. Qui se sacrifiera? Telle était la question que je m'adressais tristement.

« Dieu me donne un point d'appui! disait le philosophe, et je me charge d'enlever le globe! »

Nul autre point d'appui que la disposition au sacrifice.

Le devoir y suffirait-il? Non, il y faut l'amour.

« Qui aime encore? » C'est la seconde question que le moraliste devait s'adresser.

Question déplacée? Nullement, dans le monde de glace, d'intérêt croissant, d'égoïsme, d'intrigue politique, de banque, de bourse, dont nous nous sentons entourés.

« Qui aime? (La **nature me fit cette réponse.**) Qui aime? c'est la **femme.**

« D'amour, elle aime un jour. De maternité, pour la vie. »

Donc, je m'adressai à la femme, à la mère, pour la grande initiative sociale[1].

Le bon Ballanche, parmi tous ses obscurs romans mystiques, eut parfois des coups de lumière, des intuitions vraies. Un jour que, pour l'embarrasser, nous lui faisions cette question : « Qu'est-ce que la femme, à votre avis ? » il rêva quelque temps. Ses doux yeux de biche égarée furent plus sauvages encore qu'à l'ordinaire. Enfin, le vieillard, rougissant comme une jeune fille au mot d'amour : « C'est une initiation. »

Mot charmant, mot profond, profondément, délicatement vrai, en cent nuances et cent manières.

La femme est l'initiation active, la puissance

---

1. « Ainsi, diront les sages, délaissant le ferme terrain de l'idée, vous vous plaçâtes dans les voies mobiles du sentiment. »

À quoi je répondrais : Peu, très peu d'idées sont nouvelles. Presque toutes celles qui éclatent en ce siècle, et veulent l'entraîner, ont paru bien des fois, et toujours inutilement. L'avènement d'une idée n'est pas tant la première apparition de sa formule que sa définitive incubation, quand, reçue dans la puissante chaleur de l'amour, elle éclôt fécondée par la force du cœur.

Alors, alors, elle n'est plus un mot, elle est chose vivante; comme telle, elle est aimée, embrassée, comme un cher nouveau-né, que l'humanité reçoit dans ses bras.

D'idées et de systèmes, nous abondons, surabondons. Lequel nous sauvera? Plus d'un le peut. Cela tient à l'heure de la crise et à nos circonstances, très diverses selon la diversité des temps et des nations.

Le grand, le difficile, c'est que l'idée utile, au moment décisif, rencontre préparé un foyer de bonne volonté morale, de chaleur héroïque, de dévouement, de sacrifice... Où en retrouverai-je l'étincelle primitive, dans le refroidissement universel? Voilà ce que je me disais.

Je m'adressai à l'étincelle indestructible, au foyer qui brûlera encore sur les ruines du monde, à l'immortelle chaleur de l'âme maternelle.

éminemment douce et patiente qui sait et peut initier.

Elle est elle-même l'objet de l'initiation. Elle initie à la beauté qui est elle-même, à la beauté en ses divers degrés, au degré sublime surtout. Et quel? Le sacrifice.

Le sacrifice pénible et dramatique, souvent choquant par le combat, l'effort, — dans la mère, il est harmonique, il entre dans son harmonie même, c'est sa souveraine beauté.

Le sacrifice ailleurs se tord, s'arrache et se déchire. En elle, il sourit, remercie. Donnant sa vie pour ce qu'elle aime, pour son amour réalisé, vivant (c'est pour l'enfant que je veux dire), elle se plaint de donner peu encore.

Elle implore toute chose à suppléer à son impuissance, invite tout à douer ce berceau... Ah! que n'a-t-elle un diamant de là-haut, une étoile de Dieu! Le rameau d'or de la Sibylle, cet infaillible guide, la rassurerait peu sur ses premiers pas chancelants. Le rayon de lumière sur lequel Béatrix fit monter l'âme aimée de monde en monde était brillant sans doute, mais eut-il la chaleur de l'humide rayon qui tremble dans un œil de mère?

Celle-ci, qui appelle toute chose à son secours, a bien plus en elle pour douer son fils.

Elle a ce qui est elle-même, sa profonde nature de mère, le *sacrifice illimité*.

Merci, nous n'en voulons pas plus. Dieu, la Patrie n'en veulent davantage.

Cette unique puissance, si elle est vraiment acquise par l'enfant, elle embrassera tout.

Que te demandons-nous, ô femme? Rien que de

réaliser pour celui que tu aimes, de mettre dans sa vérité complète ta nature propre, qui est le sacrifice.

Cela est simple, cela contient beaucoup.

Cela implique d'abord l'oubli, le sacrifice des amours passagers à ton grand, ton durable amour.

Le sacrifice du petit monde artificiel, des petits arts de la beauté, à la souveraine beauté de nature qui est en toi, si tu la cherches, et dont tu dois créer, agrandir l'âme aimée.

Le sacrifice enfin (là est l'épreuve, la gloire aussi et le succès) des molles tendresses qui couvrent l'égoïsme. — Le sacrifice qui dit : « Non pour moi, mais pour tous!... Qu'il m'aime! mais surtout qu'il soit grand!

Là, je le sais, est l'infini du sacrifice. Et c'est là justement le but de l'initiation, c'est là ce que le fils doit prendre de sa mère, c'est par là qu'il doit la représenter : *Aimer et non pour soi, se préférer le monde.*

Cette élasticité divine d'amour et d'assimilation, cette dilatation du cœur qui n'en diminue pas la force, impliquant au contraire l'absolu du dévouement, s'il l'atteint, que lui souhaiter? Il est grand dès ce jour, et ne pourrait grandir... Car alors le monde est en lui.

Nervi, près Gênes, 29 mars 1854.

FIN DES FEMMES DE LA RÉVOLUTION

LES SOLDATS
DE
LA RÉVOLUTION

AVERTISSSEMENT

C'est au commencement de 1851 que M. Michelet conçut l'idée du livre, trop souvent interrompu, que l'on publie ici, dans sa partie achevée, sous le titre : *Les Soldats de la Révolution*.

M. Michelet venait d'offrir aux nations opprimées le « puissant cordial » de ses *Légendes du Nord* à cette heure de crise intérieure où la France, sous la présidence de Louis Bonaparte, descendait la pente fatale qui la menait au 2 Décembre. Le 12 mars 1851 était jour de cours au Collège de France. Ce même jour avait lieu l'enterrement de la pauvre Mme Mina Quinet, et M. Michelet devait, avant sa leçon, parler sur la tombe. Il allait se rendre au cimetière, quand un huissier lui remit le décret qui le suspendait de ses fonctions de professeur. Le gouvernement, qui prévoyait une manifestation des Écoles pour ses deux maîtres aimés, avait résolu de l'empêcher ; de là cette communication tardive, qui laissait croire à la jeunesse que les funérailles seules faisaient ajourner là leçon. Quelques mois plus tard, M. Michelet était destitué.

Songea-t-il à s'en plaindre pour lui-même, pour ses intérêts privés? Il ne songea qu'à ses œuvres. La pensée de ce livre lui apparut pour la première fois.

Dans son *Journal*, qui fut toujours le plus intime confident de son esprit, il écrivait à cette même date :

« Ceci me semble providentiel. L'agitation polémique m'avait tiré hors de moi... Rentre en toi, et reprends force !

« La Révolution de 1848, si prodigieusement variée, avait dispersé ton attention sur le monde. Fixe-la d'abord sur l'ardent foyer d'où l'héroïsme révolutionnaire a jailli par toute l'Europe. Encore la France; encore la Révolution, les hommes de 92...

« Et d'abord un simple, un saint, idéal de tant de héros inconnus qui ont suivi le devoir, non le bruit; la vie et la mort du premier grenadier de la République, du Breton La Tour d'Auvergne... »

On eût dit que Michelet, prévoyant les funestes journées de Décembre, voulait les conjurer en rappelant à l'armée le souvenir de ces temps, encore si proches, où la cité fut l'armée, où l'armée fut la cité, c'est-à-dire « la patrie elle-même, combattant et mourant pour les lois ».

Le plan conçu par l'auteur était très vaste; rien moins que la vie, le calendrier de tous les saints, de tous les martyrs, de tous les héros de la liberté. Comme on l'a très bien dit, ce livre « ouvrait une sorte de Panthéon à tout ce qui lutta et souffrit pour la patrie et pour le peuple. » Cette *Légende d'or* devait s'étendre à tous, au paysan, à l'ouvrier, à l'instituteur, à l'étudiant, etc. Chaque profession aurait ainsi son modèle, son patron, à honorer et à imiter ; de là le titre primitif : *Légendes de la Démocratie.*

Cette grande conception, M. Michelet n'a pas eu le temps de la réaliser dans son ensemble. Le maître d'école Grainville, le seul héros civil qu'il ait raconté, a trouvé sa place dans l'*Histoire du dix-neuvième siècle*. Les légendes de La Tour d'Auvergne et de Desaix étaient terminées, mais celle de Hoche n'a été achevée que depuis. La vie de Marceli, écrite plus récemment encore, était même restée jusqu'ici inédite. Tous ces héros sont des combattants par les armes et ont donné leur sang et leur vie pour la patrie et pour la liberté ; il a donc paru nécessaire de modifier le titre d'abord indiqué, et d'appeler le livre : *Les Soldats de la Révolution*.

C'est en effet des soldats qu'il parle, et c'est aux soldats surtout qu'il s'adresse ; c'est à ce grand peuple muet des armées, qui a trop perdu de vue et ses origines et l'auguste mission qu'il eut à remplir : « ne faire la guerre que pour fonder la paix ». Ici il la retrouvera tout entière, cette mission sainte, il se retrouvera lui-même ; il sentira, en lisant ce livre, se réveiller en lui l'âme du passé et s'agrandir le sentiment de la patrie. A qui donc la faire connaître et aimer, si ce n'est à ceux qui ont à défendre son territoire et à garder son honneur ? A qui, sinon à ceux-là, enseigner comment elle élève les plus humbles et par le sacrifice les mène à la gloire ?

Au lieu de tant d'almanachs ridicules ou vides, ce

sont ces légendes patriotiques qu'il faudrait répandre dans nos campagnes. Elles semblent écrites pour les naïfs et les illettrés, tant leur simplicité est grande ; il n'y a qu'à savoir lire. L'hiver, dans la longue veillée qui réunit la famille et les amis, le plus ancien du village, qui, lui aussi, a vu le feu, en ferait la lecture, les enrichirait de ses souvenirs. Dans l'uniformité de la vie rustique les mêmes pensées toujours reviennent. Plus d'un, parmi les jeunes auditeurs, au temps du labour solitaire, en conduisant la charrue ruminerait tel mot, telle page. Les purs, les vrais héros, Hoche, Marceau, Desaix, La Tour d'Auvergne repasseraient devant les yeux de son esprit ; il les verrait bien loin, bien haut, dans une auréole, comme les saints qui gardent sa maison aux deux coins de la cheminée. Un matin, le jour peut-être où il va s'entendre appeler à son tour, il se lève tout joyeux ; son nouveau saint, celui qu'il s'est choisi et qu'en secret il invoque, la nuit lui a parlé. Il en est sûr, son oreille ne l'a pas trompé, il a bien entendu ces encourageantes paroles : « Tu nous admires, et pourquoi ? être un héros n'est pas si difficile, il ne tient qu'à toi de le devenir ; il n'y faut qu'une chose, bien aimer la patrie. »

Tel qu'il est, souvent quitté puis repris, composé de morceaux écrits à d'assez longs intervalles, ce livre garde néanmoins son unité et son harmonie : ceci n'est point dû au simple hasard, mais à la forte et constante pensée qui d'un bout à l'autre l'anime. Il s'ouvre, sous la première République, avec les volontaires et les fédérés, par les guerres de délivrance. Puis la Grande Armée, vaillante toujours, moins libre et moins fière, amasse la gloire funeste des guerres de conquête. Arrive le dernier Bonaparte, et voici les guerres d'oppression. Les « soldats de la Révolution » ont changé de camp, hélas! et c'est nous qui les combattons...

Ainsi va, portant avec elle sa sévère moralité, cette grande et douloureuse histoire, de 1792 à 1869, de la veille de Jemmapes à la veille de Sedan.

INTRODUCTION

LE MONUMENT DE LA RÉVOLUTION

La Révolution, qui fut souvent admirable et touchante dans ses fêtes, attend encore ses monuments. Ceux qui furent essayés, ou projetés, semblent peu regrettables. Les David et autres artistes du temps, dominés par l'imitation inintelligente de l'Antiquité romaine, oublièrent trop que les monuments nouveaux ne devaient pas avoir un caractère vaguement patriotique, mais dire avec précision, exprimer fortement le dogme de l'époque, à savoir : que la Révolution, très mal nommée ainsi, était moins une destruction qu'une création, la fondation d'une religion nouvelle, de la religion de la justice, opposée à la religion de la grâce ou de l'arbitraire, qui fut celle du Moyen-âge.

Cela avait été senti, et parfois exprimé, dans les grandes fêtes populaires des fédérations de 90.

Nos assemblées, inspirées de ce dogme, voulaient qu'il passât dans les monuments.

La Législative essaya de fonder les premiers autels de cette religion de justice. Elle ordonne qu'en chaque municipalité, au lieu où l'on enregistre les trois grands actes de l'homme, — naissance, mariage et mort, — un autel soit élevé.

Malheureusement cette idée ne fut point suivie. Les circonstances terribles qui vinrent en empêchèrent l'exécution, comme celle de tant d'autres choses. Un seul homme la réclama, et apporta son enfant au nouvel autel. Cet homme, qui comprenait si bien la Révolution, était précisément celui qui l'avait commencée le 12 juillet 89, c'était le grand écrivain de l'époque, Camille Desmoulins.

Le jour où la Révolution, ressuscitée, rendra la France à elle-même, elle commencera nécessairement par se poser dans sa vérité, qui est, nous le répétons, d'être une religion, et par se dresser son autel.

Le grand monument populaire ne serait pas autre chose que le premier de ces autels décrétés par l'Assemblée législative.

Il serait placé, naturellement, au centre de Paris.

Qu'on le mette à la place de la Concorde, entre les Tuileries et l'Arc de Triomphe, au lieu des grands souvenirs et des grandes leçons, au *Saint des saints* de la France.

Otons d'abord, envoyons au Musée, dans un coin de la cour du Louvre ou de la Bibliothèque, cet obélisque égyptien, vieillerie curieuse, propre à exercer les savants, mais ridicule et déplacée dans un lieu où la Patrie seule a droit de figurer.

Point de luxe dans le vrai monument du peuple, point d'or ni de marbre, encore moins d'art voluptueux, de grâces féminines (comme celles des molles Renommées qui ornent et déparent l'Arc de Triomphe); — une œuvre de force et de grandeur.

Pour base, j'aime assez le granit, mais point du tout ce dépoli, luisant, lustré, qui est sous l'obélisque. Combien il fut plus beau, ce roc, aux écueils de Bretagne, rude et sauvage, défiant les tempêtes! Combien plus beaux j'ai vu encore aux Alpes, aux Pyrénées, les piédestaux sublimes que bâtit la nature, de roches entassées! Je ne voudrais pas autre chose; l'entassement, si l'on veut, des débris foudroyés, des tours brisées de la Bastille.

Au plus haut, que l'on fasse asseoir une image d'amour et de maternité, une femme ravissante, serrant ses fils à ses mamelles, la France, — et Dieu dans son regard!

A ses pieds, et plus bas, l'on asseoirait encore les rois de la pensée moderne, Voltaire et Rousseau, les pères de la France révolutionnaire.

Debout, comme sur deux promontoires avancés de la montagne, dominant la foule du geste et lui promulguant à jamais la loi de la Révolution, ses deux grands serviteurs, en qui elle eut la voix de la foudre, Mirabeau et Danton.

Puis, tout rapprochés du peuple, les hommes que le peuple aima, de sorte qu'il puisse les toucher presque, leur parler et se plaindre à eux, leur porter ses douleurs. Je les voudrais mêlés, saints martyrs, généraux illustres, grands inventeurs, artistes, ouvriers héroïques, hommes de la paix, de la guerre, dans une belle confusion ; Hoche fraternisant avec Lavoisier, Desaix avec Géricault, La Tour d'Auvergne avec Jacquart. Tous se donnant la main, instruisant d'exemple les hommes à la fraternité, ils formeraient comme une couronne à la base du monument.

Enfin, au niveau des regards, plus bas encore, et par toute la place sacrée, sous les pieds même de la foule (comme autrefois dans les églises) s'étendraient des plaques de bronze, chargées d'inscriptions simples et fortes, de vives et vraies voix de la France ; sur ces tables, par mille et par mille, les noms vénérés de ceux qui travaillèrent, souffrirent, moururent pour le pays. Là, on apporterait l'enfant à sa naissance ; on y ferait les mariages devant le grand autel du peuple ; nos morts aimés en seraient les témoins ; ils sanctifieraient de leur sainteté les actes solennels de notre vie, les béniraient de leurs vœux sympathiques et communiqueraient à l'existence éphémère quelque chose de leur immortalité et de l'éternité de la Patrie.

En attendant le monument, ce livre est une première pierre que j'y voudrais apporter.

LA LÉGENDE D'OR

Ce livre, c'est la *Légende d'or*, vraie, pure et sans alliage, où l'on ne trouvera rien que l'or de la vérité.

La vieille *Légende dorée*, qui jadis amusa nos pères, fut tout autre chose. Aux vertus réelles de ces temps elle mêla les faux miracles de la fausse sainteté. Dorée au dehors, elle ne fut souvent que plomb au dedans. Et celle-ci, quelque indigne que la forme en puisse paraître, est d'elle-même le trésor du passé, de l'avenir.

Oui, peu importe l'ouvrier, peu importe la façon; le fond est si riche que quiconque y touchera, nous le disons hardiment, en sera nourri, consolé, élevé, augmenté de cœur. Plus d'un, faible et triste à la première page, après l'avoir lu, se sentira grand.

A qui offrirons-nous ce livre? A ceux d'abord qui, plus que personne, l'ont inspiré et soutenu, qui en ont donné la matière, aux hommes de toute nation qui, par tant d'actes héroïques dans les dernières luttes de la liberté, ont comme agrandi la nature humaine.

Nous l'offrons, ce puissant cordial de force et de joie virile, à ceux qui pleurent, aux vaillantes, aux infortunées nations qui sont aujourd'hui dans la mort, et seront dans la gloire demain. Toutes ont contribué à ce livre, toutes y sont représentées dans leurs illustres souvenirs qui sont aussi des espérances.

Car ceci n'est pas seulement un martyrologe, une légende de saints pour apprendre à bien mourir. C'est l'histoire aussi des héros, des vainqueurs, l'histoire des victoires de la justice.

L'esprit du temps est un héros, et le temps vaincra.

Les deux caractères du saint, du héros, trop séparés aux âges chrétiens, se sont réconciliés dans la sainteté héroïque des hommes de la foi nouvelle.

C'était une grande question de savoir si, dans cette *Légende d'or*, on n'admettrait que les purs, les irréprochables. Qu'était-il pour en décider, celui qui tenait la plume !... Il serait resté en suspens, s'il ne lui eût semblé entendre la voix des héros, des martyrs, de ceux qui seuls ont le droit d'ouvrir et de fermer la porte, de recevoir qui ils veulent dans cette grande compagnie :

« Pour que ta légende, lui disaient-ils, soit vraiment la nôtre, il faut qu'elle soit ce que nous fûmes, largement miséricordieuse, grande comme étaient nos cœurs. Mets donc sans hésitation près de nous, sous notre abri, les faibles qui, s'élevant au-dessus de leur nature, eurent des volontés héroïques ; mets encore, nous les acceptons, des cœurs qui flottèrent sans doute, mais dont l'éternel orage a servi l'humanité, ces victimes des révolutions morales, de l'art et de la passion, dont les souffrances profitèrent au monde. Ce qui manque à ces caractères, nous le couvrirons du nôtre. »

Si les héros le veulent ainsi, dans leur force et leur clémence, nous n'y contredirons pas. Ce livre ne sera pas plus sévère qu'ils ne l'eussent été eux-mêmes. Les faibles iront avec les forts ; artistes, poëtes, femmes, enfants, y trouveront petite place derrière les héros, ou passeront emportés dans un coin du manteau des saints.

Obéissons à ces voix souveraines. Elles dictent, nous écrivons. Nous posons l'histoire de fer pour écrire la *Légende d'or*. Nous mettons un moment de côté le marteau dont nous forgions dans cette forge de 93.

Il est bon de se recueillir, avant les événements, dans une œuvre sainte et douce. Il est bon, pour le travailleur, à l'approche des orages, de voir un moment le ciel.

Heure chaude, heure d'attente, où plusieurs sont tentés de ne plus agir, de croiser les bras, d'abandonner tout travail, les yeux fixés sur l'horizon. Mais l'ouvrier laborieux, même à l'heure lourde de midi, lorsqu'il respire un moment assis sur la terre, ne sait point rester inactif. Il songe, ramasse quelques fleurs, les unes pour les vivants et les autres pour les morts.

Morts et vivants, ils les mêle ensemble dans une couronne, pensant qu'en réalité il n'y a point de mort, et qu'on ne meurt pas, mais qu'une même société humaine vit, identique à elle-même, par le cœur et le souvenir.

PREMIÈRE PARTIE

SOUS LA PREMIÈRE RÉPUBLIQUE

NOS ARMÉES RÉPUBLICAINES

I

J'étais enfant en 1810, lorsqu'au jour de la fête de l'Empereur on laissa tomber les toiles qui cachaient le monument de la place Vendôme, et la colonne apparut. J'admirais avec tout le monde. Seulement, j'aurais voulu savoir les noms des hommes d'airain figurés aux bas-reliefs : « Et tous ceux, disais-je, qui montent autour de la colonne, comment les appelle-t-on ? »

Ils montent, aveugles, intrépides, ils montent combattant toujours, comme s'ils allaient pousser la bataille jusque dans le ciel. La spirale tout à coup s'arrête... Et tout ce peuple sans nom devient le marchepied d'un seul.

La même pensée m'est revenue souvent dans mes promenades rêveuses, aux Invalides et à l'Arc de

Triomphe. Sur ces nobles monuments, je vois le roi et l'empereur, je lis les noms des généraux; cela m'instruit, cela me touche. Et pourtant ce n'est pas assez, j'aurais voulu connaître le grand peuple obscur, oublié, qui a donné sa vie dans ces longues guerres.

Que sais-je des armées de Louis XIV, de ses infortunés soldats, qui l'ont si patiemment servi pendant cinquante années? Peu, très peu de chose. Villars dit, dans ses *Mémoires*, que souvent leur misère fut telle « qu'ils ne mangeaient que de deux jours l'un ». Il dit ailleurs : « Vous verriez, avec édification, nos soldats éviter avec le plus grand soin de marcher dans un champ de blé qui est devant notre camp. »

Ce champ de blé me reste au cœur, autant et plus que leurs victoires. Je n'entre jamais aux Invalides, que leurs vertus, leur résignation, leurs longues souffrances, ne se représentent à mon souvenir, et que je ne me sente pénétré d'un sentiment de religion.

Les armées de la République sont-elles beaucoup mieux connues que celles de Louis XIV? On le croit, et l'on se trompe. Ces grandes légions fraternelles qui sortirent de terre en 92, qui, sans pain et sans souliers, presque sans habits en décembre, couraient vers le Nord, ces héros de la patience, soldats du Rhin, de Sambre-et-Meuse, qui ne connurent que le devoir, non la gloire ou le profit, sont-ils suffisamment représentés par quelques noms inscrits aux voûtes de l'Arc de Triomphe? Grands noms, je ne les nierai pas, mais dont beaucoup nous rappellent des idées toutes contraires au dévouement désintéressé qui caractérisait les masses. Nombre de ces généraux ont eu le prix de leurs actes en ce monde, le prix qu'ils voulaient, les grades et l'argent. Le grand peuple muet des armées attend encore sa récompense.

Quand je lis dans les *Mémoires* de Napoléon, et d'autres généraux illustres, cette simple et sèche mention : « A telle affaire, j'avais *tant d'hommes* », je m'étonne et je m'attriste. Qui ne sait que le nombre est ici chose secondaire ?

Il fallait dire : « J'avais *tels* hommes..., et c'est parce que *tels* ils étaient que mon génie put hasarder tant de choses contre toute règle, tout calcul de prudence humaine. Je connaissais à merveille l'épée enchantée, infaillible, que la Révolution mourante avait placée dans ma main. Arcole et bien d'autres batailles étaient insensées, sans doute, pour qui n'aurait pas eu ces hommes ; elles ne l'étaient pas pour celui qui, en commandant l'impossible, fut toujours sûr d'être obéi. »

Un mot, une larme, un souvenir au peuple des héros oubliés !

Ne croyons pas être quittes envers tant d'hommes dévoués, si nous glorifions leurs chefs. Nous serions injustes pour eux, injustes pour leur pays. Telle province, inférieure peut-être dans la masse du peuple, donna nombre de généraux ; telle autre n'eut pas un général, mais le peuple entier y fut un admirable soldat. Nommons entre autres un pays du centre, pays de peu d'éclat, contrée pauvre et laborieuse, qui nous envoie chaque année une légion d'ouvriers, d'honnêtes maçons, la Creuse. Ces braves gens, aussi fermes à la guerre qu'au travail, se sont montrés héroïques dans les grandes circonstances. On en vit cinq cents, en Égypte, arrêter, repousser une armée de Mamelucks, de ces brillants cavaliers, montés, armés royalement, dont chacun, dit Napoléon, valait trois cavaliers d'Europe.

Est-ce à dire que ces hommes obscurs, qui firent dans leur simplicité tant de grandes choses, en réclament le salaire, qu'ils s'indignent du silence de l'histoire dans leur tombe inconnue? Non, ce qu'ils ont voulu, ils l'ont : suivre le devoir, servir la patrie, voilà tout ce qu'ils demandaient. Ils ont emporté cela avec eux ; leur journée est faite, ils reposent, bons ouvriers de la guerre, paisibles comme la nature qui fleurit les champs de bataille où ils se sont endormis. Mais s'ils peuvent être satisfaits, nous, nous ne devons pas l'être. C'est notre œuvre à nous, leurs frères, à nous ouvriers de la pensée, de renouveler leur mémoire, d'exhumer leur souvenir, trop longtemps absorbé dans la gloire de quelques-uns.

Œuvre de travail immense, de justice et de vérité! Elle seule peut cependant acquitter la dette de la patrie. Elle seule rend l'histoire morale et féconde. Nous l'avons commencée, cette œuvre, dans notre faiblesse. D'autres la reprendront dans leur force. Déjà notre *Histoire de la Révolution* a restitué aux masses la plupart des grandes choses dont on faisait honneur à tel individu ; elle n'a pas nié les héros, mais montré qu'ils ne furent grands qu'en représentant la pensée de tous.

La voie est ouverte ; l'histoire militaire y entrera, nous l'espérons. Plus qu'elle n'a fait jusqu'ici, elle descendra dans les profondeurs vivantes, elle voudra pénétrer nos armées dans leur composition, dans le détail où est la vie. Elle fixera le caractère de chacune d'elles, et verra qu'elles formèrent leurs généraux autant qu'elles furent formées par eux, imprimant aux génies les plus indépendants leur puissante personnalité. Les fermes et vaillantes armées du Rhin, de Sambre-et-Meuse, conduites par des hommes du Nord, ont fait leurs chefs à leur image. La terrible armée d'Italie, composée de marcheurs terribles, Basques et Gascons, de bouillants Provençaux, voulait un général du Midi, comme le Piémontais Masséna, le Corse Bonaparte; elle reçut, donna l'étincelle, électrisa ceux qui l'électrisaient; et du contact jaillit la foudre.

II

Rien n'est plus beau à contempler que les primitives origines de ces armées républicaines, les belles fédérations civiques qui commencèrent chaque corps et devinrent des légions. Le premier signal partit du canon de la Bastille, de la grande émotion de 89, quand la Révolution naissante, entourée de tant d'ennemis, se hâta d'armer ses enfants. Tous jurèrent de défendre tous. Une immense croisade de fraternité s'organisa dans toute la France. Partout l'on craignait deux choses, l'ennemi et la famine. Se défendre les uns les autres, se nourrir les uns les autres, tel fut le premier serment. Rassurés, en 90, ils renouvelèrent l'union. Pourquoi? Ils le disent eux-mêmes : *pour s'unir* et s'aimer dans la commune patrie.

Les fédérations de 90 furent les bataillons de 92. Amis et amis, voisins et voisins, ils partirent, la main dans la main, acquittant la parole donnée deux ans auparavant sur l'autel de la Patrie. Ainsi commencèrent ces corps immortels, le premier bataillon de Maine-et-Loire, la 32ᵉ brigade, sortie de l'Hérault, et tant d'autres légions célèbres.

Il y avait à Valence un jeune homme admirable d'aspect, de taille et de courage, d'un cœur héroïque. Plusieurs, lui reprochant une faute qui n'était pas la sienne, avaient baptisé ce fils du hasard et de l'amour du nom qui lui resta, *Champi*, Championnet. Ce fut lui qui, de ses mains, près de Valence, bâtit l'autel de la Patrie, où l'une des premières fédérations (la première peut-être de toutes) se fit en février 90. Cette fédération, permanente, et formée en bataillon par les soins de Championnet, reste illustre dans l'histoire (*Premier bataillon de la Drôme*). Avec elle, marcha, combattit, au Rhin, à Rome, et à Naples, son chef intrépide, fondateur des républiques d'Italie.

Ah! touchantes origines! armées admirables formées par la fraternité elle-même! Guerres sublimes, sorties de l'amour!... Car, qu'est-ce que demandait la France? Délivrée, elle voulait délivrer les nations. Elle ne voulait rien pour elle, mais sauver le monde. Elle mérita, dans ces jours, le nom que le grand rêveur anglais avait trouvé, malgré lui, dans un moment prophétique : « La France, le soldat de Dieu! »

Un orateur de ces temps, une victime illustre de nos orages civils, a dit cette noble et mélancolique parole : « Le monde pleurera un jour d'avoir fait la guerre au peuple qui voulait le bonheur du genre humain. »

Nos armées ne furent point des armées dans ces commencements, mais des *fraternités*, des *amitiés* (pour employer des mots de notre ancienne langue), qui ne prenaient les armes que pour former, en brisant la barrière des rois, l'*amitié* universelle des peuples. Il n'y avait pas de soldats alors, il y avait des citoyens en armes, qui ne faisaient la guerre que pour fonder la paix, commencer la cité du monde.

C'est la beauté de ces temps (déjà antiques et loin de nous !) : *la cité fut l'armée, l'armée fut la cité;* il n'y eut aucune différence. L'armée n'était autre chose que la Patrie elle-même, combattant, mourant pour les lois.

Si la France, revenue enfin à elle-même, élève à la gloire de ces temps les monuments qui leur sont dus, qu'elle se garde bien d'en fonder d'exclusivement militaires ; qu'elle y réunisse toujours le double caractère, militaire et civil.

Nous pouvons répondre hardiment que, si l'on eût consulté là-dessus les grands généraux de la République, ils n'eussent accepté cet honneur qu'à deux conditions : l'une, qu'avec leur souvenir on honorât celui de leurs vaillants soldats, qu'ils regardaient comme leurs fils; l'autre, qu'on ne glorifiât pas l'armée seule, qu'on ne l'isolât pas du peuple dans les monuments, pas plus qu'elle n'en fut isolée dans la réalité vivante. « Nous fûmes citoyens, auraient-ils dit, et tels nous voulons apparaître. Ne nous représentez jamais qu'avec le peuple, et mêlés avec lui. Moins de monuments individuels, moins d'orgueilleuses statues qu'on croirait des idoles, mais des monuments collectifs, des groupes fraternels. Nos images sont tristes, isolées sur ces places.

Laissez les frères avec les frères. Si nous méritons quelque récompense, qu'on nous permette, à nous qui vécûmes hors de France, qui mourûmes presque tous sur la terre étrangère, de rentrer dans ce peuple que nous avons aimé, de passer avec lui notre immortalité, confondus désormais au sein de la patrie. »

Ouvrons notre légende par celui qui fut à la fois un soldat et un chef, par La Tour d'Auvergne, le premier grenadier de la République.

LA TOUR D'AUVERGNE

LE PREMIER GRENADIER DE LA RÉPUBLIQUE

I

Corret de La Tour d'Auvergne naquit noble; ce n'est pas sa faute. Il ne nous appartient pas moins, il appartient au peuple, à la Révolution. Elle le trouva repoussé de l'Ancien Régime; elle le créa, elle l'illustra. Il avait près de cinquante ans, et il servait depuis vingt-cinq ans, sans avoir jamais pu obtenir de se battre pour la France. La Révolution arrive, l'invasion nous menace; on le presse d'émigrer. Il répond ces simples paroles : « J'appartiens à la patrie. »

On vit alors un miracle. On vit cet homme qui avait été malade pendant de longues années, parvenu déjà à cet âge dans une vie d'études et de livres, partir à la tête de nos Basques, devancer ces rudes marcheurs, les premiers du monde, dans des marches continues de soixante heures, tomber sur les Espagnols, par les chemins des chamois, les glaciers, les précipices, prendre tel fort à lui seul, et, par des exploits romanesques qu'on croit lire dans

Cervantès, donner à nos soldats novices l'audace qu'ils portèrent bientôt dans la foudroyante armée d'Italie.

Qui dira sa patience, sa bonté, son indulgence pour ces jeunes paysans du Midi, qui étaient alors si loin d'être des soldats? Ils étaient toute sa famille, ses enfants. Il n'en eut pas d'autres. Le bon capitaine aimait tellement ses grenadiers, que plus d'une fois, ayant un congé, déjà parti, à vingt lieues, il s'ennuyait d'être loin d'eux, et revenait sur ses pas.

Le soir, après le combat, il s'asseyait au milieu d'eux, et, pendant un repas d'une sobriété plus qu'espagnole, il les charmait de ses entretiens, leur contait les vieilles guerres, leur parlait de la France.

Jamais homme ne fut plus aimé. A sa mort, rien ne put décider l'armée à se séparer de lui. Elle emporta le cœur de La Tour d'Auvergne dans ses marches immenses à travers l'Europe et dans toutes les batailles. Jusqu'en 1814, ce cœur, dans une urne d'argent, fut toujours porté, avec le drapeau, à la tête de la 46ᵉ demi-brigade.

II

Théophile-Malo Corret (nommé plus tard La Tour d'Auvergne) naquit en 1743, à Carhaix, petite ville de Basse-Bretagne, au centre même de la presqu'île bretonne, loin de toutes les grandes routes. Ce pays, rude, sauvage, très romantique, n'a pas peu contribué à lui mettre au cœur ce profond amour de la Bretagne qui, transformé, agrandi, devint celui de la France, et fut la passion de sa vie, sa seule et unique passion, de la naissance à la mort.

Son père était avocat, quoique noble et seigneur de l'imperceptible seigneurie de Kerbeauffret (petit jardin des environs). C'était un de ces nobles nécessiteux à qui la coutume indulgente de Bretagne permettait, sans déroger, de plaider, naviguer, faire le commerce, etc. On nomma l'enfant Théophile, c'est-à-dire *aimant Dieu*, et Malo, en l'honneur d'un saint essentiellement Breton, de saint Malo, le patron et protecteur de la ville des corsaires, qui a donné Duguay-Trouin et tant d'autres héros de la marine.

Les grandes aventures de ces héros étaient dans toutes les bouches. Elles avaient créé, en Bretagne, une tradition de patriotisme vraiment admirable. Peu d'années avant la naissance de La Tour d'Auvergne, un Breton, M. de Plélo, avait rempli l'Europe d'admiration par un dévouement inouï. La France avait promis de soutenir le nouveau roi de Pologne. Un vieux prêtre qui nous gouvernait, le cardinal Fleury, envoya un secours dérisoire de quelques cents hommes qui devaient entrer dans Dantzig assiégé d'une grande armée russe. Ils revenaient honteusement, n'ayant pu entrer. Plélo, alors ambassadeur en Danemarck, vit cette honte et déclara qu'il ne pouvait y survivre. Il écrivit au ministre : « Recevez ma démission. Je vous recommande mes enfants. » Puis, avec quinze cents Français, il marcha tranquillement contre quarante mille Russes, se fit tuer, et releva l'honneur de la France.

Voilà les traditions qui entouraient le berceau de La Tour d'Auvergne.

L'esprit breton, héroïque et romanesque, parfois peut-être chimérique, nourri au Moyen-âge de légendes et de miracles, plus tard des miracles vrais de la guerre et de la marine, cherchait au dix-huitième siècle un nouvel aliment dans l'érudition. Un avocat, nommé Lebrigant, très savant, très ingénieux, fut le maître de La Tour d'Auvergne et le jeta dans cette carrière.

Lebrigant, esprit systématique, parfois un peu visionnaire, n'en était pas moins un grand patriote, profondément dévoué à la Bretagne, à la France. Éclairé par ce patriotisme, parmi beaucoup de choses ridicules, il dit et prouva une chose très vraie, c'est que nos Bretons d'aujourd'hui, plus qu'aucune autre population, sont les Celtes et les Gaulois de l'Antiquité, que leur langue est la fille légitime et le rejeton vénérable de la grande langue celtique, qui fut celle d'une partie considérable de l'Europe.

Le tort de Lebrigant, et surtout de ses aventureux disciples, fut d'affirmer la priorité absolue des Celtes sur tous les peuples, de rattacher bon gré mal gré toutes les langues à la langue celtique, de subordonner le monde à la Gaule. Savants hasardeux, ardents citoyens, ils voulaient que leur patrie eût été la mère des langues et des nations, la reine de toute la terre. Entreprise touchante plus encore que ridicule! Lebrigant et ses élèves, Court de Gébelin, La Tour d'Auvergne et autres, faisaient dans l'érudition une sorte de croisade scientifique au profit de la France, soumettant plus de nations à sa langue, à son antique influence, que la croisade révolutionnaire n'en a soumis à son épée.

La Tour d'Auvergne suivit cette double tradition de science et de guerre, avec un cœur admirable, une candeur héroïque. Il a aimé la Bretagne, la France; c'est toute sa vie. Il l'aimait jusque dans ses pierres; comme son maître Lebrigant, il étudiait à la fois les granits de la Bretagne, ses marbres, et sa langue de pierre, rude et délicate à la fois. Il s'essayait lui-même dans cette langue antique, grave, d'accent pur et fort, et, quand il revenait chez lui, il aimait à voir les paysans danser à ses chansons.

Mais les chants, mais les livres, les recherches d'antiquité, ne suffisaient pas au jeune homme. Cette supériorité de la Bretagne et de la France sur tous les peuples du monde, c'était peu de l'affirmer, il voulait la prouver aussi, à la vieille façon bretonne, par son bras et son épée.

Là, que de difficultés! Le fils d'un avocat de Basse-Bretagne, tant bon gentilhomme fût-il, avait bien peu de chances dans l'état militaire. Tous les grades se donnaient à la noblesse de cour. On voyait des officiers de quinze ans, gradés pour leur jolie figure. On voyait des colonels de dix ans; on en voyait au maillot, teter devant leur régiment, à la barbe des vieux grenadiers.

Corret, après avoir fait d'excellentes études à l'école de La Flèche, s'était formé dans l'arme qui fait les bons et solides militaires, dans l'infanterie. Il y resta d'abord treize ans, sans avoir rien qu'une lieutenance, malade presque toujours (par suite d'un accident), traînant tantôt aux eaux de Bade, tantôt aux eaux de Plombières; on était même obligé de le mettre sur un petit chariot; personne, en le voyant là, n'eût deviné que, plus tard, lancé par la Révolution, il étonnerait les Basques eux-mêmes de son agilité dans une guerre de montagnes.

En attendant, de garnison en garnison, il se mourait d'ennui.

III

Seul et sans famille, menant une vie très pure (sa correspondance en témoigne), La Tour d'Auvergne mettait sa consolation à suivre ses études bretonnes et à écrire à ses sœurs : l'une mariée à un avocat; l'autre, qui n'était sa sœur que par sa mère, et qui ne se maria point. Celle-ci, belle, vertueuse et bien plus jeune qui lui, lui était très chère. Elle mourut de bonne heure, et il en resta toujours mélancolique. Cette perte de la *petite sœur*, du doux idéal de la famille et de la Bretagne absente, contribua certainement à l'éloignement qu'il montra toujours pour le mariage.

Il avait aussi un frère, véritable saint breton des vieilles légendes, fort bizarre, qui ne voulait voir personne, et qui, pour être bien sûr de sa solitude, avait placé son ermitage au lieu où l'on peut en effet être le plus parfaitement inconnu, au centre de Paris. Systématiquement séparé des hommes, il l'était encore plus des femmes. La crainte et l'éloignement qu'elles lui inspiraient touchaient à l'horreur. Il voyait quatre fois par an sa vieille propriétaire, la payait et se sauvait.

La Tour d'Auvergne, au bout de treize ans, bien loin d'arriver à rien, se voyait plus que jamais reculé, exclu de tout avancement, par un règlement de Louis XVI qui réservait les grades aux gens d'ancienne noblesse. La sienne, ancienne en effet, n'était pas encore prouvée. Il descendait d'un bâtard du père de Turenne, et se trouvait, par conséquent, cousin des Bouillon. Il prit la résolution hardie d'aller se faire reconnaître par son parent, le riche, le puissant duc de Bouillon, prince souverain, qui, en 1781, si près de la Révolution! avait encore une cour, des tribunaux, des grands officiers, disait toujours : « Mes sujets. » C'était un vrai roi d'Yvetot.

Il ne fallut pas moins que le violent désir que La Tour d'Auvergne avait alors de prendre part à la guerre de l'Indépendance américaine, pour le décider à comparaître devant cette ridicule cour.

Le duc de Bouillon la tenait, non à Bouillon, mais à Navarre, vaste et délicieux domaine de Normandie. Le pauvre Corret, mal équipé, sur un mauvais cheval, qui même, dans la route, le blessa par un écart, vint trouver là le petit potentat.

La compagnie brillante, les grands seigneurs, les belles dames, les beaux yeux spécialement d'une ravissante demoiselle qui était à Navarre, tout intimidait le Breton. Ce qui n'ajoutait pas peu à son embarras, il le dit lui-même, c'est que, blessé par son cheval, il ne pouvait s'asseoir sans de mortelles douleurs. Tout cela, loin de lui nuire, lui devint favorable. Le duc le crut ébloui de sa gloire. Ses titres examinés, il le reconnut non seulement pour son parent, mais, ce que Corret ne demandait pas, *pour son sujet* au duché de Bouillon, pour y jouir, dit-il, « de tous les avantages dont peuvent jouir nos vrais et originaires sujets ».

Reconnu cousin des Turenne, La Tour d'Auvergne ne réussit guère mieux. L'impatience le prit. Il demande un congé et part pour le siège de Mahon. Les Français, sous le duc de Crillon, aidaient alors les Espagnols à reprendre Mahon aux Anglais.

Voilà notre homme enfin en pleine guerre, dans son élément naturel, ne se souvenant plus qu'il est malade, étudiant, combattant, passant trois nuits sur quatre au bivouac, toujours en avant à toutes les affaires, déployant à sa première campagne les qualités d'un vieux soldat; c'est le témoignage que lui rend le général : « Froid, clairvoyant aux occasions, répondant en tous points aux qualités admirables et infatigables de la nation espagnole. »

Il avait une valeur calme et sereine, et, si l'on peut dire, aimable et douce. Il faisait, dans sa simplicité, tout naturellement, des actes de la plus grande audace. Crillon, charmé, lui donna un jour l'équipement complet d'un caporal anglais qu'il avait pris de sa main dans les rangs ennemis.

Une autre fois, après une attaque, étant rentré au camp, on s'aperçoit qu'un pauvre diable d'Espagnol est resté blessé sur les glacis de la place. « J'y vais », dit La Tour d'Auvergne. Il fallait passer sous le feu de la ville et des vaisseaux. Il s'en va au petit pas, charge l'homme sur son dos au milieu d'une grêle de balles et revient tranquillement.

Certes, un tel volontaire ne faisait qu'honneur à la France. Il reçoit du ministre la plus sèche désapprobation de sa démarche, un ordre de rappel. On n'eut aucun égard aux dépenses qu'il avait faites, dépenses bien fortes pour lui. On lui ôta la joie de voir prendre la place.

Même dureté à l'époque du siège de Gibraltar. On lui défendit de s'y rendre. Son chagrin fut extrême.

Condamné à l'éternel ennui des garnisons, tantôt dans les places du Rhin, tantôt aux Pyrénées, il apprenait les langues, le basque, l'allemand; il les comparait au breton. De la Bretagne, centre et point de départ de ses premières études, il rayonnait au monde, puis ramenait le monde à la France. Il se dédommageait de son inaction par ses voyages scientifiques dans les langues étrangères, insatiable de conquêtes nouvelles. Dans ses *Origines gauloises*, qu'il préparait dès lors, il a donné la comparaison de quarante langues. Malheureusement pour la science, trop passionné dans ses recherches, il avait beau embrasser tous les peuples, il ne voyait que la patrie.

Ce qui lui fait plus d'honneur que ses livres, ce sont ses actes, c'est le grand caractère d'humanité qu'il montrait dès lors. Capitaine en second (après dix-sept ans de lieutenance!) il comprit ses nouvelles fonctions comme une véritable paternité. Surveillant des travaux près de Saint-Jean-de-Luz, il prenait des soldats un soin extraordinaire. Ils n'avaient qu'une eau de citerne, crue et malsaine. La Tour d'Auvergne leur arrangea une fontaine d'eau douce.

« Il voulait deux bassins (c'est l'ingénieur des travaux qui parle ici), un bassin pour l'eau à boire, et l'autre pour laver. Nous réunîmes dans un réservoir différents filets d'eau dont plusieurs se perdaient. Il y travaillait souvent de ses mains, pour que la chose allât plus vite. Il avait ombragé cette fontaine d'une manière agréable, dans le vallon solitaire où elle se trouvait, et il allait souvent s'y livrer à l'étude et à la méditation. »

Un jour qu'il se baignait à la mer, il vit deux soldats entraînés par la marée. Il s'élança et faillit se noyer. Heureusement on les sauva tous.

C'est là, aux Pyrénées, que le trouva la Révolution, et que les officiers de son régiment le pressaient d'émigrer. Nous avons dit sa belle réponse. Si nous en croyons son dernier biographe (hostile cependant à la Révolution), il y eût ajouté un mot fort sévère pour les émigrés : « Périssent les lâches qui abandonnent le pays, au moment du péril ! »

IV

Le patriotisme de La Tour d'Auvergne eut tout d'abord une belle récompense. On l'envoya aux Alpes; et là, au lieu de guerre, il eut le plus touchant spectacle qu'ait peut-être offert la Révolution, l'élan de la Savoie se jetant aux bras de la France.

Jamais deux frères séparés par le temps et l'absence, réunis tout à coup par un miracle inattendu, n'eurent un pareil embrassement, de telles étreintes. A l'encontre de nos canons, ils roulaient des voitures de vin, des arbres de liberté, chargés de rubans, de guirlandes; les femmes et les enfants désarmaient nos soldats, leur arrachaient le drapeau tricolore, et disaient : « C'est le nôtre! » Soixante mille Savoyards à la fois descendirent des montagnes chantant la *Marseillaise*. Français et Savoyards pleuraient.

Il n'y avait rien à faire pour un soldat du côté de la Savoie. La Tour d'Auvergne retourna aux Pyrénées.

Notre situation n'y était pas brillante. C'était une armée toute novice, de volontaires, de gardes nationaux. Grand exercice de patience. Les jeunes paysans qu'on amenait là étaient quelque peu étonnés de cette guerre de montagnes sauvages dans les sentiers des chèvres, et de l'ennemi plus sauvage qu'on y rencontrait. Le bon Corret les ménageait beaucoup, les habituait peu à peu. Il se faisait prudent, timide quelquefois, pour les faire hardis.

Sa manière ordinaire de combattre et de les aguerrir était tout simplement de marcher en avant, tête nue, le manteau et le chapeau sur le bras, à vingt pas plus loin que la troupe, disant : « Allons d'abord jusqu'à cet arbre. S'ils sont plus forts, nous reviendrons. »

Il recevait, paisible, une grêle de balles, son manteau était criblé, lui jamais blessé. Il se retournait alors en souriant. Mais déjà tous s'étaient élancés et couraient; c'était à qui le rejoindrait plus tôt. « Le capitaine, disaient-ils, sait charmer les balles... »

Il ne portait sur lui d'autre charme que des livres, sa grammaire bretonne qu'il ne quittait guère. Il l'avait volontiers sur sa poitrine, entre le linge et la peau. Excellente cuirasse. Les balles espagnoles, sur la rude grammaire, semblaient rebrousser, s'amortir.

Pour la singularité, le grand cœur, la bonté, l'audace romanesque, notre héros tenait un peu, nous l'avons dit, de celui de Cervantès. Il est incroyable, mais vrai et certain, qu'il prit à lui seul la place de Saint-Sébastien.

Il se jette dans une barque avec une pièce de huit, monte lui-même à la citadelle, intimide le commandant, se donnant pour l'avant-garde de toute l'armée française. « De grâce, dit l'Espagnol, pour sauver l'honneur, tirez au moins un coup de canon. » Il lui accorda cette grâce, tira sa petite pièce, et reçut en échange une immense volée de boulets et de mitraille. L'Espagnol fut tout surpris de le voir revenir en vie le sommer de tenir sa parole. Il lui remit la citadelle.

Les Basques qu'il avait à conduire étaient, il est vrai, admirables pour cette guerre d'aventures. Dès qu'ils avaient senti la poudre, habitué leurs oreilles au bruit, La Tour d'Auvergne leur faisait faire des choses fabuleuses.

— « Vous voyez bien, leur disait-il, ce pic inaccessible... Nous y ferons une batterie. » Et ils en venaient à bout. Les Espagnols voyaient les boulets leur tomber des nuages.

Une fois, à l'attaque d'une maison crénelée, les siens étaient criblés de coups qu'on tirait par les meurtrières : « Faisons comme eux, » dit-il. Les Basques n'hésitent pas à obeir, ils passent de leur côté leurs fusils dans les meurtrières ; les deux partis tiraient à bout portant.

Un jour que l'armée battait en retraite, il prend cent cinquante hommes résolus, et, dans un passage étroit, il arrête, en deux heures, trois mille Espagnols.

L'acte le plus audacieux de cette guerre fut le passage du val d'Aran. L'entrée en était obstruée par les neiges. Elles avaient comblé de profonds précipices ; puis la gelée était venue dessus, cette croûte de glace faisait voûte. Il s'agissait de savoir si l'on se hasarderait sur ce pont dangereux. Il pouvait fondre sous le poids, ou sous un rayon de soleil ; on descendait alors dans des gouffres sans fond. Il fit sonder la glace, puis passa gaiement le premier. Tout le monde passa.

La Tour d'Auvergne avait une chose heureuse pour une guerre d'Espagne et dans ces temps de famine : il ne mangeait pas. A peine prenait-il un peu de pain ou de lait. Sa sobriété effrayait les Espagnols; les Français n'osaient avoir faim. Leur dénuement était extrême; mais comment se plaindre en voyant toujours marcher en avant le bon capitaine, qui allait à pied et laissait son cheval aux plus fatigués?

Un représentant du peuple, touché de ses grands services, lui offrait de parler pour lui. « Eh bien ! dit La Tour d'Auvergne, si vous êtes tout-puissant, demandez pour moi... — Quoi? un régiment? — Non, une paire de souliers. »

Appelé fréquemment au conseil par les généraux, et leur donnant les plus sages avis sur cette guerre d'Espagne qu'il savait à merveille, il était naturel que La Tour d'Auvergne eût un grade supérieur. Rien ne put le décider à quitter sa position de capitaine, modeste, mais favorable pour agir immédiatement sur le soldat.

On l'obligea néanmoins à réunir sous lui tous les grenadiers de l'armée, au nombre de huit ou neuf mille, pour les former et les instruire. Un homme si aimé n'avait aucun besoin d'autorité. Il suffisait, pour leur instruction, qu'il vécût devant eux. Il ne les quittait jamais, mangeait avec eux, vivait avec eux; le soir, il les nourrissait de ses récits. Le matin, avant l'aube (car il dormait très peu), on le voyait aller, venir, avec ses livres et son sabre, et visiter les sentinelles.

V

La guerre d'Espagne finie, après tant de fatigues, La Tour d'Auvergne voulut faire un tour en Bretagne, et, pour se reposer tout en étudiant, il s'embarqua. Le bâtiment fut pris par les Anglais.

Ceux-ci, fort rudes pour les prisonniers, les appelant tous jacobins, leur arrachaient brutalement leur cocarde tricolore. La Tour d'Auvergne sortit de sa douceur habituelle. Il prend la sienne, l'enfile de son épée jusqu'à la garde : « Maintenant, dit-il, venez la prendre! »

Il n'y eut pas moyen de la lui faire quitter. Il aima mieux être enfermé, dans sa longue captivité de dix-huit mois, que d'être, à ce prix, comme d'autres, prisonnier sur parole.

Et non seulement il garda, avec une noble obstination, les insignes de la liberté, mais, en prison, il ne perdit aucune occasion de confesser hautement sa foi révolutionnaire. Aux nouvelles de nos victoires, il se faisait des fêtes à sa manière, et, pour les célébrer, entonnait fortement les chants de la Révolution.

Infatigable travailleur, là même, dans cette prison mélancolique, aux extrémités du pays de Galles, La Tour d'Auvergne poursuivait stoïquement ses études. Ce fut une joie pour lui, dans son chagrin, de remarquer l'identité des idiomes gallois et bretons ; peuples frères, que l'Océan, les guerres ont malheureusement séparés.

Riche d'étude et très pauvre d'argent, il sort enfin. Mais que de changements ! Voilà le Directoire, l'affaissement de la France ; voilà à l'horizon un astre inconnu qui paraît, astre nouveau, peu rassurant, hélas ! pour l'ami de la liberté !

Chose triste, et qui peint ces temps : dans l'organisation nouvelle, La Tour d'Auvergne ne trouva plus sa place.

Il fut mis à la retraite.

Pauvre, à Passy, il vécut seul, sans domestique ; il se servait lui-même. Il publia enfin ses fameuses *Origines gauloises*, la pensée de sa vie.

Le duc de Bouillon, son protecteur d'autrefois, aujourd'hui protégé par lui et rayé à sa prière de la liste des émigrés, rougissait de le voir dans cette grande pauvreté. Il voulait lui faire accepter le revenu d'une terre de dix mille livres de rentes. Qu'en aurait-il fait, lui qui vivait avec deux sous de lait par jour ? Il refusa.

Ce ne fut même pas sans peine que le ministre de la guerre, le sachant dans le besoin, lui fit accepter un secours militaire. Il voulait lui donner quatre cents francs. « C'est trop, dit La Tour d'Auvergne, donnez-moi cent vingt francs ; si j'ai besoin, je reviendrai en reprendre un autre jour. »

VI

Quelle que fût la pauvreté de La Tour d'Auvergne, son amour pour la science et sa passion toujours jeune pour nos antiquités nationales semblaient devoir le rendre heureux. Ce fut avec étonnement qu'on le vit, à cinquante-quatre ans, quitter sa studieuse retraite, et, sans demander aucun grade, s'engager comme soldat.

Il prit rang, comme grenadier, dans la 46° demi-brigade.

Le secret de son départ, c'est que le dernier fils de son ami, de son maître dans les études celtiques, Lebrigant, allait être enlevé par la conscription. La Tour d'Auvergne partit à sa place.

Lebrigant avait eu vingt-deux enfants, et celui-là seul lui restait. Le vénérable savant, parvenu à soixante-dix-sept ans, cruellement éprouvé dans la Révolution, où il avait montré un caractère magnanime, restait isolé sur la terre. Il se voyait sans appui, sans secours, si on lui enlevait ce dernier-né de sa vieillesse. La Tour d'Auvergne ne le permit pas.

Nul doute que les graves circonstances où la France se trouvait alors n'aient aussi contribué puissamment à sa détermination. Les dangers extérieurs étaient toujours grands; et celui du dedans était plus grand encore. Une atonie extraordinaire se faisait sentir depuis la Terreur. Une réaction déplorable d'égoïsme, de corruption, énervait la République et la rendait incapable de résister à l'insolence de ses ennemis rassurés. Aucun temps, plus que celui-là, n'eut besoin d'exemples de vertus austères. La Tour d'Auvergne en jugea ainsi, et partit, comme soldat, non dans la brillante armée d'Italie, où pourtant se trouvaient alors la plupart de ses grenadiers de l'armée d'Espagne, mais dans la sage, la sérieuse, la républicaine armée du Rhin, celle qui conservait le mieux la tradition des premières armées de la République.

VII

L'armée du Rhin, avec moins d'éclat, aida tous les succès de l'autre. Pour ne parler que d'un fait, la campagne d'Italie, en 96, aurait-elle été possible, si l'héroïque Desaix n'avait retenu six mois sur le Rhin l'archiduc Charles et la meilleure armée de l'Autriche, devant cette bicoque de Kehl, se laissant patiemment écraser jusqu'au dernier homme de sa petite garnison, pendant que Bonaparte, libre, faisait la guerre à coups de foudre, courait l'Italie en vainqueur, faisait, défaisait les États, les royautés, les républiques ?

La Tour d'Auvergne fut rendu un moment au repos, à son cabinet de Passy, par la paix de Campo-Formio. Mais cet admirable citoyen ne put entendre, sans y répondre, l'appel du danger de la France en 1799.

Le désordre de l'administration, le dénuement des armées étaient incroyables. Une nouvelle coalition plus terrible s'était formée, augmentée des Russes. L'ogre Souwarow, le célèbre général des massacres de Pologne, avançait vers nous. Le sage Directoire avait déporté en Égypte la victorieuse armée d'Italie, sans avoir sur mer aucune force sérieuse pour la soutenir ou la ramener. Une grande partie des généraux de la République avaient déjà disparu. La Tour d'Auvergne, devenu un vieillard, fort affaibli de la poitrine, alla se mettre aux ordres de Masséna, et fit sous lui cette rude campagne de Suisse, qui sauva la France par la bataille de Zurich.

Là il eut une bonne fortune. Les Russes, ayant repris Zurich, s'y faisaient écraser sans vouloir se rendre; nos soldats, irrités de leurs injures et de leurs défis, allaient les massacrer tous; La Tour d'Auvergne les arrêta; cette générosité inattendue calma la fureur des Russes; ils se résignèrent à accepter la vie.

Bonaparte revient d'Égypte. La République est enterrée au 18 Brumaire. Le premier consul, qui cherchait à honorer par quelques noms populaires le nouvel ordre de choses, imagina de faire nommer par son Sénat le vieux grenadier membre du Corps législatif. Quelque simple qu'il parut, La Tour d'Auvergne n'était pas de ceux qu'on pouvait absorber ainsi. Il refusa modestement, sans faste et sans phrase : « Je ne sais pas faire les lois, dit-il; je ne sais que les défendre. »

Le nouveau gouvernement voulait l'atteindre à tout prix. Le premier consul avait à cœur de montrer qu'il n'était nullement antipathique aux noms historiques de la vieille France. Le ministre de la guerre (c'était encore Carnot), toujours républicain de cœur sous la monarchie naissante, voulait honorer dans La Tour d'Auvergne l'héroïsme républicain. Il le nomma, sans l'avertir, *premier grenadier des armées de la République.*

Quand cette pierre lui tomba, La Tour d'Auvergne donna les signes d'un chagrin nullement feint, mais vrai et sincère. Il avait réussi jusqu'alors à éluder l'avancement; il avait esquivé tout ce que recherchent les autres : grades, honneurs, distinctions. Il avait espéré mourir simple soldat de l'armée.

Dans deux lettres admirables, l'une écrite à un camarade, l'autre à son imprimeur breton :

« Tout me fait un devoir, dit-il, de m'excuser d'accepter un titre qui ne me semble applicable à aucun soldat français, surtout au soldat d'un corps où il n'y eut jamais ni premier ni dernier... Je suis trop jaloux de conserver des droits à l'estime de ces braves et à leur amitié, pour consentir à aliéner de moi leur cœur, en blessant leur délicatesse. Les voies où j'ai marché ont toujours été droites et faciles... »

« Vous me félicitez, dit-il encore; mais jamais je n'ai eu plus besoin de consolation... Cette palme eût dû toujours rester flottante sur tous les guerriers français... J'attendais de mes services, si l'on y ajoutait un jour quelque prix, ou l'oubli, ou du moins qu'on ne se les rappelât qu'à ma mort. »

Une grande mélancolie l'avait pris dans les derniers temps. L'âge, la santé, l'isolement y étaient pour quelque chose sans doute; il était né pour toutes les affections douces, et il avait vécu seul. Sa vive imagination bretonne et sa grande tendresse de cœur ne lui laissèrent jamais de repos, il le dit lui-même. Il arrivait à la vieillesse, il allait emporter au tombeau ses passions tout entières. On ne lui connut qu'un amour, la France. Mais alors, que devenait-elle ?

Toute la gloire des batailles pouvait-elle consoler ceux qui, témoins de la grande aurore, avaient vu la prise de la Bastille, les fédérations de 90, le départ de 92, les peuples venant à la rencontre de nos armées fraternelles !... Une génération nouvelle arrivait qui se souvenait peu de tout cela; des hommes d'impatiente ambition, qui voulaient la guerre pour la guerre, qui, loin de se rappeler les leçons de l'égalité, ne rêvaient que distinctions. Déjà on ne parlait plus que de titres honorifiques, on en inventait de nouveaux, on recherchait les anciens. Les pauvretés monarchiques revenaient avant la monarchie même.

S'il y avait encore souvent des mœurs et des idées de la République, c'était à l'armée du Rhin.

La Tour d'Auvergne alla y mourir.

« Le gouvernement me comble, écrit-il; il croit que je vaux encore un coup de fusil; il m'a jeté le gant; en bon Breton, je l'ai relevé, je pars. A cinquante-sept ans, la mort la plus désirable est celle d'un soldat sur le champ de bataille, et j'espère l'obtenir... L'armée est ma famille, et c'est au sein de ma famille que je vais mourir. Toujours en paix avec ma conscience, j'ai joui du seul bonheur que l'on puisse goûter en ce monde. Rappelez-vous La Tour d'Auvergne, cher camarade, rappelez-vous sa tendre amitié ! »

Il lègue à l'ami auquel il écrit ainsi la tasse dans

laquelle il buvait à l'armée des Pyrénées; il donne ses manuscrits à un autre; et, sûr de ne pas revenir, il distribue tout ce qu'il a. Son premier soin fut d'assurer une rente de six cents francs qu'il faisait à une pauvre famille.

VIII

L'armée du Rhin, sous Moreau, venait de passer le fleuve et d'entrer en Bavière. La Tour d'Auvergne, à peine arrivée dans sa chère Quarante-Sixième, en prit avec lui deux cent cinquante grenadiers pour déloger neuf cents Russes d'une forte position. Il attaqua à la baïonnette, et, après une lutte acharnée, emporta le poste et les mit en fuite.

Le 27 juin (1800), le général poussant vivement l'ennemi, sans l'avoir reconnu d'abord, s'aperçut qu'il était retranché sur les hauteurs d'Unterhaüsen. Un corps français fut repoussé avec des pertes cruelles. Un second corps, sous Lecourbe, vint le dégager. La Quarante-Sixième en était, et en tête marchait La Tour d'Auvergne, en silence et sans tirer, sous le feu exterminateur de huit pièces de canon. Au moment où les uhlans viennent au galop fondre sur les nôtres, il croise la baïonnette. Une lance lui perce le cœur...

Ce fut un deuil universel. Il n'y eut guère de

vieux soldats qui ne pleurassent, et les plus malades furent ceux qui ne pleurèrent pas.

On répétait qu'il avait dit : « C'est bien, je meurs satisfait... Je voulais périr ainsi. »

On ramassa tout ce qu'on put trouver de lauriers, et on l'enveloppa de lauriers et de feuilles de chêne. Ses grenadiers le déposèrent dans la terre d'Allemagne, ayant soin de le poser, *comme ils l'avaient toujours vu en son vivant, faisant face à l'ennemi.*

IX

Ceux qui croient à l'efficacité de l'intervention des saints peuvent se recommander aux mérites de Corret de La Tour d'Auvergne, et dire, l'invoquant comme patron : « Saint Corret, priez pour nous ! »

Y a-t-il, en effet, vie de saint dans la *Légende dorée*, parmi tant de fictions imaginées pour obtenir un parfait idéal de sainteté, qui atteigne aussi bien ce but que l'incontestable histoire de cet homme, notre contemporain, que plusieurs vieillards qui vivent encore ont vu et entendu.

Il a failli rétablir dans l'armée la superstition des reliques. Les soldats ne pouvaient se décider à s'en séparer; ils demandèrent et obtinrent que son nom serait toujours inscrit à la tête du contrôle, et que son cœur leur resterait. L'armée tout entière donna un jour de sa solde, et de cette contribution spontanée on acheta une boîte d'argent, qui, couverte de velours noir, fut toujours portée à la tête de la première compagnie de la Quarante-Sixième demi-brigade.

De cette façon, le bon capitaine continua de suivre l'armée, au milieu de ses camarades. Il restait là sous le drapeau, et ne manquait pas à l'appel. Toutes les fois qu'on l'appelait, le plus ancien grenadier répondait pour lui : « Mort au champ d'honneur. »

La Tour d'Auvergne a été enterré non loin de la place où son ancêtre Turenne fut frappé à mort, non loin de celle où Marceau, son jeune camarade, a trouvé aussi son tombeau. Hoche n'est pas mort bien loin de là; non plus que Meunier, le célèbre général de l'Académie des Sciences.

Ainsi la France républicaine semble avoir voulu, pour consacrer sa frontière, enterrer sur les bords du Rhin tout ce qu'elle eut de meilleur. Ses plus illustres guerriers, elle les a déposés là. Elle les montre à l'Allemagne.

Leurs restes glorieux sont des reliques communes.

Ils appartiennent au monde tout autant qu'à la France, ces généreux combattants du droit. Si l'on eût ouvert leurs cœurs, on y eût moins trouvé la guerre que la justice et l'humanité.

LES GÉNÉRAUX DE LA RÉPUBLIQUE

I

J'ai dit ailleurs la situation pénible, douloureuse, sublime, où la France se trouva en 92. Une richesse immense de forces morales, une pauvreté effrayante de moyens matériels. Plus d'un an avant la guerre, six cent mille volontaires s'étaient inscrits pour partir, des millions d'hommes demandaient des armes. Ni armes, ni argent, ni pain, ni souliers. Aux premiers mois de 93, il y avait au Trésor trente millions, et en papier !

Il fallait les héros du devoir pour triompher des difficultés qu'eut à subir la France alors. L'élan immense de ce moment sublime fait trop souvent perdre de vue les obstacles réels que rencontrèrent les chefs du peuple armé. Obstacles surhumains ! il ne s'agissait de rien moins que de discipliner l'océan même en pleine tempête, d'organiser la foudre, de rendre harmonique et docile la lave échappée de l'Etna !

Les nations oublient si vite qu'on se figure la France, en ces premiers temps, telle qu'elle fut au bout de vingt années de guerre.

On parle des premières campagnes comme si les généraux d'alors avaient eu sous la main le magnifique et docile instrument des victoires de l'empire, comme si tout d'abord était sortie de terre la parfaite armée d'Austerlitz.

Ils firent de grandes choses, souvent avec peu de moyens, souvent avec des foules qui n'étaient nullement des armées, avec des populations toutes neuves à la guerre, frémissant d'un souffle de liberté indomptable, ne respirant qu'égalité.

Eux-mêmes ils la voulaient, l'égalité, plus que personne. Ils mangeaient le pain du soldat. Les vins, les choses délicates, tout ce qu'on leur offrait, ils l'envoyaient aux hôpitaux. Leur désintéressement va à un point qui nous fait sourire aujourd'hui. Hoche, général de trois armées, dictateur de la Vendée et de la Bretagne, étant malade de ses fatigues, se croit tenu d'écrire au Directoire qu'il prend quelques livres de sucre aux magasins immenses délaissés sur la plage par l'expédition des Anglais.

Nous venons de montrer le modèle de la simplicité républicaine, La Tour d'Auvergne, qui évita l'avancement, éluda tous les grades et réussit à n'être rien. Plus tard, le général Desaix ne voulut jamais commander qu'en second. Kléber refusa plusieurs fois le rang de général en chef; en Vendée, il le fit donner à son ami le jeune Marceau, lui laissant tout l'honneur, ne partageant que le péril et la responsabilité.

II

Pourquoi ces généraux de la jeune République recherchaient-ils si peu l'autorité ? C'est qu'ils l'avaient en eux. Ils commandaient par un don de nature, et comme ayant pouvoir du ciel. L'amour, l'admiration, entraînaient les masses après eux ; le respect de leurs vertus, de leur grand cœur, leur figure héroïque. Tout homme était saisi, ravi à la vue du général Hoche ; les plus braves se troublaient au regard de Kléber.

Mais cette puissance même leur créait un péril. Quelle n'était pas la sombre défiance des représentants du peuple, des hommes de la loi, quand, venant aux armées, ils les voyaient adorant ces héros et ne voulant plus voir la patrie qu'en eux seuls ; et eux, commandant par l'amour, ayant comme supprimé l'autorité par une si grande autorité morale, maîtres sans l'avoir cherché, et rois involontaires ! On ne comprend que trop les craintes des jaloux amants de la liberté.

De là, trop souvent, incertitude de la direction politique. De là, défiance excessive du pouvoir civil pour le pouvoir militaire : on lui ordonnait d'agir et on le tenait lié ; on le lançait à la chaîne, pour être toujours à même de le tirer en arrière. De là, enfin, une infinité de faibles et faux mouvements, de tentatives avortées.

Puis, au commencement, n'avait-on pas eu raison d'être défiant pour les généraux, lorsqu'on les avait vus se mettre au-dessus des lois, lorsque M. de La Fayette quittait son armée pour venir gourmander l'Assemblé nationale ; lorsque Custine et Dumouriez, laissant le rôle de généraux pour celui de diplomates, négociaient avec l'ennemi ; lorsque Dumouriez, enfin, devenu ennemi lui-même, prétendait amener à Paris son armée, avec l'armée autrichienne contre la Convention ? Dumouriez, homme de tant d'esprit et de si peu de cœur, ne pouvait, en effet, rien comprendre à cette armée admirable. Il la savait homme par homme, il la menait à merveille, et il ne la connaissait pas. Les origines naïves, héroïques et simples de cette armée étaient chose inintelligible au vieil intrigant, à l'ancien agent de Louis XV.

Mais les vrais fils de la Révolution ne méritaient pas ces soupçons cruels, que leur vue seule devait dissiper.

Je me rappelle un fait superbe de Kléber, qui montre toute la force qu'il puisait dans son noble cœur contre ces défiances.

C'était en pleine Vendée, dans l'horreur de cette guerre affreuse, parmi les trahisons. Les représentants du peuple, vrais et purs patriotes, mais peu au fait des choses de la guerre, avaient écouté trop facilement d'infâmes accusations et soupçonné Kléber lui-même. Il ne s'agissait pas moins que de l'enlever la nuit et de l'envoyer au tribunal révolutionnaire. On l'avertit. Il haussa les épaules. Sans peur, mais plein d'indignation, il s'en va à minuit, entre tout droit, sans avertir personne, chez les représentants. Ils ne se couchaient point. Il les trouve tout habillés, étendus sur un canapé, dans la plus pénible rêverie. La chambre était peu éclairée. Kléber, sans dire un mot, se promène de long en large, enveloppé de son manteau. Sa noble et fière figure, qui portait la tête si haut, les fit rougir d'avoir un moment douté d'un tel homme. Au bout de dix minutes, ils se lèvent émus, et, lui prenant la main : « Allons, Kléber, vive la République ! »

III

Ce n'était pas sans cause que l'on craignait pour l'avenir le pouvoir militaire. Mais on se trompait alors en ne voyant dans ces généraux que les hommes de la guerre. Leurs écrits, leurs paroles, tout ce qui reste d'eux, montre (nous l'avons dit) qu'ils furent citoyens avant tout, obéissant aux lois jusqu'à la mort. Ils leur auraient sacrifié plus que la vie, l'honneur vulgaire du monde. Un fait pour expliquer ceci.

Un des plus braves généraux de ces temps, Leveneur, fort dévoué à La Fayette, avait eu la faiblesse de le suivre à son départ. A quelques lieues, le bon sens lui revint, il retourna à son poste. En punition, on le refit soldat. Sans murmurer, il quitta l'épée, prit le sabre de simple hussard, et, par sa brillante valeur, remonta peu à peu, redevint général. C'est l'ami, le maître de Hoche.

Personne plus que Hoche ne proclama la dépendance du pouvoir militaire, la haine de ses abus, la souveraineté de la loi. Apprenant qu'un de ses officiers vexât l'autorité civile, il lui écrivit ces grandes paroles, qui sont un de ses titres, et qu'on eût pu écrire sur son tombeau : « Fils aînés de la Révolution, nous abhorrons nous-mêmes le gouvernement militaire. » Et il destitua l'officier.

Ce n'étaient pas des protestations vaines. Dans les vastes contrées entre Rhin et Moselle qu'il gouverna un moment, il se hâta de limiter son autorité, de supprimer le gouvernement militaire et d'organiser un pouvoir civil indépendant du général.

Forcé de lever des contributions, il les levait par les magistrats du pays, les faisait ainsi juges eux-mêmes et de la nécessité et de la juste mesure où ces contributions de guerre remplaçaient les anciens impôts, en laissant un grand bienfait, la justice égale, la suppression des privilèges.

Ainsi firent Kléber, Marceau, Desaix, cette grande armée du Rhin, l'honneur éternel de la France. Privée de tout en 93, l'hiver, et mourant de faim, elle fusilla un soldat qui avait pillé.

Cet esprit d'abstinence et de ménagement pour les peuples avait souvent fait adorer les nôtres. Exemple : Marceau, Desaix, Championnet, libérateur de Naples.

Excepté Pichegru en Hollande, tous furent fidèles à cet esprit, surtout par zèle de propagande républicaine, considérant la guerre comme un apostolat de la liberté. Dugommier, dans l'aride dénuement des Pyrénées, Masséna et Schérer, dans les Apennins décharnés de Gênes, subirent d'affreuses privations pour ne pas changer de système, pour ne pas décourager l'éveil de la pensée républicaine qui se faisait en Italie. Ils ne demandaient qu'à la France. Schérer, par ses demandes incessantes, était l'horreur des bureaux. Il donna sa démission.

La fraternité qu'ils avaient pour l'étranger, il va sans dire qu'ils l'avaient entre eux. Le respect de Marceau pour Kléber, Kléber le rendait à Canclaux. La défense morale, la cordialité mutuelle fut admirable dans l'armée du Rhin. Elle vivait d'une même âme. Tous ses chefs, Dubayet, Vimeux, Haxo, Beaupuy, Kléber, furent un faisceau d'amis. Joignons-y leur représentant chéri, Merlin de Thionville, toujours à l'avant-garde, et qui ne se fût pas consolé de manquer un combat.

IV

Une chose bien remarquable alors, c'est que ce sont surtout les très grands militaires qui semblent les plus pacifiques. Hommes admirables à qui la guerre apprit surtout la haine de la guerre.

Comment s'en étonner, lorsqu'on voit que la vocation de plusieurs de ces grands hommes de guerre ne s'annonça nullement par un juvénile élan militaire, mais par un mouvement de justice et d'indignation contre l'iniquité ?

Celui que les soldats ont appelé le dieu Mars, Kléber, malgré sa force et sa taille colossale, ne se destinait point à la guerre. Il entrait dans une carrière civile, étudiait l'architecture, lorsqu'un jour, à Paris, il voit dans un café deux très jeunes étrangers, inoffensifs et timides, qu'insultait un bretteur, un de ces bravaches qui passent toute leur vie dans l'escrime, font un jeu d'insulter, sauf à tuer pour réparation.

Cette lâche brutalité, cette inhospitalité honteuse

pour notre nation, blessa le grand cœur de Kléber. Il prit le parti des jeunes étrangers, le parti même de la France, dont on compromettait l'honneur. Il déclara que la querelle était sienne, et obligea le faux brave qui provoquait des enfants d'avoir affaire à un homme. Les parents des jeunes étrangers, qui apprirent la chose, furent touchés de cette générosité, et firent entrer Kléber dans une école militaire de l'Allemagne; faveur rare et singulière qu'il n'eût pas obtenue en France, où Louis XVI venait d'interdire tout rang d'officier à ceux qui ne pouvaient prouver quatre degrés de noblesse.

Hoche eut une affaire analogue. Soldat aux Gardes-françaises, il voyait ses camarades vexés par un sous-officier délateur et spadassin. Il prit pour lui la querelle commune, et, bravant ce double péril, il punit le misérable.

La protection des faibles, l'amour des petits, c'était leur instinct et leur lot à ces chevaliers du droit nouveau. Un jour, Kléber et Marceau, dans cette affreuse Vendée, traversant un pays brûlé, désert, dont la population était en fuite, aperçoivent dans un buisson un berceau renversé. Ils approchent, ils y voient deux toutes petites filles. Filles et berceau, ils emportèrent le tout, malgré un long trajet, jusqu'à la première ville. Les enfants arrivèrent dans les bras de ces étranges nourrices. On retrouva par bonheur les parents, riches meuniers de la contrée; dans une fuite précipitée, nocturne, le berceau était apparemment tombé d'une voiture; on pleurait les enfants qu'on croyait perdus.

L'aspect terrible de cette Vendée avait frappé au

cœur ces deux héros. On le voit dans les notes de Kléber, qu'il écrivait, le soir, après les marches et les combats du jour.

Quand on lit ces notes touchantes, quand on lit les lettres *humaines*, profondément humaines, qu'écrivent Hoche, Desaix et Marceau, on pense aux notes de Vauban, même à celles que Marc-Aurèle écrit dans les forêts de Pannonie, dans la guerre des Barbares.

Marceau écrit à sa sœur : « Ne parle pas de mes « lauriers ; ils sont trempés de sang humain ! »

Ce mot semble se lire dans la belle gravure qui représente Marceau sous Coblentz, sa gloire et sa conquête, c'est-à-dire bien près de sa fin. Ses rudes soldats apparaissent, à travers le brouillard du Rhin, le long des retranchements. Le héros, amaigri par l'excès des fatigues, est svelte et un peu grêle; dans ses yeux doux, tristes et sauvages, on sent un cœur bien atteint; il a quelque chose de fantasmagorique ; il fait l'effet d'une ombre, comme celui qui a trop vu les morts et qui leur appartiendra bientôt.

En écrivant ces légendes, je les avais ainsi toutes autour de moi, ces touchantes images des fils légitimes de la République, de ses grands défenseurs, qui, nés d'elle, moururent avec elle (Marceau, Hoche, Kléber, Desaix). Médiocres portraits, mais ressemblants ; naïves, imparfaites images, dessinées à la hâte par des amis ardents qui tremblaient de les perdre, et d'avance volaient à la mort une ombre de ces hommes adorés.

Le soir, lorsque le jour avait baissé sans disparaître encore, je posais la plume et marchais en long, en large, au milieu d'eux. Leurs images pâlies me disaient bien des choses. Leurs traits se marquaient moins ; mais d'autant plus en eux, dans ces ombres imposantes, je sentais le vrai fond, l'âme commune des masses qu'ils ont représentées. Ils ne furent pas des hommes seulement, mais en réalité des armées tout entières. Ils en eurent la grande âme. Ils en furent à la fois et les pères et les fils.

Et quand parfois, en les regardant, je me demandais ce qui faisait la tristesse de ces fiers et doux visages :

« Ce n'est point, me disaient-ils, notre mort précoce, notre destin inachevé. Notre vie courte n'en fut pas moins entière. Nous fûmes les soldats de la loi, nous mourûmes avec la République. De quoi nous plaindrions-nous ? Ce qui met sur nos visages le nuage que tu vois, c'est que nous ne sommes pas morts tranquilles ; nous avons entrevu déjà qu'on ne continuerait point. Nous avons vu commencer ce qui nous fut odieux, l'adoration du succès et la religion de la force. »

DESAIX

I

Desaix de Voygoux naquit près de Riom, en 1768. Le pays et la race furent forts en lui, et il leur dut beaucoup. Il appartient vraiment à ce peuple vigoureux, honnête, laborieux entre tous, résigné aux rudes travaux. Mais l'Auvergne jamais ne fit un plus grand travailleur. Dans sa courte vie, dont chaque jour fut un combat, il a eu le temps d'écrire encore beaucoup sur toute matière, sur la guerre, sur l'histoire, sur les lieux où il combattait.

Né, élevé au pied du Puy-de-Dôme, il garda parmi les batailles un doux et calme sentiment de la nature. Une de ses études favorites était la botanique. C'était un goût d'enfance, un souvenir sans doute de ses premières années passées près de sa mère, dans cette bonne Limagne, au petit manoir de Voygoux.

Cette famille était de petite noblesse de province, plus estimée que riche, et l'enfant fut élevé dans une sage médiocrité de goûts et d'habitudes ; d'où cette vie sobre et pure. Ses maîtres, les oratoriens (au collège d'Effiat) contribuèrent sans doute aussi à continuer en lui ces dispositions d'une nature modérée et modeste.

Il n'aima qu'une fois, et il étouffa son amour, pour ne pas déplaire à sa mère.

Nul doute que, si la Révolution n'était venue, Desaix serait resté ce qu'il était, un officier obscur. Il était entré sous-lieutenant à quinze ans, en 1783, au régiment de Bretagne. L'Auvergnat comme le Breton, Desaix comme La Tour d'Auvergne, serait resté là sans rien demander et n'aspirant qu'à n'être rien.

Sous cette surface infiniment modeste, il y avait pourtant (nul ne l'eût deviné) un homme ferme, d'idées très arrêtées, et ne cédant jamais sur ce qu'il croyait juste.

La Révolution vient. Au grand étonnement des siens, qui lui auraient voulu plus d'ambition militaire, Desaix demande et obtient une place dans l'administration, celle de commissaire des guerres.

Il avait compris parfaitement que, dans la désorganisation universelle, dans les dangers qui menaçaient la France, le poste du citoyen était là où l'on pouvait aider efficacement à rétablir l'ordre et à réformer l'armée.

Il avait, sans difficulté, prêté serment à la Constitution. Il le tint ce serment, et refusa obstinément d'imiter ses deux frères, qui avaient émigré. Les plus violents reproches de sa famille n'ébranlèrent point sa résolution. Encore moins les insultes. Il reçut stoïquement l'envoi d'une quenouille qui lui vint de Coblentz.

En mai 92, il demanda à rentrer dans son régiment et passa à l'armée du Rhin.

La première occasion révéla son grand cœur et fit deviner un héros.

Sorti près de Landau, il distingue de loin, dans la plaine, quelques-uns de nos cavaliers aux prises avec l'ennemi. Ils étaient sortis en reconnaissance et se trouvaient surpris ; les Autrichiens avaient bravement lancé sur eux cinq escadrons. Desaix est indigné. Il est sans armes, qu'importe ! Il part, la cravache à la main. Il se jette à l'aveugle dans la mêlée, il est renversé, se relève ; les nôtres, enfin, se dégagent, et Desaix, rentrant avec eux, ramène encore un Autrichien.

Tel fut le commencement de ce grand homme, et telle toute sa vie, inspirée constamment d'un sentiment de justice héroïque.

En Égypte, les Arabes le nommèrent *Sultan juste*. Ce fut en effet plus qu'un héros, ce fut un juste juge. Et pour lui, le premier point dans la justice fut d'appuyer les faibles.

Dans la guerre d'Allemagne, les habitants virent bien qu'il faisait la guerre aux soldats, jamais au peuple. Ils dormaient sur leur foi profonde dans sa justice. Prêts à fuir avec leur famille à l'approche de l'armée, les paysans rentraient tranquillement : « Pour aujourd'hui nous n'avons rien à craindre, disaient-ils, c'est le corps de M. Desaix ! »

II

Capitaine en 92, général de brigade en 93, servant sous Broglie d'abord, puis sous Custine, participant à l'impopularité de ses généraux et suspecté comme eux, il fut arrêté quelque temps; son bien fut séquestré. Rien ne le rebuta. Il n'en voulut jamais à la République des défiances qu'inspirait le pouvoir mi-militaire.

A peine sorti de prison, il courut à l'armée, et arriva à temps pour couvrir sa retraite, quand il lui fallut abandonner les lignes de Wissembourg.

On le vit à Nothweiller, les deux joues percées d'une balle et ne pouvant parler, continuer à commander du geste.

Il s'enferma dans cette position, pendant que les autres corps se retiraient, la défendit obstinément, et ne la quitta que la nuit, quand tous furent en sûreté.

Les représentants du peuple, témoins du fait, lui

donnèrent dès lors l'avant-garde et le firent général de division.

C'étaient les temps de la famine. Ils révélèrent en lui le héros de la patience et de l'humanité. Ses soldats, le voyant manger comme eux, jeûner comme eux, n'avaient plus le courage de se plaindre. Sobre enfant de l'Auvergne, il mangeait son pain noir, quand on avait du pain, et il buvait de l'eau. Le jour, la nuit, il allait aux bivouacs, causait avec ses hommes du mauvais temps et des privations communes. Il leur donnait ce qu'il avait. Bon pour tous, il avait quelque faible pour ses Auvergnats, leur prêtait parfois de l'argent, à ne rendre jamais.

Un jour, des commissaires des guerres s'avisèrent de lui faire un présent de vins, de vivres. Il accepta avec reconnaissance, et donna tout aux hôpitaux.

L'argent des princes d'Allemagne, leurs caisses restées derrière eux dans leur suite, furent mis fidèlement par Desaix à la caisse de l'armée. Il n'y eut jamais moyen de lui faire accepter les présents qu'on donne ordinairement aux traités de paix. Donc, il rentra en France pauvre, léger et net de toutes choses, si bien qu'à Neuf-Brisach, si l'on n'avait payé pour lui, il se fût couché sans souper.

Dans cette glorieuse campagne de Hoche qui débloqua Landau et nous rendit le Rhin, notre frontière de l'Est, la Lorraine et l'Alsace, une grande part revenait à son lieutenant, Desaix. Il rentre, et il est dénoncé la seconde fois. Son bien est saisi encore, sa mère emprisonnée. Nul murmure, nul reproche. Dans la campagne même, à la première blessure, il avait écrit à sa mère ces mots d'héroïque douceur : « Grâce à Dieu, mon sang vient de couler; ma mère, vous serez libre. »

L'injustice est bientôt reconnue. Desaix avec simplicité retourne au Rhin.

III

Deux années durant (1794-1795), Desaix combat sans repos.

Son général et celui de l'ennemi (le prince Charles) reconnaissent également dans leurs rapports la précision de ses manœuvres et son étonnante vigueur d'exécution.

Mais le plus merveilleux, c'est qu'en hasardant plus qu'aucun général, c'était lui qui perdait le moins d'hommes. La confiance qu'il donnait aux siens et leur amour pour lui resserraient, augmentaient leur unité d'action et de mouvement, cette force inconnue qui est la victoire.

Sa douceur, son calme ordinaire, qui était grand, devenaient admirables sur le champ de bataille.

Véritable homme de guerre, c'était là qu'il avait toute sa sérénité.

Dans une affaire où tout semblait perdu, Desaix ne bougeait pas. Un aide de camp, un peu ému, vient au galop lui dire : « Général, n'avez-vous pas ordonné la retraite ? — Oui, mon ami, dit-il, la retraite de l'ennemi. »

Pichegru destitué, les représentants voulaient nommer Desaix général en chef. Il refusa obstinément. « Jamais vous ne ferez, dit-il, cette injure aux vieux militaires ; je suis le plus jeune des officiers. » Il fallut qu'on nommât Moreau.

Quand on chercha un homme pour défendre Manheim, et pour y périr, le Comité de salut public nomma Desaix. Quand Moreau, par deux fois, fit le grand et périlleux passage du Rhin, il l'exécuta par Desaix. Quand on chercha enfin, l'ennemi venant à nous, quel serait le général qu'on jetterait dans Kehl pour s'y faire écraser et arrêter là l'Allemagne, c'est encore Desaix qu'on choisit.

Ce fort de Kehl était un fort en terre, une pauvre bicoque sans palissade, avec quelques pièces de campagne. Desaix, peu auparavant, l'avait pris en deux heures. Il le garda deux mois.

Les Autrichiens, systématiques et savants militaires, bâtirent autour du fort des ouvrages énormes, une ligne de puissantes redoutes dont chacune eût valu le fort. Tout cela supérieurement armé de canons qu'on amène de Manheim et Mayence. On les amène pour Desaix. N'ayant pas de canons, il sort et prend ceux de l'ennemi. Il en prend dix, en encloue vingt, rentre avec sept cents prisonniers.

De temps à autre, il faisait, la nuit, le jour, de victorieuses sorties. L'ennemi avait perdu douze mille hommes quand il parvint enfin à dominer le Rhin par ses batteries. Desaix alors traita ; mais à une condition, c'est qu'il emporterait « tout ce qu'il jugerait convenable ». Il emporta le fort. Canons, madriers, palissades, jusqu'aux éclats de bombes dont le fort était jonché, les soldats enlevèrent tout exactement et nettoyèrent la place ; de sorte que, l'ennemi, ne trouvant plus que des monceaux de terre, demandait où était le fort (10 janvier 97).

Le 17 avril 1797, nouveau passage du Rhin sous le feu d'une armée de quatre-vingt mille hommes, couverts par des retranchements que défendent cent pièces de canon. Desaix passe le premier, le sabre à la main, et reçoit d'un Hongrois un coup de feu à bout portant. Grièvement blessé à la cuisse, il a encore la force de sauver le Hongrois et de l'arracher aux mains des Français.

Le traité de Léoben arrêtant les hostilités, le modeste général déclara vouloir étudier les dernières campagnes de Bonaparte, et se rendit en Italie. Celui-ci s'en prévalut avec son adresse ordinaire, et mit à l'ordre du jour de l'armée une visite si honorable pour elle et son général.

IV

Depuis la mort de Hoche, l'ascendant de Bonaparte avait tout entraîné. L'invasion de l'Angleterre, la grande pensée de Hoche, fut décidément abandonnée pour celle d'Égypte, brillante et poétique, mais sans résultat durable pour qui n'est pas maître de la mer. Même heureuse, cette expédition n'eût rien décidé, rien terminé; elle n'eût pas empêché les Anglais de continuer à solder contre nous la guerre éternelle.

Desaix prit part à l'expédition. D'abord, il descend à Malte, s'empare en un instant de toutes les batteries, arrive jusqu'à la place, à portée de pistolet. On sait la capitulation.

Débarqué en Égypte et commandant l'avant-garde, il marche hardiment sur le Caire. Il fait connaissance en route avec les redoutés mamelucks. Ces tempêtes de cavalerie, qui étonnent au premier coup d'œil, Desaix enseigna aux nôtres à les regarder froidement et à les attendre de pied ferme. L'expérience s'en fit surtout aux Pyramides.

Desaix se chargea de poursuivre la victoire dans la

Haute-Égypte, et serra de près Mourad bey. La grande affaire était d'empêcher ce général des mamelucks de fortifier indéfiniment ses troupes par les secours des Bédouins du désert. Desaix sur les uns et les autres frappa un coup si ferme, que ces tribus, effrayées, ne mirent plus le pied en Égypte.

Le voilà donc vainqueur, qui organise le pays, amasse des subsistances pour lui, pour l'armée du Caire. Par deux fois, Mourad revient avec une infatigable fureur, et jette cinquante mille hommes sur le petit camp de Desaix. Celui-ci le poursuit à mort par les déserts, jusqu'à ce qu'il aille se cacher aux affreuses contrées des Barabras.

Il avait vaincu l'homme et le climat, les Barbares et le soleil. Les tribus vinrent une à une lui rendre hommage, se fiant à son équité, et l'appelant *Sultan juste*. Ce dernier point était grave. Ce n'eût été rien que de vaincre, si l'Orient n'eût reconnu la justice de l'Occident, accepté sa juridiction.

Tout homme de sens avait prévu l'issue de la campagne d'Égypte. Une armée non secourue, qui allait diminuant toujours, même par ses victoires, devait ou finir d'elle-même, ou capituler. Kléber voulait le sauver à la France, ce reste admirable de l'armée d'Égypte, qui avait été l'armée d'Italie. Il essaya de traiter. Desaix eût mieux aimé périr. Il n'en conclut pas moins, par ordre de Kléber, cette transaction, bientôt violée par les Anglais, qui le forcèrent encore de vaincre à Héliopolis.

Chargé de porter le traité en Europe, Desaix fut arrêté en mer, et prisonnier un mois des Anglais.

Relâché enfin, il aborde, le 19 mai, à Toulon.

V

Il y avait des années que Desaix n'avait revu sa famille, sa mère, tout ce qu'il aimait. Mais, dans la situation critique où il vit la France, il n'hésita pas un moment à se sacrifier lui-même et tous les intérêts de son cœur. Sans rien attendre, il passa les Alpes et s'offrit à Bonaparte.

Plus d'un pressentiment sinistre assiégeait son esprit. « Il m'arrivera quelque chose, disait-il aux siens; il y a longtemps que je ne me bats plus en Europe; les boulets d'ici ne me connaissent plus. »

En route, il fut retardé par une insolente attaque de brigands piémontais qui lui tuèrent un homme.

On sait la bataille de Marengo et ses étonnantes péripéties.

Mélas avait déjà écrit sa victoire à Vienne. Lui-même se l'ôta des mains, en détachant sur ses derrières un grand corps de cavalerie. Bonaparte, qui de même croyait tenir Mélas, et qui avait détaché

Desaix pour l'envelopper, était fort en péril, si Desaix n'était revenu.

Desaix fit exactement le contraire de Grouchy à Waterloo. Grouchy s'en tint à l'ordre donné et ne bougea pas. Desaix, jugeant la situation changée, entendant le canon lointain, ne tint plus compte de l'ordre, revint et rétablit la bataille.

Il arrive au Premier Consul. Les généraux l'entourent ; ils lui content la journée, lui montrent la situation. Tous sont d'avis de faire retraite. Bonaparte ne dit rien, et presse vivement Desaix de parler.

Desaix regarde le champ de bataille ; puis, tirant sa montre : « Oui, dit-il, la bataille est perdue ; mais il n'est que trois heures, nous avons encore le temps d'en gagner une autre. »

Simple et noble parole, qui témoigne, pour l'avenir, et de son cœur indomptable et du jugement qu'il faisait d'une armée qui, brisée, décimée, pouvait, sur le même champ de bataille et le même jour, ressaisir la victoire !

Les troupes fraîches qu'il ramenait avancent pour heurter de front les Autrichiens, les arrêter, pendant que l'armée, ralliée, se jettera sur leur flanc. Ils la croyaient en retraite. Ils sont tout à coup salués par la mitraille de douze pièces qu'on démasque devant eux.

Desaix, à cheval, à la tête de la 9ᵉ légère, franchit un pli de terrain et se révèle brusquement à eux par une charge à bout portant.

Ils répondent. Desaix tombe, atteint d'une balle dans la poitrine.

Il était frappé à mort, et ne prononça qu'un seul mot en tombant : « N'en dites rien. »

On le comprit, on lui jeta son manteau sur la tête. Mais on ne parvint pas à cacher sa mort. La 9ᵉ en fut furieuse de douleur et de désespoir, et, se précipitant sur la masse des Autrichiens, elle gagna dans cette terrible lutte le surnom d'*Incomparable*, qui lui a été conservé jusqu'à la fin de nos guerres.

Desaix ne fut retrouvé qu'avec peine au milieu des morts. On le reconnut surtout à son abondante chevelure noire.

La bataille, décidée par lui, donna la paix au monde, l'empire au Premier Consul.

Bonaparte était dès lors si sûr de l'empire que, sur le champ de bataille même, regrettant la mort de Desaix, il dit ce mot impérial : « Je l'aurais fait prince. »

On a prétendu, avec bien peu de vraisemblance, que Desaix, frappé au cœur d'un coup mortel, au fort de la mêlée, au bruit de l'artillerie, aurait pu dire et faire entendre cette longue phrase : « Allez dire au Premier Consul que je meurs avec le regret de n'avoir pas fait assez pour vivre dans la postérité. » Desaix vivant ne fit jamais de phrases ; en a-t-il fait une à sa mort ?

Quoi qu'il en soit, cette parole sera à jamais démentie. Il a fait assez. Il vivra.

Il vit, non dans les monuments qui lui furent élevés, à Paris, aux Alpes, à Strasbourg, non dans les vains récits, dans la chronique oublieuse et menteuse, mais au fond du cœur de la France ou dans la reconnaissance muette, dans le culte secret des hommes de sacrifice et de devoir.

VI

Je possède un assez médiocre portrait de Desaix, qu'il a laissé faire en Égypte, vraisemblablement pour sa mère, dont il était séparé depuis si longtemps et qu'il ne devait plus revoir. Autrement son excessive modestie n'eût pas permis qu'on donnât cette importance à son image, ni qu'on transmît ses traits à la postérité.

Rien de moins flatteur à l'œil que cette gravure. Le fond, triste et uniforme, est une plaine de la Haute-Égypte, un désert de Thébaïde, tout d'âpres rochers. Plus près, dans une petite oasis de quelques arbres, se voit le camp français, tout le mouvement des travaux militaires, une fourmilière de petites figures noires qui travaillent, apportent les choses nécessaires à la vie. Les femmes, les enfants indigènes vont et viennent parmi les soldats. On sent qu'il y a là une sécurité parfaite, que c'est un lieu de justice et de paix.

On est tout à fait rassuré sur le sort de ce peuple, quand on voit, au premier plan, l'honnête et héroïque figure du général Desaix. C'est celle d'un grand travailleur, d'un homme jeune encore qui a déjà beaucoup fait, beaucoup souffert, et qui jamais ne fera souffrir les autres.

Avec sa riche chevelure noire, avec sa moustache touffue et ses grands yeux noirs, il a l'air triste, mais ferme et doux.

Il rêve... A la patrie lointaine ? aux affections qu'il laisse ? à ceux qu'il aime et ne reverra plus ? Non, il pense à ce peuple qu'on voit là-bas, et dont il est le père. Il pense à l'organisation de cette contrée infortunée. Il pense à cette rude campagne de la Haute-Égypte; dur labeur, obscur et lointain, caché dans les solitudes, loin de l'attention du monde. Si l'Égypte était un exil pour nos soldats d'Europe, la Thébaïde est un exil par delà l'Égypte elle-même.

Pauvre moine de la guerre, à travers l'affreux désert des moines de la Thébaïde, il poursuit infatigablement le cavalier mameluck. Sous ce soleil terrible, à l'heure où se cache le lion vaincu par la chaleur, où le crocodile haletant se tapit dans le Nil, le général Desaix ne lâche pas prise. Il travaille, écrit, ou combat.

« Sois pur, pour être fort. » Ce mot grave de la Perse antique se réalise à la lettre dans la vie de Desaix. Caractère absolument vierge, il dut sa sève, sa verdeur admirable, à son austérité. Sa vie est d'une pièce, d'un fil tout aussi net que fut celui de son épée.

Le devoir, le travail, telle fut sa droite ligne, et il

a ignoré les courbes de la vie. Ce que peut être le plaisir, même légitime, il ne l'a jamais su. Ayant en lui sa récompense, il n'a demandé rien de plus, rien regretté, rien désiré. Se dévouer, sans éclat et sans bruit, ce fut toute son ambition. Indépendant à l'intérieur, gardant toute son âme, il se subordonnait volontiers même à moindre que lui. C'était une de ces rares créatures que la nature a faites tout exprès pour le sacrifice, qui d'elles-mêmes se sentent nées pour cela, et qui le veulent ainsi.

HOCHE

I

COMMENCEMENTS

I

Dans une des visites que j'ai eu l'honneur de faire à la veuve de celui qui fut depuis le général Hoche[1], j'ai vu de lui une miniature douce et forte, si bien équilibrée de qualités diverses, qu'elle échappe à toute description.

Hoche était fort grand, il avait cinq pieds huit pouces ; il portait la tête très haute. Il était un peu mince pour sa taille, et peut-être un peu serré des épaules. Il avait une activité prodigieuse, terrible, qu'ont rarement les hommes de grande taille. Son geste habituel, un peu bizarre, mais qu'expliquent assez les difficultés, les contradictions qui traversè-

---

1. Restée veuve à dix-neuf ans, elle a été gardée de toute affection nouvelle par la religion de ce grand souvenir.

rent sa carrière, était de se mordre souvent la main au pli des secondes phalanges.

La hauteur de son âme était dans tout son aspect, dans sa figure. Soldat aux Gardes-françaises et très jeune encore, il figurait à une revue; une grande dame de Versailles, avec la finesse et le tact de son sexe, le remarqua entre tous et dit : « Voyez-vous celui-ci ? Ce n'est pas un soldat, c'est le général. »

Du reste, dans sa personne rien de sombre, rien de triste; une grande sérénité. Et sous ce calme, une application extrême, continue, jamais démentie. Elle seule peut expliquer qu'il ait tant fait, tant voulu, tant pensé, tant projeté dans sa vie de vingt-neuf ans, parti de si bas, ayant à rompre tant et de si cruels obstacles par l'effort de la seule vertu.

Cette action rapide, dévorante, qui le mena si vite à la mort, n'embrassait pas seulement les sciences militaires ; on est pénétré d'étonnement de voir qu'à l'armée de l'Ouest, au milieu des tentatives si fréquentes d'assassinat, des craintes de soulèvement, de l'attente de la flotte anglaise, des préparatifs de la descente en Angleterre, il songeait à commencer l'étude de la métaphysique et priait un ami de lui envoyer tel livre de Condillac.

Il répétait à chaque instant, s'en sans apercevoir, et se parlant à lui-même, un mot du fameux Jean de Witt : « *Fais ce que tu fais* », c'est-à-dire : fais bien et agis fort, travaille sérieusement. Il disait encore souvent un mot héroïque : « *Des choses, et non des mots.* » En lui point de rouerie, de mise en scène, d'appel à l'art ; point de faiseur d'arrangement pour les bulletins.

Hoche avait pour les sciences morales la préférence que Napoléon eut pour les mathématiques. Il voulait étudier la philosophie, l'économie politique avec O'Connor. Partisan d'abord des avantages commerciaux pour l'Irlande, dès que celui-ci lui eut expliqué la liberté du commerce : « Oh! la belle science! vous me l'apprendrez! » Il se jeta dans ses bras. M. O'Connor, qui m'a raconté le fait, me disait encore : « Personne n'écoutait si bien que Hoche, n'était si avide de savoir, si désintéressé d'amour-propre. »

II

Orphelin presque à sa naissance, Hoche n'eut d'autre éducation que celle qu'il se donna lui-même. Nous l'avons appelé un enfant de Paris, quoiqu'il fût né à Versailles. Mais de très bonne heure il eut Paris, le grand Paris, pour éducateur.

Paris a ses séductions, comme toutes les grandes villes; mais pour ceux qu'il n'énerve pas, il est la plus grande école du monde. Là nul objet qui ne puisse instruire. Les murs parlent, les pierres racontent, les pavés sont éloquents.

Hoche a raconté ses origines dans une lettre magnifique, en réponse à ses ennemis[1]. Fils d'un soldat devenu palefrenier aux écuries du roi, il fut d'abord

---

1. Nous donnons à la fin du volume quelques-unes de ces lettres superbes.

soutenu par sa tante, une fruitière. Mais bientôt il se suffit à lui-même, il se fit soldat.

Hoche, à vingt ans, faisait son éducation comme s'il eût prévu sa destinée. Il dévorait tout. Faut-il dire que ce grand homme, pour acheter quelques livres, tirait de l'eau, la nuit, chez les jardiniers? Le jour, il brodait des gilets d'officiers et les vendait dans un café que l'on montre encore au bas du Pont-Neuf.

Son imagination était alors infiniment active et mobile. Il lisait, dévorait Rousseau, le bréviaire de la Révolution, en attendant qu'elle vînt. Il lisait aussi des voyages. Il s'engagea, croyant que c'était pour les Indes; il se trouva que, par une supercherie ordinaire aux recruteurs, ils lui avaient fait signer un engagement dans les Gardes-françaises[1].

Ce corps participait beaucoup à l'esprit du temps. Les Gardes-françaises étaient en faction aux théâtres, aux lieux publics; ils y recevaient d'avance le souffle de la Révolution.

L'Ancien-Régime était assez fou cependant pour se fier aux Gardes-françaises, mariés pour la plupart. Fort impolitiquement on avait supprimé le dépôt où l'on élevait les enfants de troupe.

Le coup d'État du 23 mai 89, qui brisait la volonté de cinq millions d'électeurs, et donnait au clergé un veto contre la Noblesse et le Tiers, n'épargnait pas l'armée.

Par l'acte du 23, le roi déclarait de la manière la

---

1. Presque tous les détails intimes de cette biographie m'ont été donnés directement par la veuve de Hoche.

plus forte *qu'il ne changerait jamais l'institution de l'armée*, c'est-à-dire que la noblesse aurait toujours les grades; que le roturier ne pourrait monter, que le soldat mourrait soldat. Ainsi, le seul changement qu'on fît aux *institutions militaires*, on le faisait contre lui.

Ce fut alors que Jourdan, Joubert, Kléber, qui d'abord avaient servi, quittèrent le service militaire, comme une impasse, une carrière désespérée. Augereau était sous-officier d'infanterie; Hoche, sergent; Marceau, soldat; ces jeunes gens de grand cœur et de haute ambition étaient cloués là pour toujours!

Le jour même où les électeurs de Paris, annulés par le veto du roi, faisant à leur tour leur coup d'État, se réunirent dans la misérable salle d'un traiteur, 25, rue Dauphine, sans être convoqués, et contre la volonté du ministère qui leur en refusait la permission, — les soldats des Gardes-françaises, comme si le cri: *Aux armes!* eût retenti dans les casernes, forcèrent la consigne qui les retenait depuis plusieurs jours, se promenèrent dans Paris, vinrent fraterniser avec le peuple. Depuis quelque temps déjà, des sociétés secrètes s'organisaient parmi eux; ils juraient de n'obéir à aucun ordre qui serait contraire aux ordres de l'Assemblée.

III

Le 14 juillet, Hoche est au nombre des vainqueurs de la Bastille. Après le licenciement des Gardes-françaises, il entre (août 89) dans la garde parisienne, instituée par La Fayette, et il y est nommé adjudant sous-officier. Un jour de manœuvres aux Champs-Élysées, le ministre de la guerre Servan remarque la tenue et la précision du peloton commandé par Hoche, et demande le nom de « ce jeune homme alerte qui conduit si bien sa compagnie ». Quatre jours après, Hoche reçoit le brevet de lieutenant dans le 58ᵉ régiment (Rouergue). En juin 92, il rejoint son corps en garnison à Thionville, et contribue à la brillante défense de cette place assiégée par les Autrichiens. De là, il passe à l'armée des Ardennes, dans la division du général Leveneur.

Le général Leveneur était ce brave entre les braves dont nous avons déjà parlé, qui avait eu ce hasard singulier de prendre un fort à lui seul (la forteresse de Namur). C'était du reste un soldat très simple, très dévoué. Nous avons dit qu'il l'était à La Fayette au point que, La Fayette partant, Leveneur, machinalement et d'instinct, était parti aussi. Mais nous avons vu comment il se repentit heureusement, revint, et, reçu comme simple soldat, déposa sans murmure l'épée, l'épaulette, prit le sabre de hussard, jusqu'à ce que de nouveaux services lui eussent fait restituer son grade de général. Noble simplicité de ces temps si loin de nous !

Le jeune instructeur des volontaires de 92 apparaît dans l'histoire en mars 93, le jour même où toutes les puissances de l'Europe coalisées firent subir au général Leveneur son premier échec sous Maëstricht. Hoche, alors capitaine, fut chargé, dans cette malheureuse journée, de sauver le matériel de l'artillerie. Il le fit avec audace, habileté, ne laissant pour tout butin à l'Autriche qu'un seul canon.

Leveneur l'admira, le prit en amitié, en fit son aide de camp. Il avait bien vite démêlé le héros sous l'effervescence du jeune homme. Il voulut compléter son éducation.

Le brave et bon Leveneur avait lui-même besoin d'une tête pour le diriger. Ce fut le jeune Hoche. Dans la déroute de Neerwinde, dans la retraite qui suivit, ils couvrirent l'armée. Ils livrèrent près de Louvain, à la Montagne de Fer, un combat de dix-sept heures, qui fit réfléchir l'ennemi, et lui fit sentir que, tout vainqueur qu'il était, il n'entamerait pas aisément la France.

Leveneur, resté fidèle, à la suite de Dumouriez, n'en était pas moins suspect. Hoche le défendit. Quand on arrêta Leveneur, il se fit aussi arrêter. Tout s'éclaircit cependant. Hoche put aller à Paris s'entendre avec les chefs du nouveau gouvernement, les meneurs de l'opinion. Il évita les Jacobins, trop défiants pour le militaire, s'adressa aux Cordeliers. Il connaissait déjà Danton. Il alla voir aussi Marat, et plaça dans son journal une forte et chaleureuse lettre contre les intrigants qui perdaient l'armée.

IV

Hoche, à son retour à l'armée, reçut du général Barthélemy l'ordre d'aller sur-le-champ s'enfermer dans Dunkerque, menacé par le duc d'York.

C'était le moment où la coalition, démasquant sa hideuse immoralité, avouait que le nom du roi n'était qu'un prétexte pour elle. Les Autrichiens dans Condé, les Anglais à Dunkerque, à Toulon, ne cachaient point qu'ils venaient en conquérants s'approprier la dépouille de Louis XVI, et non secourir son fils.

L'affaire de Dunkerque, pour quiconque sait l'ancienne histoire de France, doit passer pour un des plus grands périls que la France nouvelle ait courus. Rappelons-nous que l'Anglais, occupant Calais deux cents ans, a été pendant tout ce temps maître de nos mers, maître de nos côtes, entrant, sortant à volonté de ce terrible repaire, faisant trembler à chaque instant toutes nos provinces du Nord. Telle eût été notre situation s'il eût occupé Dunkerque.

L'indignation donna aux nôtres une force surhumaine. Les rois étaient pris ici en flagrant délit, comme voleurs, la main dans le sac, venant voler Louis XVII qu'ils avaient dit vouloir défendre. Vingt mille Anglais, vingt mille Autrichiens tenaient Dunkerque investie. Hoche se jette dans la place, et fait des prodiges. Devenu chef de brigade, il donne aux travaux une activité extraordinaire ; il exécute avec sept mille hommes des réparations qui en auraient exigé vingt mille ; il se met à piocher lui-même. La garde civique est découragée, il relève son énergie ; les matelots se sont insurgés, il les ramène au devoir. Il communique à tous son patriotisme et sa flamme. On a conservé plusieurs des mots d'ordre qu'il donnait chaque jour, et où apparaît la grandeur de sa pensée : DESPOTES, MORT. — PITT, NÉANT. — FRANCE, EXEMPLE. — LIBERTÉ, UNIVERS.

Dans une foudroyante sortie, il écrase la gauche anglaise, Jourdan écrase la droite. L'ennemi n'eût pu échapper si le général Houchard n'eût, par hésitation ou faiblesse, lui-même arrêté la victoire.

C'est à Dunkerque que se révéla l'étonnante lucidité de Hoche sur les choses de la guerre. Il adressa au Comité de salut public un plan simple et hardi, qui, plus tard, adopté, suivi à la lettre, décida le succès de la campagne de Hollande.

Ce mémoire contenait des vues de génie. L'auteur demandait que l'armée de Nieuport suivît une marche plus déterminée : « Nous faisons une guerre d'imitation, disait-il, nous allons où va l'ennemi. Ne pouvons-nous donc agir de nous-mêmes? Cessons de nous disséminer, combattons par masses et marchons fièrement à la victoire. Marchons! il ne faut pas que la République attende l'an prochain pour être sauvée! »

V

Le 1er octobre 93, Carnot, se trouvant assis au Comité de salut public près de Robespierre, lui passa une lettre qu'il venait de recevoir, signée Hoche, un nom inconnu.

Cette lettre, toute pleine d'ardeur patriotique et républicaine, faisait la proposition hardie d'une descente en Angleterre, indiquait les moyens possibles, supputait les forces nécessaires, et se terminait ainsi : « Je ne demande ni place ni grade, mais l'honneur de mettre le premier le pied sur la terre de ces brigands politiques. »

Robespierre, après avoir lu, dit à Carnot : « Voilà un homme infiniment dangereux. »

La défiance de Robespierre n'était pas, il faut le dire, trop déraisonnable. Robespierre, Saint-Just, en amants jaloux de la République, avaient le pressentiment qu'elle périrait par les généraux. Or, de tous, et sans excepter Bonaparte qui vint plus tard, Hoche semblait le plus à craindre. Il l'était par une chose que lui seul eut à ce degré, la chose dangereuse dans les cités libres : *il était aimé*.

Un vieux et vénérable général, très savant des choses et des hommes de ce temps déjà reculé, et qui a gardé son bon sens dans l'infatuation universelle, le général Koch, me dit un jour un mot qui me frappa fort : « Mais enfin, demandai-je, qui l'eût emporté des deux rivaux, Hoche et Bonaparte ? » Il me répondit ces propres paroles : « Contre ce terrible calculateur, Hoche aurait eu une chance : *il était aimé*[1] »

Pourquoi l'était-il ? Lui-même en dit la principale cause : *il aimait*. C'était sa maxime, qu'il répétait à chaque instant : « Pour être aimé, il faut aimer. » Il n'aimait pas seulement ses égaux, mais, ce qui est rare, ses chefs.

Il fut aimé fanatiquement de tous ceux qui l'entourèrent. Les sombres et défiants proconsuls envoyés aux armées de Rhin-et-Moselle purent craindre

---

1. Il ajoutait : « A la longue cependant l'homme de calcul l'eût emporté. »

que ces sages armées, les plus sages de la France, ne fussent pourtant corrompues par leur enthousiasme pour ce séduisant jeune homme. Les militaires, Ney, Lefebvre, l'auraient suivi à l'aveugle ; les héros de la République, les Desaix, les Championnet avaient un faible pour lui, ne le distinguant pas de la République elle-même.

Mais si cet attachement des plus grands hommes de guerre semblait le rendre dangereux, il pouvait lui prêter aussi une force utile à la patrie, si, l'heure venue, épargné par le destin, il se fût constitué (comme il est probable) le défenseur de la liberté contre l'ambition militaire. Lui seul, appuyé sur la République et sur ses glorieuses amitiés, il eût opposé une barrière au nouveau César. *L'homme à qui les dieux cédèrent* (pour parler comme un Ancien) eût pourtant trouvé un obstacle : le général Hoche et le droit.

II

LANDAU. — LA PRISON

I

Au moment où il venait de faire merveille à Dunkerque, Hoche avait à peine vingt-six ans.

Jadis, dans un mouvement impétueux, il avait écrit une première lettre à Carnot, qui fut étonné et dit : « Ce sergent ira loin. » La prédiction déjà s'accomplissait.

Baudot et Lacoste, qui avaient pris la direction de l'armée de la Moselle, obtinrent que Pichegru ayant l'armée du Rhin, le commandement de l'armée de la Moselle fût donné à Hoche. Par un ferme bon sens qui touche au génie, ils comprirent qu'il n'y avait à attendre nulle victoire sans unité, que l'unité militaire, c'était celle de l'âme et du corps, du général et du soldat ; et pour général ils prirent le plus aimé, le plus aimable, le plus riche des dons du ciel, un homme en qui était le charme de la France, l'image de la victoire.

L'armée fut enthousiaste de lui avant qu'il eût rien fait. Un officier écrivait : « J'ai vu le nouveau général. Son regard est celui de l'aigle, fier et vaste. Il est fort comme le peuple, jeune comme la Révolution.

Hoche avait les Prussiens en tête, et Pichegru les Autrichiens. Hoche devait percer les lignes des Vosges, débloquer Landau, et opérer sa jonction avec Pichegru.

L'armée de la Moselle, qui avait le plus à faire, avait été jusque-là une armée sacrifiée; on l'avait souvent affaiblie au profit de celle du Nord, et récemment au profit de celle du Rhin, qui en tira six bataillons. Elle était bien plus affaiblie encore par sa longue inaction, par son mélange avec la levée en masse, par l'indiscipline. Hoche comprit les difficultés. Une telle armée était susceptible d'un grand élan, mais fort peu de manœuvres savantes. Il était difficile avec elle de suivre les idées méthodiques du Comité. La rapidité était tout. Hoche supprima les bagages, les tentes mêmes, en plein décembre.

Les soldats déjà fatigués de la campagne, murmuraient hautement. Hoche mit à l'ordre que le régiment qui avait le premier exprimé son mécontentement, n'aurait pas l'honneur de prendre part au prochain combat. Les mutins vinrent, les larmes aux yeux, supplier le général de lever cette punition infamante, implorant la bataille, demandant à marcher, au contraire, à l'avant-garde. Hoche leur accorda cette grâce, et ils firent, pour l'en remercier, des prodiges de valeur.

Maheureux à Kaïserslautern dans ses premières

attaques, Hoche revint à la charge avec un acharnement extraordinaire. Toute l'armée criait : « Landau ou la mort ! »

Bien lui en prit en ce moment d'être un soldat parvenu. Noble, il eût été suspect; mais il reçut une lettre rassurante et généreuse de Saint-Just et de Lebas. Lacoste et Baudot le suivaient pas à pas, combattaient avec lui en intrépides soldats, durs, sobres, couchant sur la neige.

L'échec de Kaiserslautern faillit se renouveler devant Frœschwiller. Les redoutes de l'ennemi, disposées en amphithéâtre, étaient défendues par une invincible artillerie. A l'aspect des retranchements et du triple rang de batteries qui les couronnent, les bataillons républicains hésitent. Mais Hoche connaît ses soldats; ces formidables canons, il les met gaiement aux enchères. « Camarades ! s'écrie-t-il en parcourant les rangs, à quatre cents livres pièce les canons prussiens ! — à cinq cents ! — à six cents ! » « Adjugé ! » répondent en riant les soldats. Ils s'élancent au pas de charge, la baïonnette en avant; en moins d'une heure, les trois lignes de redoutes sont franchies, emportées; les Prussiens abandonnent dix-huit canons, vingt-quatre caissons; et les pièces traînées devant le général Hoche sont payées comptant au prix de l'*adjudication*.

Les Prussiens cédèrent; l'armée de la Moselle déboucha des Vosges, descendit en plaine; Landau fut sauvé, la jonction opérée avec Pichegru. Hoche se jeta dans ses bras : « Qu'est-ce que c'est que ce Pichegru ? écrivait-il; ses joues m'ont paru de marbre ! »

Le premier bulletin daté de Landau fut envoyé par Pichegru. Barère parla de la victoire, sans dire un seul mot de Hoche.

Landau, Bitche, ces forteresses étaient le dernier, le faible fil auquel était suspendu le grand avenir de la France. Le Comité de salut public, dans ce péril, avait pris une décision forte. Il avait envoyé dans Strasbourg, perdue presque pour la République entre les traîtres et les fous, il avait envoyé Saint-Just, c'est-à-dire la loi, la mort.

Qu'allait-on faire maintenant ? Qui devait commander les deux armées pour agir d'ensemble ? Saint-Just ne daignait pas communiquer à Baudot et à Lacoste ses instructions secrètes. Ils se lassèrent de cette taciturnité et de l'inaction de Pichegru. Ils jouèrent leur vie. Le 24 décembre, ils ordonnèrent à Pichegru d'obéir à Hoche.

Tout dès lors alla comme la foudre. Hoche lança six mille hommes au delà du Rhin, sur les derrières de l'ennemi. Puis, lui-même, en cinq jours de combat, terribles, acharnés, il poussa l'ennemi à mort, et se jeta sur le Rhin.

Voilà l'Alsace sauvée, l'étranger chassé, le Rhin repris, conquis, gardé (jusqu'en 1815) !

Quels sont les plans admirables qu'on reproche à Hoche, Lacoste et Baudot d'avoir fait manquer par leurs victoires ? On eût, dit-on, enveloppé l'armée autrichienne. C'était l'idée fixe toujours de prendre et d'envelopper. On le voulait à Dunkerque. Il semble qu'on n'ait pas su ce qu'étaient les armées de la République. Très vaillantes, elles étaient très peu manœuvrières encore, très peu capables de ces opérations compliquées, si faciles à combiner dans le cabinet, si difficiles à exécuter sur le terrain avec des soldats novices, émus, spontanés, et qui, forts par la passion seule, étaient infiniment moins propres à servir d'instruments aux calculs des tacticiens.

L'offensive brillante que prit Hoche en Allemagne, et qu'on arrêta, était chose plus pratique certainement que la tentative de faire saisir comme en un filet une armée très aguerrie par la nôtre, formée d'hier, les vieilles moustaches hongroises par nos toutes jeunes recrues.

Hoche, arrêté dans ses succès, fut furieux; il écrivit énergiquement qu'il briserait son épée, qu'il irait vendre du fromage chez sa tante la fruitière. (Papiers de Lindet.)

Le Comité indigné, effrayé de ce langage nouveau, l'éloigna de ses soldats « pour un autre commandement ».

Ce commandement fut à la prison des Carmes.

II

Hoche, aux Carmes, n'eut qu'une cellule de six pieds carrés, sans jour et sans air, donnant sur une étable, dont les vapeurs ammoniacales faillirent l'aveugler[1]. Quelle loge pour ce jeune lion, qui avait

---

1. Il dut toujours, depuis, porter des conserves.

toujours vécu sous le soleil, respiré toujours le grand air libre des batailles, déployé en tout temps une si terrible activité !

Cette vaste et sinistre maison des Carmes, sinistre par ses souvenirs, était alors pleine de femmes, la plupart charmantes. On y montre une chambre longue et profonde, très étroite, de vingt pieds sur quatre, où se trouvaient entassées les trois grandes dames les plus gracieuses et les plus jolies de Paris, la Cabarrus, la Beauharnais et une autre. On se voyait à travers les grilles de la prison.

Il ne pouvait exister aucun lieu plus dangereux pour un homme d'action que les prisons de la Terreur. La mort n'y était pas seule à craindre, mais pour peu qu'on y séjournât, une autre mort : l'énervation physique et morale. Elles étaient excessivement malsaines en tous sens, ces prisons. Hoche devait y rencontrer les seuls écueils où pût heurter sa vertu républicaine, l'amour et la molle pitié. Les dames de la cour étaient là cent fois plus dangereuses qu'elles ne l'eussent été à Versailles. Leur coquetterie, leur esprit d'intrigue, leur corruption, n'apparaissaient plus ; on voyait des femmes souffrantes, inquiètes, qui avaient besoin d'un ami pour se rassurer. On disputait peu son cœur à celle qui, peut-être, devait mourir demain.

Hoche fut transféré bientôt à la Conciergerie. Il y resta quatre mois. Il lisait les moralistes, Sénèque et Montaigne, les ingénieux panégyristes de la mort. Lui-même écrivait des portraits de mœurs et des caractères. Aux livres de ces beaux esprits, il comparait la réalité vivante, tous ces gens qui, riant, pleurant, égayant leur dernière heure de plaisirs rapides, franchissaient le grand passage.

L'ancienne société était encore, là, terriblement corruptrice; elle l'était par la pitié; elle l'était par le plaisir; elle l'était par le doute. Un vertige contagieux venait; on partageait volontiers la dernière heure des victimes, leurs pleurs ou leurs légèretés folles. C'était la meilleure école pour perdre la foi, les mœurs, pour haïr la République.

Hoche était heureusement un trop grand cœur pour s'abandonner à cette influence. On le voit par ces esquisses qu'il écrivait en prison; il essayait par l'ironie de repousser cette mort morale. Il écrivait des choses badines, et n'en était que plus triste.

Un jour qu'il se promenait mélancoliquement dans un long corridor sombre, on ouvre à grand bruit le guichet; un homme d'assez haute taille s'incline pour passer la porte basse, et se relevant montre à Hoche la noble, l'impassible, la redoutée figure de Saint-Just. C'était le 9 thermidor. Nous tenons ce détail de Mme Hoche elle-même. L'un entre, l'autre sort. Voilà la prison, et voilà la vie !

Celui qui sortait était incapable d'insulter à ses ennemis qui venaient prendre sa place. Quelle qu'ait été l'erreur fatale des chefs de la Terreur, Hoche savait leur sincérité, leur dévouement à la France. Il n'a jamais dit un seul mot contre eux. Un officier lui rappelant qu'ils avaient été ensemble à la Conciergerie : « Oublions cela, mon ami, lui dit-il, craignons que ce souvenir ne nous rende injustes pour ceux qui servirent la patrie au péril de la vie et qui s'immolèrent pour elle. »

III

LA VENDÉE

I

Enfoui quatre mois dans un cachot, Hoche y laissa sa santé pour toujours.

Thermidor, la mort de Saint-Just, ne lui ramenèrent pas la faveur des bureaux. On donna à Pichegru la grosse armée et l'affaire éclatante de Hollande. A Hoche, la triste Vendée, une guerre douloureuse, où il s'usa, et où la victoire même était un deuil.

Qu'allait faire dans cette guerre plus que civile, qui était en même temps une guerre d'embûches, une guerre de buissons, cet homme de vingt-cinq ans, si impétueux sur le Rhin, ce général rapide, en qui ses officiers (Desaix, Championnet, Lefebvre, Ney) voyaient distinctement le génie de la France, l'étoile de la victoire? Hoche étonna dans l'Ouest par une longanimité étrange et inouïe. Chez ces paysans sauvages, dans cette guerre d'incendies, de vols, d'assassinats, il apporta une chose nouvelle, le respect de la vie humaine. Les premiers mots qu'il dit, empreints de son grand cœur, étaient le plus touchant appel : « Français, rentrez au sein de la patrie! Ne croyez pas que l'on veuille votre perte! Je viens vous consoler... Et moi aussi, j'ai été malheureux... » (septembre 94.)

La Vendée s'éteignait, la Bretagne s'allumait. A Rennes, où il arrive d'abord, il trouve la contre-révolution frémissante, déjà insolente. Qui le croirait? personne à aucun prix ne voulut lui donner de logement. Rien ne le corrigea de sa générosité.

Les villes souffraient fort du soldat, qui lui-même s'y énervait, devenait indiscipliné. Hoche prit la mesure utile, mais sévère, à l'entrée de l'hiver, de le tirer des villes, des villages, de le faire camper dans une suite de petits camps qui surveillaient tout le pays, l'enveloppaient comme d'un réseau.

La loi autorisait l'armée à prendre un cinquième de la moisson. Le paysan fut bien surpris de voir le général fournir de la semence à ceux qui en manquaient, donner des vivres aux plus nécessiteux, se faire le père commun du peuple et du soldat.

La campagne eut de lui un autre bien inattendu. Dans la Vendée, on forçait le paysan à couper, à détruire ses haies, qui lui sont nécessaires pour parquer le bétail, lui donner du feuillage, et pour les mille usages qu'on tire du petit bois. Hoche, avec une magnanime confiance, permit les haies, montrant qu'il redoutait peu l'embuscade, craignait peu d'être assassiné. On attenta pourtant quatre fois à sa vie. A la première, il envoya vingt-cinq louis à la veuve de l'assassin; une autre fois, il se chargea de nourrir les enfants de son meurtrier.

Cela était si imprévu, si surprenant, que personne n'y crut. Quand, par sa conduite, il se montrait si vraiment bon et humain, on le jugea faible et crédule. Il se refusait les moyens irritants dont on avait tant abusé, les visites domiciliaires, par exemple; la bonne société, les belles dames caressantes, feignant d'admirer sa grandeur d'âme, l'invoquaient en faveur de ces « pauvres chouans ».

Tandis qu'on essaye ainsi de l'aveugler, on répand dans l'Ouest la fable que la République est partout vaincue, que le Bourbon d'Espagne vient de faire son entrée à Paris. Les chouans hardiment se montrent au théâtre de Nantes dans leur costume; l'officier est en habit vert; tous ont des colliers verts et noirs, de belles écharpes blanches, chargées de brillants pistolets.

Pendant qu'ils paradent, un personnage fort louche, M. de Puisaye, passe de Bretagne à Londres, avec les pouvoirs de quelques chefs douteux. Il va droit à Pitt. Ce ministre n'avait jamais vu un si mauvais Français, si bien fait pour vendre la France. Nos émigrés, absurdes, inconséquents, légers, faisaient des réserves, parfois se souvenaient de la patrie. Puisaye, du premier coup, dit « *qu'il était Anglais* » (en effet il avait quelques parents anglais). Il surprit Pitt en affirmant que la Bretagne ne voulait plus des émigrés étourdis et brouillons, *qu'elle voulait des Anglais*. Des Anglais déguisés? Non pas, des Anglais avoués, en uniforme, en *habit rouge!* Elle demandait qu'en toute place conquise avec le drapeau blanc, le drapeau anglais fût arboré. Pour un moment? Non pas, pour y rester. On désire que les *Anglais restent* et qu'ils ne s'en aillent pas.

Quand Puisaye eut ainsi magnétisé Pitt, il le désabusa sur le fanatisme de l'Ouest, il le lui montra prêt à recevoir l'assignat de l'étranger, contrefait par les plus habiles graveurs de Hollande; indiscernables assignats que Cambon eût acceptés. On en ferait d'abord trois milliards à la fois; de quoi acheter la Bretagne. Ce moyen était sûr. La France était perdue.

Chose piquante, ce projet, qui allait combler les chouans, avait pour base et garantie la ruine de l'émigration. Si l'on en venait là, quel champ superbe de disputes, que de procès entre les royalistes mêmes, quel magnifique espoir de guerre civile! Car enfin, tous ces milliards d'assignats seraient finalement payés en biens nationaux, biens d'Église, biens d'émigrés. Pitt remercia Dieu.

Puisaye, regorgeant d'assignats, en saoûla les chouans. Il payait même d'avance. Il donna à plusieurs jusqu'à deux ans de solde. Mais la merveille, c'est que ces assignats, étant si parfaits, ne pouvant être refusés de personne, il les changeait en or à volonté. Un fleuve d'or coula tout à coup. Chaque prêtre qui partait de Londres avait dix mille livres en louis.

Que pouvait contre tout cela le génie de Hoche? Il avait à lutter contre une force immense, invisible. Il ne pouvait même combattre l'insaisissable ennemi.

La tactique des *honnêtes gens* qui obsédaient le

général et les représentants, était de leur persuader que la terrible orgie de sang qui avait saisi le pays (le chouan, la poche garnie, n'avait plus de travail que de se promener en égorgeant, pillant les patriotes), que ces assassinats n'étaient pas politiques, étaient de simples actes de voleurs, de brigands.

Les chouans avaient, cependant, leurs tigres et leurs renards : le tigre Cadoudal, le renard Cormatin. Ce dernier regardait vers Londres, rusé et patient, mystifiait les républicains, se moquait d'eux.

Hoche, dans son désir d'arrêter l'effusion du sang, ne refusa pas de voir Cormatin, qui menait toute l'intrigue. Ce chef se donna pour humain et sage, tout à fait ami de la paix. Hoche, suivant son grand cœur, lui parla comme à un homme sincère, rappela ses propres malheurs et s'étendit sur le besoin de sauver le pauvre peuple. Il répéta ce qu'il avait dit dans une lettre : « Qu'ils viennent, qu'ils viennent, je suis prêt à les embrasser. »

« Je suis Français, dit Cormatin, et comme tel je me suis réjoui de vos victoires du Rhin, des Pyrénées. Je sais bien, hélas ! que mon parti, formé par le désespoir, *n'a rien à attendre du dehors.* » Hoche, charmé de le voir dans de bonnes pensées, lui rappela la conduite de l'Angleterre dans la Vendée, et crut l'avoir convaincu que les Vendéens et les émigrés avaient été joués par la coalition.

Mais Hoche n'était pas de ceux qu'on trompe longtemps. Un jour, il traversait un bois avec Cormatin ; celui-ci, averti par un de ses hommes, dit d'un air mystérieux : « Il y a là *des gens...* je vais leur parler. » Il voulait avoir l'air de protéger le général. — « Je ne veux rien de vous, monsieur, dit Hoche ; je passerai bien sans vous. Restez et tenez-vous derrière. » Cormatin, en grommelant, obéit, se mit derrière ; puis il piqua des deux et disparut dans le bois.

Le cruel mois de mai (1795), qui fut l'éruption des grands massacres du Midi, arracha dans l'Ouest le voile de la fausse paix, hypocrite et sanglante, qui fut le résultat de la pacification de la Jaunais (15 février 1795). Il montra les abîmes qui se cachaient dessous.

Tandis que, de toutes parts, continuaient les assassinats des patriotes, les attaques sur les routes, l'affamement des villes où les chouans empêchaient d'apporter les vivres, les représentants s'obstinaient à croire à cette paix, à dire et redire à la Convention qu'elle avait tout fini.

A la moindre répression, c'était Hoche que l'on accusait. « Il violait la paix. Il se plaisait à réveiller la guerre, à refaire une Vendée. » Par deux fois, on faillit lui enlever le commandement. C'était plutôt l'indulgence qu'il eût fallu blâmer. La débonnaireté de Carnot (qui dirige la guerre jusqu'en mars), la magnanimité, parfois mal placée, de Hoche émoussaient l'action. Quelle risée les chouans purent faire de sa lettre héroïque, imprudente, au coquin Boishardy ! Il croit à son repentir, il lui ouvre les bras, lui écrit comme à un frère, tend sa glorieuse main à cette main sanglante. Nouveaux assassinats. A mort les modérés ! A mort le paysan qui porte son grain à la ville ! A mort les voyageurs les plus inoffensifs !

Ils tuèrent neuf enfants qui s'en allaient à une école de marine.

Les royalistes introduits dans les Comités gouvernants de la Convention écrivaient : « *Ce sont les terroristes qu'il faut désarmer* » (terroristes, lisez : patriotes). Autrement dit : désarmez les victimes!

Ces Comités crédules, ayant de tels guides, n'entendaient pas les avis de Hoche ; ils entendaient les contes, les fables, les mensonges du rusé Cormatin. Il écrivait impudemment aux Comités : « Vous craignez les Anglais. N'ayez peur. Un seul mot de moi les renversa. » Cormatin protégeait la France!

Tout périssait. Le soldat affamé mangeait souvent de l'herbe. Canclaux était malade ; Hoche le devenait. Dans une lettre il avoue son chagrin, « sa misanthropie. »

Dès avril, Charette, le grand meneur de l'insurrection, avait dit qu'il n'acceptait la paix que pour gagner du temps. Cormatin, de son côté, écrit à un chef « qu'il faut dissimuler encore, endormir les républicains, n'agir que de concert avec tous les royalistes de France ». Et surtout, ce qu'il n'ose écrire, attendre la grande flotte anglaise que Puisaye, l'autre fourbe, a obtenue de Pitt, et qui va ramener une armée d'émigrés.

Le 23 mai, un hasard livre à nos représentants ces lettres secrètes de Cormatin. Il est arrêté le 25. La guerre éclate le 26. Tout l'intérieur remue et la côte menace. Double embarras pour Hoche. Il faut qu'il se divise pour faire face aux chouans, protéger les villes, garder les routes. Et, d'autre part, il faudrait au contraire qu'il pût se concentrer pour repousser le débarquement imminent.

Où, et quand, et comment ce débarquement doit-il se faire? On ne peut le prévoir. Hoche est en pleine nuit. Tout est si sûr pour l'ennemi, et si discret du côté des chouans que, pour enlever de la poudre, ils font une course de trente lieues. Cette grande attente dura un mois (du 26 mai au 26 juin).

L'homme de ruse et de calcul, Puisaye, avait obtenu de Pitt l'expédition en promettant qu'il soulèverait la Bretagne, entraînerait la Vendée.

Mais il était difficile d'entraîner le pays dans un même élan. La longueur de la guerre avait fait de chaque armée, de chaque chef, comme une puissance féodale. Et toutes ces puissances dissonantes au plus haut degré. L'armée d'Anjou, du centre, sous le prêtre Bernier, sous Stofflet, le garde-chasse, gouvernée par les prêtres, était clérico-païenne. A gauche, Charette et ses bandes à cheval, allant, venant, virant par les routes embrouillées du Marais vendéen, avec ses amazones galantes (et très cruelles), sa dame Montsorbier était l'ennemi des prêtres, peu aimés de l'émigré. A droite de la Loire et jusqu'à la Vilaine, au château de Bourmont, Scépeaux avait dans sa bande force nobles, plusieurs émigrés, peu sympathiques aussi aux prêtres. Puisaye, qui tout à l'heure quittera l'Angleterre, était fort vers Fougères et vers Rennes. En Normandie, Frotté. Au Morbihan commençait la féroce démocratie du meunier Cadoudal.

II

La côte semblait fort bien gardée au Morbihan par notre flotte, très forte; mais l'indiscipline de nos marins novices la fit battre (23 juin). Elle fut bloquée à Lorient. Et l'énorme convoi que protégeait la flotte anglaise put mouiller à Carnac, à la large presqu'île de Quiberon, qui ne tient à la terre que par une langue étroite.

Elle était très mal défendue par de petits forts presque vides, sans vivres, qui se rendirent bientôt. Derrière, jusqu'à Auray et Vannes, la sombre contrée, fort boisée de petits chênes, bouillonnait de chouannerie (26 juin 95).

Nul obstacle. Quand Hoche arriva, il trouva que son ordre pour réunir les troupes n'avait pas été obéi. Il n'y avait que quatre cents hommes. Il était réellement assis sur un volcan. Et le pis, un volcan obscur qu'on ne pouvait pas calculer! Même les villes ne tenaient à rien. D'Auray tout s'enfuit vers Lorient. D'autres vers Rennes. Vannes est tout royaliste. Ce fut comme une traînée de poudre. A Caen, à Rouen, on crie : « Vive le roi! » La Loire éclate. La grande Nantes est bloquée! Saint-Malo, miné en dessous, attend une flotte anglaise déjà près de Cherbourg.

Un temps chaud et superbe illuminait Carnac. Ce lieu austère, avec ses vieilles pierres druidiques, sa grève presque toujours déserte, offre tout à coup un grand peuple. Tout sort des bois, des rocs. Trente mille âmes sur la grève, hommes, femmes, enfants, vieillards qui pleurent de joie et remercient Dieu. Ils apportent tout ce qu'ils ont de vivres, ne veulent pas d'argent. Ils sont trop heureux de servir. Tous, femmes, même enfants, ils s'attellent « aux canons du roi », ils les tirent dans le sable, et les hommes se mettent à la nage pour aider à sortir les caisses des bateaux (Puisaye, VI, 144.)

Mais que devient cette foule exaltée quand elle voit descendre des vaisseaux, en costume pontifical (ô bonheur!), un évêque! L'intelligent Puisaye avait chargé la flotte de prêtres (avec dix milliards d'assignats). Les femmes, hors d'elles-mêmes, rouvrent les chapelles, s'y étouffent, les lavent de larmes.

Pauvre peuple! mais très redoutable, ayant bien mieux gardé que tous l'étincelle fanatique. Cette grande scène tourbillonnante était pleine d'effroi.

Hoche fut ici superbe de hauteur intrépide et de lucidité. « Du calme! du secret! » écrit-il aux généraux. Et à Paris, aux Comités : « Soyez tranquilles. »

Sa crainte était pour Brest autant que pour lui. Il dit à l'officier solide qu'il y met : « Tiens-y jusqu'à la mort! » En un moment, il ramasse des forces, en emprunte aux généraux voisins. De Paris, rien qu'une promesse de douze cents hommes, puis de troupes qui viendront tôt ou tard, ou du nord ou des Pyrénées.

Le 5 juillet, il eut treize mille hommes. Point de canons encore, point de cavalerie, qu'il demandait depuis trois mois. L'ennemi, au contraire, avait là tout sous la main, tout un peuple pour lui ; il eut en un moment quinze mille chouans, braves et armés, avec lesquels il occupa Auray.

Puisaye, avec beaucoup de sens, avait choisi le Morbihan, préféré cette côte. La chouannerie y était toute neuve, et dans la plus rude Bretagne, tenace et violente, à têtes dures, étroites, ce qui n'exclut nullement les ruses du sauvage. De plus, chose assez rare, il avait *un homme*. Le féroce Georges Cadoudal fut l'homme vrai de la contrée. Il était du Morbihan même, aussi identique au pays que les cailloux, les chênes trapus, biscornus de la lande, que les grains sinistres des grèves désolées de Carnac.

Puisaye, lui, avait deux faces. Né Normand, mais Breton de rôle, c'était un vrai Janus. Il avait été élevé à Saint-Sulpice, et sa figure douceâtre de bon séminariste était d'un homme liant, pliant et prêt à tout.

Son plan, pour Quiberon, était grand et hardi. Il eût voulu avoir pour lui, bien à lui, quelque peu de troupes anglaises (point d'émigrés qui devaient tout gâter). Les chouans, appuyés de cette petite base et se lançant à fond de train, avec leur furieux Georges, allaient emporter Rennes, remettre la Vendée debout et l'entraîner. Ce tourbillon rasant la Loire enlevait Nantes, enlevait tout.

Puisaye rend une haute justice à l'énergie des républicains, à leur activité, et s'accorde parfaitement avec le récit de Moreau de Jonnès, un grenadier de Hoche. Il y avait là une jeunesse admirable, celle de Nantes, si éprouvée, mais si ardemment patriote. Il y avait Rouget de Lisle, l'auteur de la *Marseillaise*, que Tallien avait délivré des prisons de la Terreur. Il y avait ce jeune Moreau de Jonnès, si aimable, toujours souriant, qui nous a donné son excellent récit. Une alacrité héroïque, semblable à celle de Hoche, était en tout le monde, malgré la pénurie des vivres. Le soldat affamé ne trouvait rien ; le chouan trouvait tout. La chaleur était excessive. Ils n'avaient presque que du vinaigre et de l'eau-de-vie.

Contre cet héroïsme, Puisaye croyait à l'héroïsme. Tirer Georges Cadoudal, ce Georges taillé sur le patron des juges d'Israël, d'Aod « qui frappait des deux mains », ou du vaillant et sanguinaire Jéhu ; le tirer de la presqu'île, le relancer au Morbihan, le jeter sur le dos de Hoche comme un tigre ou un jaguar, c'était une idée simple. Dans la réalité, le général républicain, avec ses treize mille hommes, n'avait dans la contrée que le petit espace qui couvrait son camp. Il tenait au bord du pays comme un corps étranger, sans racines. Malgré sa superbe attitude, il avait fort à craindre si, attaqué de front par les troupes régulières de d'Hervilly, le surveillant de Puisaye, il était pris derrière par les chouans. Il suffisait que, même sans agir, ils courussent le pays pour que Hoche manquât de vivres.

Le 16, ils devaient tomber d'ensemble sur les républicains, qui se trouveraient ainsi entre deux feux.

« Attendez le comte d'Artois. Voilà qu'il est en mer. » Et, sur cet avis, le 14, on apprend qu'un secours, en effet, arrive d'Angleterre. Mais ce n'était pas le comte d'Artois; il promettait toujours et jamais n'était prêt. C'étaient seulement mille hommes menés par un jeune homme, le très jeune colonel Sombreuil, cher à l'émigration par sa valeur fougueuse, et bien plus encore par le souvenir de sa sœur.

Cette brillante figure de Sombreuil allait éclipser tout. Il ne pouvait arriver que le soir du 15, débarquer le 16. Le 15, dans l'après-midi, d'Hervilly, sans l'attendre, donna ses ordres pour l'attaque convenue du lendemain. En vain Puisaye, qui reçoit à l'heure même de Londres son titre de général lui subordonnant d'Hervilly, en vain Waren le suppliaient d'attendre le renfort de Sombreuil; d'Hervilly n'entend rien, n'écoute rien. Ce qui est dit est dit.

Le plan de d'Hervilly était de partir la nuit, de surprendre Hoche à Sainte-Barbe, pendant que Vauban surprendrait le poste de Carnac. Ni l'un ni l'autre n'arriva avant le jour. Nulle surprise. Point de chouans. Quelques coups de feu, tirés au loin. Mais Hoche bien éveillé, en force avec beaucoup d'artillerie qui lui était enfin venue.

D'Hervilly, le voyant de front si imposant, ordonna un mouvement oblique qui présentait son flanc, le faisait défiler tout entier sous le feu de Hoche. Contre ce feu, les canons royalistes, fort bien placés, tonnaient et déjà démontaient les pièces. D'Hervilly les déplace, les porte en bas dans le sable, où ils s'engagent et ne servent plus à rien. Alors il fait retraite avec son régiment. Mais, les autres n'étant pas avertis, on battait d'un côté la charge, et la retraite de l'autre. Le désordre fut au comble, la perte énorme. D'Hervilly blessé mortellement. Tout y eût péri, si Waren, de ses chaloupes canonnières, n'eût fait un feu très vif, qui enfilait toute la plage et qui arrêta les vainqueurs.

Les dépêches de Hoche montrent bien que l'histoire ne s'est pas trompée et que c'était un vrai héros. Un grand peuple de femmes, de vieillards et d'enfants restaient encore dans la presqu'île. Hoche seul en a pitié. Il écrit aux représentants, et, par voie indirecte, il expose au Comité de salut public ce qui peut excuser ces malheureux, « entraînés par la terreur ou le prestige. Il serait cruel, impolitique de les détruire, Qu'ils désarment, aillent moissonner. »

Des témoins qui ont vu et conté la catastrophe de Quiberon, le seul qui ait tout vu, du commencement à la fin, fut le jeune grenadier de Hoche, Moreau de Jonnès, esprit fort modéré, nullement hostile aux vaincus. Puisaye et Vauban, tous deux couchés chez eux, et loin du fort, furent éveillés par le canon.

C'étaient toujours les nobles étourdis de Rosbach, se piquant de n'avoir pas peur, de ne prendre nulle précaution. Ils s'étaient dispersés le long de la presqu'île, aux lieux les plus commodes comme abris. Leur autre étourderie fut la confiance qu'ils eurent en arrivant au canon anglais sous lequel ils étaient.

On connaît l'effroyable dureté de ces pontons anglais, où les prisonniers manquaient de tout, même d'air. Eh bien! les ministres anglais, faits aux violences de la *presse*, et d'Hervilly, dur et brutal, avaient imaginé de recruter là-dedans et d'affubler ces misérables d'habits rouges pour les mener contre la France. Le plus simple bon sens disait qu'il ne fallait pas mettre ces gens, enragés d'être avec les

ennemis de leur pays, au poste de confiance, au fort
Penthièvre. Il est vrai que ce fort, presque entouré de
la mer et très escarpé d'un côté, permettait peu l'évasion. Mais un certain David, l'un d'eux, hasarda tout;
il se laissa couler par ces pentes rapides, et reconnut
fort bien que ce n'était pas un abîme, mais des assises
en gradins, chacune de cinq à six pieds de haut, et
que le petit bord, de gradin en gradin, faisait une
sorte de sentier, large à peu près d'un pied et demi.
Son succès enhardit; et trente-neuf autres, la nuit
suivante, usèrent du même chemin.

Hoche, à qui on mena David, craignait un piège et
hésitait à risquer ses meilleurs hommes dans un tel
casse-cou. On dit que ce fut Tallien qui saisit avidement ce moyen d'abréger.

Comment serait la nuit? claire ou obscure? C'était
la question. La soirée n'était pas trop belle. Hoche
monta sur un pic assez élevé qu'on nomme la Roche-aux-Fées, et observa. Les troupes répandues tout
autour le virent là, reconnurent cette haute figure
héroïque, qui se détachait fièrement dans un dernier
rayon de soleil. Un cri immense s'éleva, une chaleureuse acclamation (20 juillet, 2 thermidor).

Tout alla bien. La soirée devint sombre; du côté
de l'ennemi, tous s'endormirent avec confiance.

Hoche ne s'endormait pas. Il forma une colonne
de grenadiers d'élite sous l'adjudant Ménage, un
homme sûr, qui ira par la droite, montera conduit
par David, fera l'exécution. Une autre colonne de
front doit attaquer, tandis que sur la gauche Humbert
tournera le long de la mer.

Ménage et sa colonne devaient marcher une lieue

et demie dans les ténèbres, ayant sur eux l'artillerie des forts. Le temps, qu'on désirait mauvais, le fut bien plus qu'on ne voulait. Ce fut un froid orage, qui, venant avec la marée, poussait la vague contre le chemin qu'on suivait, la lançait au visage. On marchait en pleine eau jusqu'à la ceinture. Les fusils se mouillaient et l'on ne pouvait plus compter que sur les baïonnettes. Le chemin devint si étroit, qu'on ne marchait plus qu'à la file le long de cette mer terrible. Une ombre suivait, allait, venait, reconnaissait les chefs, les nommait, les encourageait. Il était là, le bien-aimé et l'intrépide, les réchauffant de son grand cœur.

Mais la montée commence. On n'y voit goutte. On suit David. Ces gradins de cinq ou six pieds qu'il faut escalader, ce fin petit chemin de dix-huit pouces qui en fait le rebord, tout cela étonne un peu nos jeunes soldats, sans parler de l'abîme noir qu'on a dessous, l'aboiement de la folle mer.

Plusieurs à ce moment (Moreau de Jonnès l'avoue), se ressouvinrent de leur enfance et se mirent à dire leurs prières.

Au haut de la plate-forme, la garde s'abritait de la tempête, du vent furieux. Le petit mur est sauté au cri de : « Vive la République! » Tout est tué. On se précipite en bas dans le retranchement où étaient les batteries. Il était temps. Elles tonnaient déjà. A la première lueur de l'aube, on avait distingué une longue ligne noire; la colonne Humbert s'avançait. On tirait, quand les canonniers furent pris, assommés sur leurs pièces.

Cependant, avertie par le bruit, une chaloupe

canonnière des Anglais fit feu sur cette colonne, qui fut un moment ébranlée. Rouget de Lisle, qui y était, dit l'effet surprenant qu'eut pour la rallier la vue du drapeau tricolore, qu'on leur montra sur le fort, et vainqueur. Ils reviennent, se précipitent, s'emparent des batteries, tuent les premiers qui accouraient au secours. D'autres se présentent, mais des déserteurs qui crient : « Vive la République ! »

Tout avait réussi. Hoche, ravi du fait d'armes de Ménage et de ses jeunes grenadiers, les récompense à l'instant même. Il savait comment ces choses veulent être payées pour des Français. Il dit simplement : « Mes enfants, j'ai été bien inquiet de vous ! » et quelque autre parole de chaleur paternelle... Du reste, aucun avancement. Hoche établit par là qu'un service si grand ne pouvait se payer.

Hoche, victorieux, fut, comme toujours, magnanime. Il eût voulu sauver Sombreuil, dont la jeunesse l'intéressait. Il écrivit fortement pour les prisonniers chouans; et les témoignages des royalistes eux-mêmes constatent d'abord qu'il ne s'était nullement engagé vis-à-vis d'eux, puis qu'il fit tout néanmoins pour que les vaincus fussent épargnés.

III

Ce coup décisif de Quiberon permit à Hoche, investi d'un pouvoir dictatorial et du commandement des trois armées des côtes, d'appliquer enfin sans scrupule et sans danger son système, à la fois habile et humain, de clémence, qui devrait être la loi de toute guerre civile.

Il commença par désarmer les villages. Il les faisait cerner par ses troupes, on se saisissait des bestiaux, et on ne les rendait qu'en échange des fusils.

Mais ce n'était pas aux mains seulement qu'il fallait arracher les armes. La Convention venait de décréter la loi sur la liberté des cultes; Hoche se hâta de la répandre à profusion dans les campagnes, et prescrivit aux généraux de prêcher et de pratiquer partout la tolérance religieuse. Lui-même il écrivait : « Les Romains, de qui nous approchons un peu, soumettaient les peuples par la force des armes et les gouvernaient par la politique... Il est de la morale et de la politique d'accorder la liberté de conscience à tout être pensant. Une religion quelconque tient quelquefois lieu à l'homme le moins instruit des affections les plus chères ; elle peut être pour lui la récompense de ses travaux et le frein de ses passions. » Et s'adressant aux paysans, il leur disait : « Rétablissez vos chaumières, labourez vos champs, et priez Dieu ! »

Hoche s'empressa enfin de lever dans toutes les communes l'état de siège. Il tardait à ce vaillant soldat de se dessaisir de ce moyen extrême ; le gouvernement militaire faisait horreur à ce grand citoyen. « Le gouvernement militaire, écrivait-il, est celui des esclaves, et à ce titre il ne peut convenir à des hommes qui ont acheté de leur sang la liberté française... Eh ! grand Dieu ! que serait-ce qu'une république dont une portion des habitants serait soumise à un seul homme ? que deviendrait la liberté ? »

La générosité de Hoche eut bientôt porté ses fruits. Les campagnes peu à peu se repeuplèrent ; les habitants ne regardèrent plus les bleus comme des ennemis ; Charette, Stofflet, réduits à une poignée de partisans, trahis, livrés, furent pris, passés par les armes ; d'Autichamp, Scépeaux, Bourmont, Saint-Laud, se rendirent et eurent la vie sauve.

Les 28 et 29 messidor an IV, le Conseil des Anciens et le Conseil des Cinq-Cents décrétèrent que l'armée des côtes de l'Océan avait bien mérité de la patrie ; et Hoche reçut ce nom, plus beau que celui de vainqueur, le nom de *Pacificateur de la Vendée.*

IV

EXPÉDITION D'IRLANDE

La guerre de Vendée éteinte, Hoche ne pensa qu'à une chose, prendre sa revanche sur l'Angleterre.

Il voyait, il disait, avec le ferme bon sens, la netteté d'esprit qui caractérise les enfants de Paris, que les guerres du continent étaient secondaires, qu'il fallait chercher la guerre à sa source, en Angleterre, au trésor qui soldait les armées du continent.

Le seul moyen d'avertir l'Angleterre, de l'arrêter dans cette guerre que, tranquille elle-même, elle faisait au monde, ce n'était pas, comme le croyait Bonaparte, de la frapper aux Alpes ou en Égypte, mais bien de la secouer fortement et de près en la menaçant pour l'Irlande.

Il ne s'agissait pas même ici de vaincre, mais d'alarmer sans cesse et d'effrayer le commerce, la banque, la bourse, d'intimider l'ennemi et d'enhardir les nôtres.

Tels étaient les projets de Hoche et de son ami

l'amiral Truguet. Projets hardis, d'un désintéressement héroïque, puisque même ils n'avaient pas besoin de la victoire.

La descente, véritablement impossible en 1804, quand Napoléon la voulut, était très possible en 93 et dans les années qui suivirent. Pourquoi? Pour une raison très simple : l'Angleterre n'était pas avertie, elle n'était pas préparée, elle n'avait pas encore les moyens de défense qu'elle accumula pendant dix ans. En décembre 95, Nelson et Collingwood étaient encore simples capitaines, les amiraux semblaient paralysés, les Anglais quittaient la Corse, la Méditerranée. Ce n'est qu'en 97 que la victoire sur l'Espagne rendra son ascendant à l'Angleterre.

Mais, par-dessus tout, la raison capitale qui rendait le projet de Hoche aussi raisonnable que celui de Napoléon, en 1804, était hasardeux, c'est qu'alors il existait là-bas un peuple pour nous recevoir, un peuple qui nous tendait les bras, *il existait une Irlande ;* elle n'avait pas encore été noyée dans le sang; elle n'était pas encore entrée dans cette carrière de misère croissante et de famine qui nous a rendus témoins du plus terrible phénomène, l'anéantissement physique d'une race, sans que cette race disparaisse ni même diminue de population.

Hoche, en isolant l'Irlande, allait couper le bras droit à l'Angleterre, et tuer à l'avance Wellington.

L'entreprise était sans doute incertaine, mais d'un danger superbe, de ceux auxquels un héros aimerait à donner sa vie. C'était bien plus qu'une affaire de guerre et de destruction. C'était surtout l'évocation, la résurrection d'un peuple que la France eût tiré du

tombeau, d'un peuple frère, si bon, si aimable !
Quel ferment pour l'enthousiasme de notre jeune marine, haletante de savoir qu'il y a sur l'autre rivage une autre France qui l'attend ! une France demi-barbare, mais émue, dans l'impatience et le transport de cette grande joie fraternelle ! Les nôtres, frères de ceux qui firent les fédérations de 90, qui continuèrent sur le Rhin les fédérations militaires des armées, s'imaginaient commencer par l'Irlande les fédérations maritimes, et toutes celles du genre humain.

Pendant que Bonaparte et Masséna franchissent les neiges, Hoche affronte les tempêtes de l'Océan (15 décembre). La flotte de Brest n'est pas prête, « il partira seul » (3 novembre 96). Le Directoire refuse la permission. On lui crée obstacles sur obstacles : on n'avait pas assez de voiles ! « Bientôt, dit Hoche, on nous assurera qu'il n'y a pas d'eau dans la mer ! »

Hoche perd ainsi un mois précieux. Découragé, il offre de conduire n'importe où les treize mille hommes réservés à l'expédition. C'était une manière de se rappeler, de se faire donner, enfin, l'ordre de partir ; le Directoire, au contraire, le prend au mot, le félicite d'avoir renoncé.

La flotte fit voile enfin pour l'Irlande, mais au moins deux jours trop tard. On ne put partir que le 16, par une nuit obscure qui ne permettait pas de se voir en mer, de s'éviter ; quatre navires se heurtèrent ; il fallut attendre au lendemain pour se remettre en route. Dans la nuit du 17, nouveau sinistre : le *Séduisant*, au passage du *raz*, s'abîme tout entier dans les flots, avec ses soixante-quatorze canons et les treize cents hommes qui le montaient.

La flotte avait pour point de ralliement un port d'Irlande, la baie de Bantry. Une épouvantable tempête s'élève dans la nuit du 18, la jette aux écueils, Hoche au plus loin. En son absence, le contre-amiral Bouvet rallie ce qui lui reste, et, la tempête apaisée, il entre dans la baie avec dix-sept vaisseaux qui portaient sept mille hommes. Mais, le vent ayant repris, il coupe les câbles et cingle vers la France. Désemparée une seconde fois par la tempête, il fallut à la flotte quinze grands jours pour regagner le port de Brest.

Comme elle y entrait, Hoche arrivait à Bantry. Personne! une mer vide! On lui dit que la flotte, sans avoir débarqué, était repartie.

Il faillit en mourir de douleur.

Le Directoire n'ajouta pas par des reproches à l'amertume que Hoche pouvait ressentir de ce grand rêve perdu, ou tout au moins ajourné. Il le rappela, l'éloigna du théâtre de ce revers. Il l'envoya sur le Rhin, avec le commandement de l'armée de Sambre-et-Meuse.

Hoche, dans sa conviction obstinée, écrivait cependant au général Hédouville : « Ma fortune me menât-elle avec cette armée aux portes de Vienne, ce que j'espère, je la quitterais encore pour aller à Dublin, et de là à Londres. »

V

SAMBRE-ET-MEUSE

I

La joie des royalistes fut à son comble quand ils virent leurs alliés, les Anglais, échappés au péril dont les menaçait l'expédition d'Irlande. Par quatre fois, ils avaient tenté d'assassiner Hoche. En vain. Cette fois, ils tâchèrent de le tuer dans l'opinion en le déclarant à jamais un héros *malheureux*, haï de la fortune. Lui-même pouvait le croire. Il arriva néanmoins sur le Rhin, toujours plein d'ardeur pour sa tâche et de foi dans la République.

« Cette armée de Sambre-et-Meuse est désorganisée, écrivait-il à Truguet; mais j'en connais les éléments divers; j'y saurai rétablir l'harmonie; je vais réorganiser, créer; je vais m'y rendre autant comme administrateur que comme chef militaire. »

A son génie militaire Hoche joignait en effet le génie administratif. A peine arrivé au Rhin, il s'aperçut que son armée mourait de faim dans un pays regorgeait de vivres. Il écrit au Directoire, lui demande de supprimer les administrations françaises qui ne sont au courant ni des mœurs ni des ressources, de rendre aux pays occupés leurs baillis.

Le Directoire, devenu plus sage, lui donna l'autorité suprême. Hoche institua une commission intermédiaire de cinq membres pour gérer les provinces conquises. Bientôt le soldat est chaussé, habillé, nourri. La discipline est rétablie, l'enthousiasme est réveillé. Hoche, au bout de deux mois, écrit au Directoire : « Il est impossible d'avoir une armée plus belle, plus brave et mieux disciplinée. Avec elle un général est sûr de vaincre bientôt les ennemis... Que la campagne s'ouvre, et rien ne pourra nous empêcher d'aller jusqu'à Vienne... »

La campagne s'ouvre en effet ; une merveilleuse campagne de six jours. Hoche passe hardiment le Rhin en présence des Autrichiens retranchés sur la rive droite. Il remporte alors sur eux l'éclatante victoire de Neuwied, où l'ennemi, contraint de s'enfuir en désordre, laisse au pouvoir des Français sept mille prisonniers, sept drapeaux, vingt-sept canons et cinq cents chevaux. En même temps les Autrichiens sont battus à Ukerath, Altenkirchen et Dierdorf. Hoche se met à leur poursuite, fait faire en quatre jours trente-cinq lieues à son armée, livre chemin faisant trois batailles et cinq combats, et culbute l'ennemi en toute rencontre, lui prenant canons, caissons et provisions. Son avant-garde, aux ordres de Lefebvre, franchit la Nidda défendue par l'élite de la cavalerie impériale. Nos chasseurs à cheval vont entrer pêle-mêle à Francfort.

Hoche écrit au Directoire : « Mon armée est forte de quatre-vingt-six mille hommes; j'en peux porter à l'instant soixante-dix mille sur le Danube, et contraindre l'ennemi à une paix plus avantageuse à la République... »

C'est à ce moment qu'un courrier, arrivé de l'armée d'Italie, apporte les préliminaires de paix signés à Léoben.

Bonaparte venait de renier le principe même de la République, en livrant Venise à l'Autriche. Que voulait-il donc par ce traité? Sans nul doute arrêter Hoche dans ses succès. Il en était si impatient qu'au lieu d'écrire d'abord au Directoire à Paris qu'il venait de signer la paix, contre toute convenance il écrivit d'abord à Hoche qui entrait à Francfort, afin de l'arrêter et de lui fermer la campagne. Pour excuser cette précipitation inconcevable, il prétend, dans sa lettre aux Directeurs, qu'on l'avait averti seulement du mouvement de Hoche, et *non de celui de Moreau* : « J'ai cru la campagne perdue; que nous serions battus les uns après les autres, et j'ai conclu la paix. » (*Correspondance*, 31 avril, t. II, p. 12.)

Étrange assertion, injurieuse pour Hoche; comme si ce grand nom faisait présager des défaites !

II

Hoche, dans son magnanime patriotisme, fut néanmoins heureux de cette paix qui l'arrêtait au milieu de ses triomphes. Il écrivit au général Berthier : « Je dois me féliciter avec tous les Français de la bonne nouvelle que vous me transmettez. » Et au Directoire : « L'armée de Sambre-et-Meuse a accueilli la nouvelle de la paix avec la plus douce émotion. »

Il prêtait à Bonaparte les hautes vertus de dévouement et d'abnégation qui étaient en lui. Sa grande âme ne donnait accès qu'à deux sentiments : l'amitié, l'admiration. On le vit bien lorsque les patriotes reprochèrent au Directoire de soutenir en Bonaparte, non pas un général, mais un vrai tyran de l'Italie qui, sans compter avec la République, agissait de sa tête, soutenait les despotes, le Piémont, le pape, etc. Ils demandaient qu'il fût rappelé, arrêté. Mais par qui arrêté, à la tête des troupes, de l'enthousiaste armée d'Italie ? Par qui ? Par le général Hoche.

Hoche fut indigné de ce bruit. Bonaparte semblait son ennemi et avait toujours eu de mauvais procédés pour lui. Dans le même temps les partisans du futur empereur faisaient publier la gravure où l'on voit Bonaparte très grand (il était petit), qui montre la carte d'Italie d'un geste vainqueur ; Hoche, petit (nous avons dit qu'il était très grand), montre Quiberon, triste et comme s'excusant.

Tout cela ne fit que tenter le cœur de Hoche, et par une sublime imprévoyance il se déclara le garant, il se fit la caution de celui qu'il appelait son frère d'armes. Dans une belle lettre, il répond en termes magnifiques du patriotisme de Bonaparte : « Ah ! brave jeune homme, quel est le militaire républicain qui ne brûle de t'imiter ? Conduis à Naples, à Vienne, nos armées victorieuses. Réponds à tes ennemis personnels en humiliant les rois, en donnant à nos armes un lustre nouveau, et laisse-nous le soin de ta gloire ! compte sur notre reconnaissance... »

Hoche ajoute : « Compte aussi que, fidèles à la Constitution, nous la défendrons contre les attaques des ennemis de l'intérieur. »

III

Dès que les hostilités sont suspendues sur le Rhin, la pensée de Hoche se reporte sur l'Irlande. « L'armée de Sambre-et-Meuse, écrit-il au Directoire, renferme beaucoup d'hommes qui pensent comme moi sur le compte des Anglais. » Le Directoire entra dans ses vues. La Hollande, cette fois, prêterait à l'expédition le concours de sa flotte. Hoche court aussitôt à La Haye pour accélérer les préparatifs, puis revient trier dans l'armée de Sambre-et-Meuse le corps d'élite qui lui est nécessaire, et le dirige sur Brest, désigné comme port de départ. Le tout avec le plus de secret possible, afin de surprendre l'Angleterre.

A ce moment, le parti royaliste, de tous côtés, relevait la tête. Il appelait à Paris la Vendée qui s'était refaite ; elle arrivait, sans fusils, mais avec de très bons pistolets de fabrique anglaise. Le Directoire n'avait de force à Paris qu'une garde de deux cent cinquante cavaliers. Et le Corps législatif, outre sa garde de mille hommes, avait ici deux armées à son choix : la garde nationale qu'organisait Pichegru, puis l'armée inconnue des bandes de Vendée, des verdets du Midi et des gens de l'émigration.

Le Directoire pensa un moment à confier à Hoche le ministère de la guerre ; par malheur le jeune général n'avait pas l'âge requis par la Constitution.

Mais au même instant marchait vers Brest, devant passer nécessairement par Paris, l'avant-garde de l'armée républicaine de Hoche, la cavalerie de Sambre-et-Meuse. Les escadrons invincibles de Richepanse suivaient. Ce fut pour les royalistes la tête de Méduse.

Par l'ignorance d'un commissaire de la guerre, la division des chasseurs de Richepanse avait dépassé, aux environs de Paris, la limite constitutionnelle fixée aux troupes. La majorité royaliste du Conseil des Cinq-Cents, d'abord épouvantée, s'irrite, se plaint au Directoire, qui dit que la chose n'a eu lieu que par erreur. Mais cette armée, où allait-elle? Hoche, sur les contributions levées par lui, avait pu épargner les sommes nécessaires au mouvement de ses troupes. D'où provenait cet argent? Il fallut laisser éventer le secret de la marche sur Brest et compromettre une seconde fois l'expédition d'Irlande !

Les contre-révolutionnaires n'en crient que plus haut à la trahison. Ils veulent mettre Hoche en jugement. Ce jeune homme, si fier, blessé du tour qu'on eût voulu donner à une affaire qui touchait l'honneur, la caisse de l'armée, répondait à tout : « Je veux être jugé. »

Barras se taisait. Jourdan, indigné des accusations que portaient contre cet homme intègre ceux qu'on savait être ses ennemis personnels, entre autres le général Willot, s'écria : « Les coupables de son espèce ont droit aux remerciements de la patrie reconnaissante. »

Hoche s'en retourna à Wetzlar, son quartier général, le cœur ulcéré. Il sentait la Révolution en péril. Mais, sans revenir à Paris, il sut faire agir contre les royalistes son inflammable armée de Sambre-et-Meuse. Dans la sombre fête tragique qu'on célébrait chaque année pour les morts du 10 août, ses généraux portèrent au banquet des toasts significatifs : « A la haine des ennemis de la République ! — Aux membres du Conseil des Cinq-Cents qui veulent le maintien de la Constitution ! — Aux membres du gouvernement qui étoufferont les factions royalistes ! » Hoche lui-même souffla l'orage, disant : « Ne les quittez pas encore, ces armes terribles avec lesquelles vous avez tant de fois fixé la victoire ; il faut avant tout assurer la tranquillité intérieure, que des rebelles aux lois républicaines essayent de troubler. » Plusieurs des officiers de Hoche eurent des permissions pour aller à Paris, entre autres Chérin, son ami, chef de son état-major, et le vaillant Lemoine, l'un des vainqueurs de Quiberon.

La journée du 18 fructidor fit échouer la conspiration royaliste et tira Hoche de ses patriotiques angoisses.

Moreau étant destitué par le Directoire, Hoche reçut le commandement de l'armée d'Allemagne, composée des armées réunies de Sambre-et-Meuse et du Rhin.

VI

LA MORT

« Que la mort est amère ! » me disaient des vieillards. « Qui nous consolera de la mort du général Hoche ? Elle nous parut celle de la République elle-même. »

Il meurt à vingt-neuf ans ; tué par le chagrin ? empoisonné ? on ne sait. A l'autopsie, son estomac et ses intestins présentèrent de larges taches noires. Depuis son dernier voyage à Paris, ce jeune homme si robuste était consumé d'un feu qu'il ne pouvait éteindre. « Suis-je donc vêtu, disait-il, de la robe de Nessus ? »

Il expira dans les bras de sa jeune femme, le 19 septembre 1797.

Hoche trouva, lui aussi, la mort amère, parce qu'au moment où elle le prenait, il sentait qu'il serait peut-être utile contre Bonaparte. Il commençait à juger cette gloire nouvelle, cet astre inquiétant qui se levait vers l'Italie. « S'il veut se faire despote, disait-il à M. O'Connor, de qui je le tiens, il faudra qu'il me passe sur le corps! »

Hoche, lui, avait dit ce mot : « Je vaincrai la contre-révolution, *et alors je briserai mon épée.* »

Nous avons montré comment nul homme plus que lui n'eût réussi à combattre Bonaparte, parce que nul ne fut plus aimé. Nul aussi n'eut plus d'ennemis. Les royalistes d'abord, qui voyaient en lui l'épée de la République. Les fournisseurs ensuite, agioteurs, voleurs, corbeaux suivant l'armée. Faut-il le dire enfin ? les « militaires », une classe nouvelle, avide, à laquelle il fallait un autre homme, *un bon maître* qui laissât piller. Les bureaux de la guerre, on l'a vu, furent toujours contre Hoche.

Il eut, lui aussi, des projets immenses, mais non pas de guerre, de paix. Il rêva la résurrection de deux peuples, les Irlandais et les Wallons.

« ... Si Hoche eût débarqué en Irlande (c'est Napoléon qui parle), il aurait sans doute réussi dans ses projets ; il possédait toutes les qualités nécessaires pour en assurer le succès. » Aujourd'hui, hélas ! l'Irlande est perdue, comme la Pologne. Corrompue, elle se vend pour aller combattre et jouir dans l'Inde, ou elle émigre en Amérique sans devenir Yankée. Elle revient, comme un mort non vengé !...

Pour les Wallons, ces demi-Français si sympathiques et si vaillants, Hoche eût fondé la République de la Meuse, eût réveillé ce génie méconnu, le génie de la Meuse, de la Moselle et du Rhin vinicole, si différent de l'Allemagne.

Napoléon a osé écrire de Hoche : « Il était ambitieux ! » Ambitieux, oui, sans doute, il le fut, mais, on le voit, de cette humaine et généreuse ambition, plus haute que le trône, plus haute que la victoire même !

LES GUERRES DE DÉLIVRANCE

I

Pour comprendre ce que furent les armées de la République et la grande vie morale qui les animait, il faut se rappeler leur origine. Elles sortaient des fédérations fraternelles. Elles étaient parties d'un autel.

Sur cet autel, en 90, la France armée (trois millions d'hommes) avait juré deux choses, qui sont le symbole de la Révolution : l'unité de la patrie et l'affranchissement du monde. A cette première réunion, armée mais pacifique encore, la France se donna rendez-vous. Elle tint parole en 92, elle partit tout entière aux croisades de la liberté.

Dès ces grandes journées de juillet 90, quand on vit tout un canton, parfois tout un département en armes, il ne fut pas difficile de prévoir les immortelles demi-brigades de la République. Quand on vit ensuite les fédérations immenses qui réunirent plusieurs départements ensemble, et ces grands corps de fédérés qui, grossissant toujours, s'augmentant, se donnant la main, formaient à travers la France les chœurs et les farandoles de la nouvelle amitié, on pouvait voir en esprit que ces hommes, en 92, fidèles au serment de 90, constitueraient nos grandes fédérations militaires.

Aussi, lorsque la déclaration de Pilnitz courut la campagne, sous la forme insolente et provocante de la lettre de Bouillé, et y tomba comme un défi, elle fut, comme telle, saluée d'une longue clameur de joie.

« Eh ! c'est ce que nous demandions ! » Ce fut le cri général. Marseille sollicitait, dès mars 91, de marcher au Rhin. En juin, tout le Nord, tout l'Est, de Givet jusqu'à Grenoble, se montra, et au même moment, hérissé d'acier. Le Centre s'ébranle. A Arcis, sur dix mille mâles, trois mille partent. Dans tel village, Argenteuil par exemple, tous partent, sans exception. L'embarras fut seulement qu'on ne savait où les diriger. Le mouvement n'en gagnait pas moins, comme les longues vibrations d'un immense tremblement de terre. La Gironde écrit qu'elle n'enverra pas, qu'elle ira; elle s'engage à marcher tout entière, en corps de peuple, tous les mâles, quatre-vingt-dix mille hommes; le commerce de Bordeaux que ruinait la Révolution, le vigneron qu'elle enrichissait, s'offraient unanimement.

Une chose suffit pour caractériser cette époque, un mot d'éternelle mémoire. Dans le décret du 28 décembre 91, qui organise les gardes nationaux volontaires et les engage pour un an, la peine dont on menace ceux qui quitteraient avant l'année, c'est que, « pendant dix ans, ils seront privés de *l'honneur d'être soldats* ».

Voilà un peuple bien changé! Rien ne l'effrayait plus, avant la Révolution, que le service militaire. J'ai sous les yeux ce triste aveu de Quesnay : « Les fils de fermiers ont tellement l'horreur de la milice qu'ils aiment mieux quitter les campagnes et vont se cacher dans les villes. » (*Encyclopédie*, article *Fermiers*, page 537.)

Qu'est devenue maintenant la race timide et servile qui portait la tête si bas, la bête encore à quatre pattes? Je ne peux plus la trouver. Aujourd'hui, ce sont des hommes.

Il n'y eut jamais un labour d'octobre comme celui de 91, celui où le laboureur, sérieusement averti par Varennes et par Pilnitz, songea pour la première fois, roula en esprit ses périls et toutes les conquêtes de la Révolution qu'on voulait lui arracher. Son travail, animé d'une indignation guerrière, était déjà pour lui une campagne en esprit. Il labourait en soldat, imprimait à la charrue le pas militaire, et, touchant ses bêtes d'un plus sévère aiguillon, criait à l'une : Hue! la Prusse! à l'autre : Va donc, l'Autriche! Le bœuf marchait comme un cheval, le soc allait âpre et rapide, le noir sillon fumait plein de souffle et de vie.

A Paris, dans le Jura et ailleurs, les femmes déclaraient que les hommes pouvaient partir, qu'elles s'armeraient de piques, qu'elles suffiraient bien au service intérieur. Elles avaient si vivement senti, pour leurs familles et leurs enfants, le bienfait de la Révolution, qu'au prix des plus grands sacrifices, elles brûlaient de la défendre.

Il y eut dès ce moment, et dans toute l'année sacrée 92, des scènes véritablement admirables et héroïques dans le sein de chaque famille. Un frère partant, tous les autres, et les plus jeunes, voulaient partir et juraient qu'ils étaient hommes. La jeune fille ordonnait à son fiancé de s'armer, fixait les noces à la victoire. La jeune femme, tout en larmes et les bras chargés de petits enfants, menait son époux elle-même et lui disait : « Va, ne regarde pas si je pleure, sauve-nous, sauve la République, la liberté, l'avenir, et les enfants de tes enfants ! »

Où donc est l'ancienne armée ? Elle a comme disparu. La nouvelle, si nombreuse, l'eût étouffée sans combattre, seulement en se serrant.

La France est un soldat, on l'a dit ; elle l'est depuis ce jour. Ce jour, une race nouvelle sort de terre, chez laquelle les enfants naissent avec des dents pour déchirer la cartouche, avec de grandes jambes infatigables pour aller du Caire au Kremlin, avec le don magnifique de pouvoir marcher, combattre sans manger, de vivre d'esprit.

D'esprit, de gaieté, d'espérance. Qui donc a droit d'espérer si ce n'est celui qui porte en lui l'affranchissement du monde.

La France était-elle avant ce jour ? On pourrait le contester. Elle devint, tout à la fois, une épée et un principe ; elle eut, du même coup, la force avec l'idée.

II

Ce qui fut aussi le caractère de ces armées sorties du grand élan de 90, c'est que jamais, dans nulle autre, la fraternité militaire n'eut un caractère plus touchant. Ces volontaires partis ensemble, par bandes de voisins et d'amis, par quartiers et par villages, semblaient moins des corps d'armée que des fédérations de familles.

Là fut vraiment la beauté des armées de la République. Elles sentaient, aimaient d'autant mieux la patrie qu'elles la considéraient comme le sublime ensemble de toutes leurs affections.

Elles méritent, ces armées, qu'on écrive aux champs de bataille où elles ont laissé leurs dépouilles la simple et touchante épitaphe donnée dans l'Antiquité à deux capitaines grecs :

« Ils moururent irréprochables dans la guerre et dans l'amitié. »

Chacune de ces armées formée ainsi dans la

même province, et non mêlée, garda ce caractère de fraternité primitive. Chacune fut une personne, eut une personnalité originale et distincte : l'armée de Sambre-et-Meuse, tellement républicaine et soumise à la loi; la pacificatrice armée de l'Ouest; la ferme et grave armée du Rhin, de glorieuse patience, victorieuse jusqu'à ses retraites ; la rapide et foudroyante armée d'Italie.

Ces armées, qui étaient des peuples, disons mieux, la patrie même en ce qu'elle eut de plus ardent, demandaient d'aller ensemble et de combattre par masses, *les amis avec les amis,* comme disait le soldat. Amis et amis, parents et parents, voisins et voisins, Français et Français, partis en se donnant la main, la difficulté n'était pas de les retenir ensemble, mais bien de les séparer. Les isoler, c'était leur ôter la meilleure partie de leurs forces.

Ces grandes légions populaires étaient comme des corps vivants; ne pas les faire agir par masses, c'eût été les démembrer. Et ces masses n'étaient pas des foules confuses; plus on les laissait nombreuses, plus elles allaient en bon ordre. « Plus on est d'amis, mieux ça marche! » c'est encore un mot populaire.

L'audace vint aux généraux dès qu'ils eurent remarqué ceci. Ils virent qu'avec ces populations éminemment sociables, où tous s'électrisent par tous et en proportion du nombre, il fallait agir par grands corps. Le monde eut ce nouveau spectacle de voir des hommes par cent mille qui marchaient mus d'un même souffle, d'un même élan, d'un même cœur.

Voilà l'origine réelle de la guerre moderne. Il n'y eut là d'abord ni art ni système. Elle sortit du cœur de la France, de sa sociabilité. Les tacticiens ici n'auraient jamais trouvé la tactique ; ce n'était point du calcul. Des chefs inspirés le virent et en profitèrent ; leur gloire, c'est de l'avoir vu.

Ils ne l'auraient pas vu sans doute s'ils n'avaient eu en eux-mêmes l'étincelle de ces grandes foules. Ils l'eurent parce qu'ils en sortaient.

Dumouriez, lui, ne se douta nullement de l'instrument qu'il employait. Il ne connut pas la guerre nouvelle, la guerre d'ensemble et par masses, qui donna cette terrible unité de mouvements aux armées de la liberté. Les généraux monarchistes ne pouvaient pas comprendre ce sublime et profond mystère de la solidarité moderne, des vastes guerres d'amitié.

La beauté de ce moment, c'est que l'âme de la France y fut toute assise en la foi, qu'elle se mit au-dessus des raisonnements, des petits calculs, qu'elle laissa La Fayette et autres se traîner dans la logique et dans la prose, s'enquérir inquiètement du possible et du raisonnable.

Oui, la guerre était absurde dans les seules données qu'on avait quand elle commença. Pour la faire, il fallait une foi immense, croire à la force contagieuse du principe proclamé par la France, à la victoire infaillible de la justice ; croire aussi que, dans l'immensité du mouvement où la nation tout entière se précipitait, tous les obstacles intérieurs, les petites malveillances, les essais de trahison se trouveraient neutralisés, et qu'il n'y aurait pas de cœur d'homme, tant dur et perfide fût-il, qui ne changeât, devant ce spectacle unique de la rencontre des peuples courant l'un à l'autre en frères et pleurant dans l'émotion du premier embrassement.

Tous ces héros fraternels, avec leur touchant esprit de dévouement et de sacrifice, ils se perdirent et s'absorbèrent dans les glorieuses légions dont chacune fut pour eux une France sur la terre étrangère. Ces admirables soldats, partis pour tant d'années de guerre, et qui la plupart ne devaient pas revenir, avaient emporté la patrie dans ces grandes sociétés héroïques qui étaient alors les armées. Où qu'ils fussent, c'était la France.

Et c'est la France encore aujourd'hui, et à jamais, partout où ses amis fidèles ont ensemble laissé leurs os.

Étrangers qui regardez avec respect et terreur ces collines d'ossements qu'ont laissées chez vous nos grandes légions, sachez qu'elles ne furent pas seulement terribles, mais vénérables. Ce qui leur donna la victoire et cette redoutable unité dans le combat, ce fut l'unité des cœurs et la confraternité. Gardez-vous de faire seulement honneur de ces choses à tel ou tel homme. Des monuments seront élevés (quand la France se réveillera) à ces prodigieuses armées; à elles, non à leurs généraux. Les hommes de guerre habiles ne garderont pas pour eux seuls la gloire d'un peuple de héros. C'est assez et c'est beaucoup que les noms et les images de ces heureux capitaines soient inscrits à leur vraie place, au pied même du monument.

II

La guerre que firent ces premières armées de la Révolution fut une guerre sainte s'il en fut jamais, une guerre de foi et d'amour, une guerre véritablement pacifique, car elle voulait fonder la paix du monde.

La liberté n'y frappait les peuples esclaves qu'en brisant leurs chaînes. Pour leurs balles et pour leurs boulets, on leur apportait le bienfait des lois.

Toutes ces guerres s'inspiraient de cette pensée si attendrissante, si vraie alors : Que le monde en ce moment avait le même cœur et voulait la même chose; qu'il s'agissait d'écarter, le fer à la main, les barrières de tyrannie qui nous séparent barbarement; et que, ces barrières abaissées, il n'y avait plus d'ennemis; ceux qui se croyaient les nôtres allaient se jeter dans nos bras!

Ce qui emplissait tous les cœurs, c'était la pitié, non la haine. La parole de Voltaire, « l'humanité », était le mot d'ordre et la loi.

Quand les Français, après la bataille de Valmy, virent passer par charrettes les Prussiens malades, pâles de faim et de fièvre, brisés par la dysenterie, ils s'arrêtèrent court, les laissèrent s'en aller. Ceux qu'ils prirent, ce fut pour les soigner dans les hôpitaux français. A Strasbourg, soldats et bourgeois traitèrent les prisonniers comme des frères; on partagea le pain et les provisions avec eux; on emplit leurs poches de journaux et de brochures patriotiques, et quand ils partirent, on fit une contribution générale pour leur acheter du tabac. Les nôtres cependant n'avaient pas même de souliers.

Les cœurs de ces prisonniers furent aussitôt conquis. Ils demandèrent du papier, de l'encre, et écrivirent en Allemagne que le Rhin n'existait plus, qu'il n'y avait ni France ni Allemagne, mais que tous étaient des frères et qu'il ne fallait plus qu'une nation au monde.

La Révolution avait conscience qu'elle apportait à l'Europe la délivrance, et l'Europe avait conscience qu'elle la recevait.

La Convention avait dressé, le 21 septembre, au pavillon des Tuileries, le drapeau de la République. Deux mois n'étaient pas écoulés, et tous les peuples environnants l'avaient embrassé, ce drapeau, l'avaient planté sur les tours de leurs villes.

Le 25 et le 29 septembre, Chambéry, Nice, ouvrent leurs portes, la porte de l'Italie. Mayence, le 24 octobre, reçoit nos armées aux applaudissements de l'Allemagne. Le 14 novembre, le drapeau tricolore est arboré sur Bruxelles; l'Angleterre et la Hollande le voient avec terreur flotter à la tour d'Anvers.

En deux mois, la Révolution avait, tout autour, inondé ses rivages ; elle montait comme le Nil, salutaire et féconde, parmi les bénédictions des hommes.

Le plus merveilleux, dans cette conquête admirable, c'est que ce n'était pas une conquête. Ce n'était rien autre chose qu'un mutuel élan de fraternité. Deux frères, longtemps séparés, se retrouvent, s'embrassent : voilà cette grande et simple histoire.

Belle victoire ! l'unique ! et qui ne s'est revue jamais ! il n'y avait pas de vaincus.

La France ne donna qu'un coup et la chaîne fut brisée. Elle frappa ce coup à Jemmapes. Elle le frappa avec l'autorité de la loi, en chantant son hymne sacré. Les soldats barbares frémirent dans leurs redoutes, sous trois étages de feux, lorsqu'ils virent venir un chœur de cinquante mille hommes qui marchaient à eux en chantant : « Allons, enfants de la patrie ! »

Tous les peuples répétèrent : « Allons, enfants de la France ! » et se jetèrent dans nos bras.

C'était un spectacle étrange. Nos chants faisaient tomber toutes les murailles des villes. Les Français arrivaient aux portes avec le drapeau tricolore. Ils les trouvaient ouvertes. Seulement ils ne pouvaient passer. Tout le monde venait à leur rencontre et les reconnaissait sans les avoir jamais vus. Les hommes les embrassaient ; les femmes les bénissaient ; les enfants les désarmaient. On leur prenait des mains leur drapeau, et tous disaient : « C'est le nôtre ! »

Grande et bonne journée pour nos nouveaux amis ! ils gagnaient pour nous en un jour toute la conquête des siècles. Cet héritage de raison et de liberté, pour lequel tant d'hommes soupirèrent en vain, cette terre promise qu'ils auraient voulu entrevoir au prix de leur vie, la générosité de la France les donnait pour rien à qui en voulait.

Déjà trois années durant elle avait formulé en lois cette sagesse des siècles; déjà elle avait souffert pour ces lois, les avait gagnées de son sang, gagnées de ses larmes. Ces lois, ce sang et ces larmes, elle les donnait à tous, leur disant : « C'est mon sang, buvez ! »

IV

Souvent l'hôte devenait un ami. Beaucoup des nôtres s'affligèrent de quitter l'Allemagne. Mais combien plus ils souffrirent de quitter le corps, le régiment, lors du barbare démembrement que fit Napoléon, en 1808, de la Grande-Armée de 1805!

Cette cruelle dispersion rompit tout à coup les vieilles habitudes, et tant de souvenirs! L'ambition occupe l'esprit des généraux; mais le soldat, lui, sans autre perspective que la vie de chaque jour, n'a nul autre lien qu'avec ses camarades. Si ce n'était plus alors la famille de citoyens des premiers jours, c'était toujours du moins la famille militaire.

Hoche, Ney et d'autres encore tenaient fort à ce système[1]; mais non pas Bonaparte, élevé aux écoles

---

1. Hoche ne mélange pas les corps. Il réunit les hommes qui ont mêmes affections. « Il ne faut pas séparer, disait-il, le général Richepanse, connu des chasseurs à cheval, du général Lefebvre, qui l'estime et l'honore; ni le général Klein, connu des dragons, de Championnet dont il fut l'ami. » (*Mémoires de Ney*, t. I, p. 263.)

aristocratiques, et qui, loin de favoriser les amitiés militaires, trouvait profit politique à attiser les jalousies, les rivalités de ses principaux lieutenants[1].

Habitué à voir les hommes comme de purs instruments, il oublia que les armées d'Italie et d'Égypte avaient dû leurs grands succès à leur forte cohésion.

La Grande-Armée, moins identique, était encore, dans les moments de crise, comme un vaste orchestre où, avec des sons différents, règne la même harmonie.

Napoléon dut s'en souvenir amèrement plus tard, au milieu de ses revers, quand la Grande-Armée toujours vaillante, mais scindée, brisée, se trouva en face de peuples qui, à leur tour, apportaient au combat une même âme.

En repassant le Rhin, se faisait le divorce. Ceux qu'on envoyait en Espagne se sentaient orphelins lorsqu'on les séparait de ces vieilles moustaches qui les avaient conduits et instruits jusque-là.

Et cette armée d'Espagne, dont les chefs furent rappelés un moment pour Wagram, puis rentrèrent en Espagne pour aller à Moscou, était irritée, excédée de ces tiraillements.

Nos soldats si gais, au temps de la République, changèrent alors de caractère, restèrent obéissants, mais devinrent *grognards*.

L'Espagne même y fit beaucoup, les transforma cruellement. Ce climat africain, froid l'hiver, brûlant l'été, ces longues plaines d'un sable salé, les séchèrent, les aigrirent. La fuite, l'éloignement,

---

1. On peut voir dans Ségur Napoléon se plaisant à faire quereller Murat et et Davout, pendant que, du pied, il joue avec un boulet russe (t. I, p. 331. Édition 1825).

l'horreur visible des populations ensauvagèrent les nôtres, et souvent les rendirent impitoyables. Les résistances atrocement héroïques de Saragosse et autres villes n'imposèrent point l'admiration ; le carnaval des moines qui y était mêlé rendait tout cela burlesque pour un Français. Et non sans apparence. Quoi ! ces efforts désespérés, épouvantables, pour rétablir un Ferdinand et restaurer l'Inquisition.

La fureur, cette maladie qui si facilement fait bouillonner l'Espagne, comme on l'a toujours vu dans les persécutions des Juifs, des Maures, est fort contagieuse et se gagne aisément ; on le vit dans les sièges obstinés de 1808. Des assiégés, des assaillants, quels étaient les plus furieux ?

Après Wagram, on demandait à Bonaparte pourquoi il n'avait pas attendu, comme à Austerlitz, que l'ennemi commençât à l'envelopper. Il dit : « Cette armée de Wagram, ce n'est plus l'armée d'Austerlitz ! »

Disons-le cependant, si l'armée, par son démembrement, avait beaucoup perdu de ses hautes qualités morales, elle avait toujours ses grandes qualités militaires, qui se reproduisaient en partie, même dans la jeune armée des conscrits de 1808. Seulement, on n'avait plus la foi, on exagérait le temps qui serait nécessaire pour refaire, rajuster cette énorme machine ; on croyait qu'il y faudrait au moins six mois. On ne voyait pas que, pour entraîner cette jeunesse, il suffisait de mettre au milieu d'elle un Lannes, par exemple, encore bouillant de Saragosse, un de ces grands drapeaux vivants, dont la flamme électrique pouvait emporter tout.

V

Malgré cette justice rendue aux vaillantes armées de l'Empire, nous voici bien loin déjà du point de départ.

La France, en 91, apparaissait jeune et pure, comme la vierge de la liberté. Le monde était amoureux d'elle. Du Rhin, des Pays-Bas, des Alpes, des voix, nous l'avons dit, l'invoquaient, suppliantes. Elle n'avait qu'à mettre un pied hors des frontières, elle était reçue à genoux. Elle ne venait pas comme une nation, elle venait comme la justice, comme la raison éternelle, ne demandant rien aux hommes que de réaliser leurs meilleures pensées, que de faire triompher leur droit.

Qui ne vous regrettera, jours sacrés, où la France n'était pas encore entrée dans la violence, ni l'Europe dans la haine et l'envie! Tout cela allait changer, les peuples allaient tourner contre nous avec les rois. Mais alors, sous l'apparence d'une guerre imminente, il y avait au fond, dans la grande âme européenne, une attendrissante concorde.

Souvenir doux et amer! Il a laissé une larme jusque dans les yeux secs de Goethe, du grand douteur, du grand moqueur, qui lui-même s'intitule : « l'ami des tyrans ». Cette larme, nous aussi, nous l'aurons toujours au cœur; elle nous revient souvent, éveillé ou endormi, avec un mortel regret pour la fortune de la France; nous la retrouvons souvent au matin, cette larme, sur l'oreiller.

SECONDE PARTIE

SOUS LE DERNIER BONAPARTE

MAMELI

I

La Marseillaise italienne de 1848, *Fratelli d'Italia!* le chant que tous les Italiens ont chanté dans ces furieux combats qui ont étonné le monde, est un chant de fraternité. C'est plutôt une chanson vive, gaie, ardente, qui exprime, avec un caractère singulier de naïveté et de jeunesse, la joie de combattre ensemble, le charme de l'amitié nouvelle entre tous les peuples italiens, étonnés du bonheur de se trouver réunis.

Ce chant n'est guère traduisible. Il ne vaut que par le rythme et le mouvement. Il ne faut pas même le lire; il doit se chanter. S'est-il écrit? je ne le sais. Son jeune auteur, Mameli, l'aura chanté quelque jour au milieu de l'action, parmi le sifflement des balles, comme une vive excitation à serrer les rangs:

« Aimons-nous ! unissons-nous... Serrons-nous en bataillons ! Soyons prêts à la mort ! » etc.

Cet enfant de dix-huit ans, mort à vingt, au siège de Rome, a, pendant deux ans, chanté, combattu d'un bout à l'autre de l'Italie, ravi d'avoir une patrie, de trouver tant de camarades, de frères qu'il n'avait pas connus !

Il va, et, sur toutes les routes, il embrasse l'Italie dans chaque Italien. Je le rencontre partout. Il chante pour Milan; il pleure, mendie pour Venise; il combat pour Rome, plein de larmes et plein de joie, plein de rêverie, de songe, d'amour, parfois de regret de la vie... Mais, si l'on se bat, il est gai. J'entends par-dessus les batailles sa voix d'alouette matinale qui s'envole et qui monte au ciel.

En tout, il a vécu deux ans, de septembre 47 à juillet 49. Il a passé, chanteur rapide, comme un léger souffle dans l'air, parmi les vents de la tempête. Mais la tempête bruyante, le tumulte du combat, la foudre du canon même, n'ont pas empêché d'entendre la jeune et perçante voix de cet héroïque enfant, qui, de la joie de son âge, de sa sérénité et de son sourire, illumina, aux plus sinistres moments, le front sombre de l'Italie.

Enfant, chantre, héros d'un jour, comment définirai-je cette jeune apparition ?

Si je lui cherchais un symbole, je le verrais volontiers dans une petite fleur sanglante, née du sang des Bandiera.

Lorsque les deux frères martyrs trouvèrent la mort à Cozenza, en 1844, Mameli avait quinze ans. Il était au moment où les impressions sont fortes et définitives.

Le coup reçu dans la Calabre eut un contre-coup dans l'âme du jeune enfant. Mameli devint poète, par la grâce des deux martyrs, et il naquit de leur mort.

Génération mystérieuse, dont l'Italie, plus qu'aucun peuple, nous présente des exemples ! Une parenté intime, une hérédité sublime, s'établit entre les hommes qui ne se sont jamais vus. La mort, ici, est féconde autant que l'amour. Deux Vénitiens, immolés en Calabre, renaissent par toute l'Italie, et se créent, de l'Etna aux Alpes, une grande postérité.

Tout le monde se rappelle le frémissement d'horreur et d'admiration qu'éprouva toute l'Europe, à la nouvelle de la mort des Bandiera. Ce n'étaient pas les premiers martyrs que l'Italie donnait à la liberté. Mais, ici, il y avait eu une chose extraordinaire.

Ceux-ci savaient parfaitement qu'ils ne réussiraient pas. Leur entreprise était connue d'avance, et, depuis longtemps, leur secret dans les mains de tout le monde. L'Autriche même les priait de ne se perdre en vain. Leur mère vint, désespérée, les conjurer de s'abstenir, et se roula à leurs pieds. La jeune épouse de l'un d'eux eut la magnanimité de n'essayer rien pour les arrêter ; il n'en était pas moins sûr que, lui mort, elle mourrait. Quelle fureur de mourir était-ce donc ? Leurs amis en étaient étonnés, presque indignés. Tout le monde les détournait.

Et tout le monde se trompait, et eux seuls avaient raison. Leur intime et profonde pensée était que la terre d'Italie avait soif, qu'il y avait trop de temps qu'elle n'avait bu la sainte rosée qui la maintient féconde, et que l'âme italienne, abattue, défaillante, avait besoin d'être soutenue d'un grand sacrifice. Ils crurent qu'il fallait des victimes à la liberté, et ils se sentirent désignés d'en haut.

La devise de la jeune Italie est d'une éloquence sombre : « Maintenant et *toujours* » (*ora e sempre*). La branche de cyprès transmise aux affiliés leur en traduit le sens. *Toujours !* Pour qu'il soit toujours vert, ce cyprès des anciens martyrs, il faut qu'incessamment coule au pied le sang de leurs fils.

L'Italie reçut ainsi un enseignement nouveau, exactement opposé à celui des politiques : le *mépris du succès*, l'utilité des revers, le profit des tentatives qu'on dit avortées. Elle apprit que les hommes dévoués servent souvent mieux leur cause par l'effusion de leur sang qu'ils n'auraient fait par la victoire.

Voilà la noble leçon que donnèrent les Bandiera, et comment l'Italie, élevée au-dessus d'elle-même, entra dans le sentiment d'une moralité nouvelle. Ce peuple plein d'âme et de génie sentit ce grand mystère, la vertu du sang librement versé.

Profond fut le silence. Mais tous furent transformés, tous placèrent leur pensée plus haut que la victoire même, dans une sphère de sainteté. Et le lendemain même, ils vainquirent. Belle justice de Dieu !

II

Quand l'Italie reçut cette commotion électrique de la mort des Bandiera, Mameli étudiait à Gênes. La nouvelle le frappa sur son banc, au collège, chez les Scolopes, instituteurs ecclésiastiques de la jeunesse italienne. Il apprit et leur mort sublime et ce qu'ils dirent au prêtre qui voulait les aider à mourir : « Nos œuvres, nous l'espérons, nous réconcilient avec Dieu plus que vos paroles. Gardez vos paroles pour prêcher à nos frères opprimés *la religion de la liberté et de l'égalité*.

Mameli alors se trouva poète et bégaya un chant, celui même qu'il a publié deux ans après :

« Bien des fois, j'ai tenté pour vous un cantique sacré; mais toujours le courroux me resserrait le cœur, mon chant finissait en sanglot... Non, une voix d'esclave ne dira pas l'hymne des forts... Libres un jour, nous pourrons vous nommer. »

Le poète enfant, dans ce beau chant d'une virilité

si précoce, accorde un mot à l'amour, un mot grave et touchant. Il rappelle le silence héroïque de Mme Bandiera, qui n'arrêta pas son époux et qui mourut de sa mort : « Reines des cœurs, apprenez comme on aime !... Jetez sur sa tombe une fleur. »

Mameli, comme les Bandiera, était fils d'un officier de marine. La famille de sa mère comptait deux doges de Gênes, et des plus amis de la liberté. Il était né très faible, d'un tempérament lymphatique et nerveux. Souvent malade dans son enfance, il avait donné à ses parents de grandes inquiétudes et n'avait été conservé que par les soins infinis de sa mère. Longtemps on défendit de le faire étudier. Mis fort tard aux écoles, il fit ses études en trois ans; le grec, les mathématiques, la philosophie, il prit tout à la course, et réussit dans tout. Son écueil fut le droit. Il ne put voir sans un profond dégoût la Babel des lois italiennes : des lois en foule, et point de droit !

Le Piémont avait compilé un code de vieilleries gothiques. Naples, hypocritement, gardait le code français pour le violer dans tous les sens. La torture et la bastonnade florissaient en Sicile. A Rome, toutes les lois du Moyen-âge ; je me trompe, une seule, la fantaisie des prêtres. Le confessionnal était l'auxiliaire du bureau de police ; le curé dénonciateur, sur l'aveu du matin, vous faisait arrêter le soir.

Il faudrait un gros livre pour dire la moindre partie des maux qu'endurait l'Italie. Je tais sa misère financière, la succion terrible qu'exerçaient sur elle les vampires implacables qu'on appelait gouvernement, clergé. La seule Lombardie, en peu d'années, paya deux milliards à l'Autriche! Les couvents du Piémont, en quinze ans, se firent donner cent millions par l'État!... Parlons plutôt de l'appauvrissement des âmes, de la ruine des consciences, de l'effort continu, persévérant, systématique, pour dégrader les hommes.

Toutes les forces publiques combinées pour l'espionnage, pour rendre tous espions, pour imposer la lâcheté, pour inculquer la peur : peur d'être lâche et peur de ne pas l'être, peur de paraître avoir eu peur. Tous craignant tous et s'en défiant ; chacun travaillant à toute heure à parler peu, à n'agir point, à s'annuler lui-même.

Comment l'Italie a-t-elle résisté à cette terrible éducation de la bassesse? Comment a-t-elle gardé en dessous des forces cachées, secrètes, qui, un matin, jaillirent en prodigieuses étincelles et firent voir aux tyrans consternés, au-dessus de leurs têtes, tout un volcan de flammes vengeresses? Grand problème! Une telle éducation brisa le caractère espagnol au seizième siècle, transforma en espions tout un peuple ; chacun se fit honneur d'être familier de l'Inquisition.

Il faut en remercier d'abord le grand passé de l'Italie, les grands morts italiens, qui, du fond de leurs urnes, ont toujours prêché à voix basse, jamais ne se sont tus. Les sbires et les soldats d'Autriche erraient le jour et remplissaient les rues ; mais, la nuit, c'étaient les héros de l'ancien temps, les nobles génies du nouveau ; leurs ombres hantaient les villes. Ils ne permettaient pas que l'on dormît.

La nature italienne aussi a en soi une chose heureuse, indestructible, son élasticité d'artiste. Pliez-la, et, de force, abaissez-lui la tête ; elle l'abaisse... et les yeux sont au ciel ! Et plus la patrie réelle est misérable, plus elle regarde en haut la patrie idéale dans l'art et l'éternelle beauté.

III.

On sait la joie de l'Italie, et la profonde respiration qu'elle tira de sa poitrine quand Dieu ôta de Rome la lourde pierre qu'elle avait sur le cœur, le pesant Grégoire XVI. Un autre arrive, doux et bénin, Pie IX, plein de bonnes paroles. On dut pourtant s'en défier, quand il n'accorda l'amnistie qu'à ceux qui désavouaient leurs principes et se déshonoraient. Comment s'y trompa-t-on ? Quel que pût être l'homme, n'était-il pas, comme pape, le gardien de l'autorité en ce monde, l'ennemi de la liberté, et, comme souverain, l'ennemi de la liberté italienne, dans laquelle il eût disparu ?

L'*unité!* Cette pensée de salut, proclamée par la voix de l'homme qui a été vingt ans la conscience de l'Italie, l'*unité* qu'en 1830 on appelait un rêve, en 1847 apparut comme un dogme. L'apôtre de ce dogme, Mazzini, se trouva, en puissance, le chef de la révolution qui se faisait. Cette influence balança, domina peu à peu l'engouement de surprise qu'avait inspiré l'idole papale.

Le mouvement de Gênes, en septembre 1847, fut la première occasion où parut Mameli. Il lança son chant d'unité, *Fratelli d'Italia!* que toute l'Italie adopta peu à peu.

Il fit son chemin, ce petit chant ; il pénétra partout ; il s'en alla comme une voix d'oiseau glissant sur le sillon. Le montagnard de Gênes le chanta au laboureur lombard, celui-ci au pâtre de Rome, d'où il passa à la Calabre ; l'écho le redit sous l'Etna.

Le premier, Mameli chanta. Le premier, il déploya la bannière tricolore qui fut celle de l'Italie.

Il se fait tous les ans une procession solennelle, où Gênes célèbre la glorieuse délivrance de 1746, l'expulsion des Autrichiens. Mameli y parut à la tête des étudiants, portant le drapeau du réveil, le grand drapeau de la patrie. La fête changea de caractère. Ce n'était plus l'ancienne délivrance d'une ville qu'on célébrait ; c'était la prochaine délivrance de la nation tout entière.

L'élan partit de la Sicile, on s'en souvient. Avant Paris et Février, avant Vienne et son jour de mars, Palerme, le 12 janvier, eut son éruption.

Il n'y eut jamais une chose plus hardie. Les Siciliens, en parfaits chevaliers, deux mois d'avance, avaient averti Ferdinand qu'à tel jour, s'il ne s'amendait, ils tireraient l'épée. Ils tinrent parole. L'explosion eut lieu au théâtre, par le cri vraiment italien : « Mort à l'Autriche ! » Noble cri fraternel ; la Sicile, au premier réveil, demandait la liberté pour tous ; avant de parler d'elle-même, elle posa la révolution comme l'expulsion des Barbares, et demanda tout d'abord l'affranchissement de la Lombardie !

Grand peuple ! belle révolution, qu'il faut donner en exemple à toute la terre ! C'était celle de la fraternité. Toutes les anciennes haines avaient cessé. Chacun, prenant les armes, stipulait pour ses ennemis. Si longtemps opprimés par Naples, les Siciliens furent pour elle admirables. A Palerme, un blessé dit à son camarade : « Prends ce mouchoir sanglant, va le porter à Naples, et dis-lui que ce sang fut aussi versé pour elle. »

Mais le triomphe de la fraternité italienne fut aux terribles journées de mars, quand Milan, étouffée dans le sang, au milieu des horreurs d'un combat acharné, libre déjà au cœur, captive encore en sa ceinture que tenait le barbare, poussa le cri de détresse à toute l'Italie.

De tous les points du cercle neigeux qui entoure la plaine lombarde, Milan vit de ses tours quelque chose descendre, comme de noirs torrents. C'étaient des hommes. Tous vinrent au pas de course. Les volontaires de la Suisse italienne, emmenant tout Como et toute sa montagne, arrivèrent dans un tourbillon. Des bandes descendaient de la Valteline, d'autres montaient du Pô. Les autorités du Piémont eurent beau faire, les volontaires (Mameli en était) ne les écoutèrent pas. Sauf quatre-vingts qu'on retint, en les arrêtant sur le lac Majeur, tous arrivèrent en armes dans la plaine de Milan.

Mais comment pénétrer ? On entendait du dehors, tout autour, rouler au fond de la cité les bruits de la bataille ! On la voyait, la grande victime, dans son noir nuage de poudre ! Nul moyen d'arriver à elle ! Haletante et sans voix pour se faire entendre au dehors, elle lançait, de moment en moment, comme un cri : *Au secours !* quelque léger ballon, qui venait par-dessus les murs apprendre aux amis désolés les variations du combat et l'excès du péril.

Quand le vent chassait la fumée, on voyait une chose cruelle ; sur les toits de marbre de la cathédrale, dans ses innombrables aiguilles, au milieu des statues des saints, nichaient d'affreux oiseaux de mort, les tireurs infaillibles, les carabiniers du Tyrol, qui, de là, à plaisir, distribuaient les balles, plongeant à volonté derrière les barricades, ou criblant les fenêtres, le dernier asile domestique, s'amusant à frapper, aux combles des maisons, les femmes tremblantes et les enfants.

Cette abomination cessa enfin. Les populations du dehors s'élancent dans Milan, hommes de toutes tribus. Dans les cinq jours que dura le combat, on vint de cinquante et de soixante lieues. Les Romains, avant la fin de mars, étaient partis dix mille au secours de la Lombardie. Pour Gênes, elle se révoltait, si le roi de Piémont ne se fût engagé à défendre la cause des Lombards. Il l'avoua aux Autrichiens : « Si je ne me bats contre vous, il faut que je me batte contre mes sujets. »

Toute l'Italie s'embrassa dans Milan. Telle fut la joie qu'on voulut que l'ennemi en eût sa part. Les prisonniers croates, qui venaient de donner des preuves inouïes d'inhumanité, reçurent des vivres, des vêtements, tout ce qu'il leur faillait, en abondance. On trouva dans je ne sais quels trous les agents de l'Autriche, ses espions, tel entre autres exécré depuis trente ans. On les renvoya tous, avec de bons traitements.

IV

On se tromperait si l'on considérait la révolution italienne comme un simple écho, une émanation de celle de Février. D'abord elle est antérieure. Les premiers mouvements de Gênes se manifestèrent en septembre 1847. L'explosion de la Sicile se fit le 12 janvier. Le 3 et le 4 janvier, eut lieu à Milan l'indigne massacre d'une population sans armes ; le prétexte en fut, comme on sait, la guerre de mépris, de risée que les Italiens faisaient aux ignobles fumeurs allemands.

Les mouvements de Paris, pour l'aspect comme pour la cause, différèrent infiniment de ceux des villes italiennes. Nos ouvriers raisonneurs, avec la grande tradition militaire qui est en France, combattaient aux barricades avec moins d'émotion. Que voulaient-ils ? Principalement une organisation meilleure du travail, de la société matérielle. Les Italiens, bien plus jeunes dans la voie des révolutions, avaient à conquérir trois choses : l'indépendance d'abord et l'expulsion des Barbares, puis l'unité de la patrie, enfin les garanties morales de l'existence elle-même, la sécurité du foyer et de la famille, la liberté de la pensée, la conscience même et l'honneur, la faculté de vivre et de mourir sans devenir un espion ! Ils combattaient, il faut le dire, pour ce qui est le tout de l'homme. Rien d'étonnant s'ils déployèrent une passion, un élan qu'aucune révolution n'a surpassés peut-être, et qui frappèrent l'ennemi d'étonnement et de stupeur.

Un des généraux autrichiens qui ont noyé dans le sang l'infortunée Brescia, le vieux Nugent, blessé à mort devant cette ville, l'a constituée elle-même héritière de tous ses biens, comme la plus vaillante population que, dans sa longue carrière militaire, il eût rencontrée jamais.

Deux choses portaient au comble l'exaltation italienne : l'unité d'une grande patrie sentie pour la première fois, et le bonheur imprévu de se trouver si vaillants. Ils n'en savaient rien eux-mêmes, au bout de cette longue paix. Quoique les armées de Napoléon eussent mis en grande lumière la bravoure de diverses populations italiennes, comme les Piémontais et les Romagnols, l'Italie ne savait pas que, dans toutes ses tribus indistinctement, au jour de la grande crise, elle serait héroïque. On parlait légèrement de la mollesse des Toscans, par exemple, de la mobilité des Napolitains, qui en feraient, disait-on, de mauvais soldats. Et les cinq mille volontaires qu'ont fournis ces nations à la guerre lombarde ont tout au moins égalé ceux des parties de l'Italie réputées les plus militaires.

Les femmes de Messine, pendant le bombardement, filaient sur leur porte. Et quand l'étranger, au bruit, baissait la tête ou pressait le pas, elles disaient froidement : « Mais, quoi ! ce n'est qu'une bombe ! »

V

Un flot immense de poésie va et vient dans toute cette guerre, roule de l'Etna aux Alpes, des Alpes à Venise, à Rome. La grande patrie retrouvée, l'Antiquité ressuscitée, un ciel d'avenir entr'ouvert! L'Italie, hier vieille et veuve, assise par terre dans la cendre, aujourd'hui jeune, debout, plus haute que le mont Blanc, et forte comme vingt armées!

C'était, pour ceux mêmes qui faisaient cette grandeur, un sujet de prodigieux étonnement. A travers le sang, les larmes, les bouleversements, les batailles, on sent partout, dans ce peuple italien de 1848, une forte et violente joie. Tout ce monde de ressuscités, à chaque coup, à chaque douleur, a poussé les chants de la vie.

On regrettera à jamais que cette poésie guerrière n'ait point été recueillie. Mais qui avait le temps d'écrire?

Remercions du moins les amis de notre jeune Mameli, ses compagnons d'armes, qui recueillirent à son insu les jeunes voix sorties de son sein parmi les combats et qui, envolées à peine, étaient oubliées de lui.

« Ne quittons pas le glaive tant qu'il y a de la terre esclave dans notre grande Italie! tant que l'Italie n'est pas une, des Alpes à la mer!

« Tant qu'il restera un cœur, un bras, elle ira flottante, altière, pour la rédemption des peuples, la bannière aux trois couleurs, qui, née sur les échafauds, descend terrible aux armées, parmi les vaillants qui jurent :

« Non, ne quittons pas le glaive, etc. »

Je renonce à traduire. Il faut qu'on sache une chose, c'est qu'on ne traduit jamais. Chaque langue a sa puissance, qui ne passe nullement aux autres. Une langue ne prête pas son âme, pas plus qu'un homme son cœur. Comment surtout pourrais-je rendre cette éclatante harmonie italienne, splendide comme le soleil? Comment ferais-je entendre ce rythme éclatant, ce souffle pressé, cette forte intonation, déterminée, héroïque, dans la basse (*Non deporrem la spada*), et, par moments, perçante, comme un éclat de trompette, *clangor!* comme dit le latin; puis la voix redescend, qui ressaisit avec calme la finale grave et virile qui revient de strophe en strophe, comme un guerrier acharné : *Non deporrem la spada?*

VI

Je ne fais pas ici l'histoire. C'est trop tôt. Et il y a aussi trop de rougeur pour la France. Tout homme au monde, excepté nous, peut raconter ces événements...

Ce que je disais tout à l'heure du caractère vraiment jeune de cette révolution, ne se confirma que trop quand on la vit poétique, exaltée, se fier à l'égoïste politique des gouvernants.

Que l'incapacité ait eu aussi une large part en tout cela, les vieilles routines militaires, nul n'en doute. Les deux éléments associés étaient inconciliables; les masses italiennes soulevées, ces admirables volontaires qui, de tous côtés, en chantant, se précipitaient vers le nord, et, d'autre part, la sombre, lourde, froide aristocratie piémontaise, c'était un violent contraste. La lave tout ardente plongée dans la neige! un Vésuve dans un glacier! Il n'était pas malaisé de prévoir l'événement, qui fut un grand malheur pour le présent, mais sans doute aussi un bonheur pour l'avenir.

La royauté et le peuple firent un contraste admirable. L'une abandonna Venise, puis la ligne de l'Adige, puis trahit Milan. Et le peuple lombard déclara que Venise était lui-même, que Vérone était lui-même, que l'Adige était lui-même, et que, plutôt que de s'en séparer, il aimait mieux périr.

Il ne faut donc point accuser ici les Piémontais, les Génois. Est-ce qu'on ne vit pas, à ce déplorable abandon de Milan, quand toute la population, saisie d'horreur à l'approche des Autrichiens, sortait de ses murs, hommes, femmes, enfants, les Piémontais désolés aider les pauvres émigrants, emporter les petits enfants qui ne pouvaient pas marcher ?

Quels furent aussi l'émotion, l'enthousiasme de Gênes, quand elle apprit l'héroïque réponse de Venise, qui, seule, sans secours au monde, délaissée des troupes sardes, délaissée des troupes du pape, déclara qu'elle résistait !

Ce fut pour notre Mameli l'occasion d'un triomphe. Une grande réunion du peuple se fit au théâtre de Gênes, et son jeune poète, paraissant sur la scène, *mendia pour Venise* dans un de ses chants les plus sublimes :

« Aux rives de l'Adriatique, il est une grande mendiante, de souvenir, de gloire immortelle... Demandez à l'Antiquité !... », etc.

Ce beau chant pour Venise est aussi une douloureuse lamentation sur les destinées de Milan, sur celles de l'Italie, qui, « hélas ! a cru aux rois ». Ce dernier mot revient à chaque strophe avec l'accent naïf d'une complainte.

Depuis les temps de la Grèce, où le poëte-soldat

Eschyle jouait lui-même sur le théâtre les *Perses* qu'il avait vaincus, jamais peut-être l'histoire, vivante et palpitante, n'avait paru ainsi sur la scène. Ce beau jeune homme, hier soldat de la liberté italienne, aujourd'hui son chantre, son poète, et la défendant de ses larmes, en arracha à tout le peuple.

Mais, dans cette douleur même, pour tout homme qui embrassait la destinée de l'Italie, il y avait aussi de la joie. En songeant que, pendant tant de siècles, la vie de Gênes ne fut rien que la guerre contre Venise, pouvait-on ne pas admirer la différence des temps! N'était-ce pas un beau spectacle de voir ce blond fils des doges, aimable et délicate fleur de l'Antiquité, qui venait pleurer sur Venise; et le peuple entier de Gênes applaudir la gloire vénitienne, s'associer d'un cœur ardent à la grandeur de ses anciens ennemis, et les embrasser fraternellement dans la pensée de la patrie nouvelle?

Cette patrie, la vraie, la grande, celle qui définitivement doit rallier un jour l'Italie, la patrie républicaine, elle avait apparu dès le 3 août, aux portes de Milan. Garibaldi était à Bergame, avec quatre mille Lombards républicains; il eut l'idée audacieuse de pousser en avant et d'aller vers Milan même. Une bannière nouvelle flottait, avec cette devise: *Dio e il Popolo*. Dans cette marche forcée apparut, la carabine sur l'épaule, l'homme qui, de ses écrits, de sa parole, fut si longtemps la conscience de l'Italie républicaine. On reconnut Mazzini. Une acclamation unanime salua le grand Italien, et on lui remit le drapeau.

VII

L'Italie est véritablement le pays de la beauté. Cela apparaît dans toute son histoire ; nulle part plus que dans l'histoire de ces deux années. La révolution italienne, admirablement belle dans ses accidents héroïques, l'a été plus encore dans sa forme et dans son progrès général. Et comme la beauté, dans les œuvres de Dieu, n'est qu'un signe de l'excellence, la révolution la plus belle est aussi la plus instructive, la plus salutaire leçon, et pour l'Italie et pour le monde.

Je m'explique. Cette révolution de deux ans semble construite habilement comme un ouvrage d'art, un grand drame tragique, ou, si l'on veut, une initiation sainte, et bien ménagée par Dieu même.

Elle commence aux deux pôles extérieurs de l'Italie, à l'Etna et aux Alpes. La royauté barbare de l'Autrichien en Lombardie, celle du Napolitain, gendre et allié de l'Autriche, finissent tout d'abord dans le sang.

– Mais la royauté italienne pourrait tromper encore et laisser des illusions ; le Piémont se charge d'éclairer l'Italie ; il enseigne le mépris des rois.

Les faux dieux sont brisés ; un seul reste, l'idole des idoles. Restent les derniers idolâtres, les partisans du pape ; insensés qui rattachent l'espérance de la liberté à son ennemi, au représentant même de l'autorité sur la terre, au concurrent impie de Dieu. La question s'approfondit, elle entre au sanctuaire ; l'Italie touche le nœud même de la révolution, la démonstration du mensonge des mensonges, la fausse incarnation du prêtre-roi.

Pour ce grand et dernier mystère, la scène est le cœur même de l'Italie : c'est Rome. Rome proclame la foi nouvelle, élève la bannière : *Dio e il Popolo*. Elle la soutient ferme devant le poignard fratricide. Tragique issue, douloureuse à jamais !... Mais peut-être jamais autrement, sans cet événement impie, la suprême impiété, le sanguinaire Baal n'aurait disparu de ce monde.

Cela fini, tout est fini. Applaudissez, pleurez !...

Non, pas encore ! La sentinelle avancée, l'héroïque Venise, tient contre le destin. Rome est morte, la Hongrie est morte ; Venise, restée seule, proteste pour le monde ; elle tombe et plonge au fond des mers.

Voilà tout le drame italien. Palerme, Messine, Milan en font l'exposition. Le nœud est le Piémont. Le cœur du drame est Rome. Le sublime épilogue, enfin, est la défense de Venise.

Revenons au moment, au beau moment, solennel à jamais, où la révolution, déjà brisée à Naples, brisée en Lombardie, se relève plus haute à Rome, en grandissant par les revers, et y prend son vrai nom : *République* (9 février 1849).

VIII

Personne ne calcula les chances. Tout s'était assombri dans cette année funèbre. La France, depuis juin 1848, restait assise à terre, muette sous son crêpe noir. Les révolutions discordantes de l'Europe se combattaient entre elles. Le Danube offrait l'affreuse scène d'un grand combat de frères, comme celui où les vieilles tribus barbares s'exterminèrent entre elles sur le corps d'Attila.

L'Italie elle-même manquait. Alors Rome commence. « Nous nous levons alors ! » comme dit le grand Corneille. Ou encore, le mot de sa Médée : « Moi, dis-je, et c'est assez. »

Le nom seul, le grand nom de Rome jeta tous les cœurs italiens dans un vertige de joie. Tous paraissaient sentir d'instinct que la question du monde allait se vider là, qu'une révélation en surgirait, une grande et nouvelle lumière sur la situation du genre humain. Les collines saintes de Rome sont les seules assez hautes pour que le flambeau allumé se voie de toutes les nations.

Telle fut la pensée italienne à ce moment, telle l'ardente espérance de ceux qui se jetèrent dans Rome, sûrs de servir le monde, et sûrs, pour récompense, d'avoir six pieds de terre romaine, et de mêler leurs cendres à la cendre des morts que le temps ne peut faire mourir.

Violente fut la joie de Mameli. Il écrivit à Mazzini trois mots : *Roma! Republica! venite!*

Tout l'horizon se tendait de ténèbres : la lumière se concentrait dans Rome. Charles-Albert abdiquait; Messine et Brescia s'étaient affaissées dans le sang; Palerme succombait; la Toscane hésitait et se tenait à part. A toute mauvaise nouvelle, Rome grandissait de cœur; son sourire de défi répondait à l'acharnement du sort, aux menaces du destin.

Un seul coup était imprévu, un seul ne semblait pas possible : l'invasion française.

IX

Le jour commence à se faire sur cette expédition. On sait comment fut trompée l'Assemblée constituante, qui allait se dissoudre. Le président même du conseil le fut d'abord lui-même. Le général ne le fut pas. La veille du départ, il ne daigna même voir les ministres, hors un seul, l'homme de l'Église, l'homme du pape, le sinistre personnage dont le frère était près de Pie IX, celui qui reste à jamais dans nos fastes marqué d'un sceau sanglant, pour la proposition fatale (juin 48) qui décida et porta à la liberté le coup dont elle est morte.

La France, elle, ignorait entièrement qu'une telle chose, le siège de Rome, fût possible. Elle ne savait pas quels généraux avait formés la guerre d'Afrique; encore moins prévoyait-elle ce que lui coûterait à elle-même l'élévation de celui qui, dans une caverne, avait brûlé douze cents victimes humaines!

Je n'ai point, grâce à Dieu, à raconter cette guerre... L'Achille à qui la chose fut confiée, disons mieux, le prudent Ulysse, apportait deux papiers, l'un public pour afficher : « Nous respectons les vœux de la population romaine » ; l'autre secret pour garder dans la poche : « Vous briserez les résistances. »

Mais on ne croyait à aucune résistance. On disait hautement : « Les Romains ne se battent pas. » On envahit leur territoire, on menace leurs murs, on avance sans précaution, comme s'il s'agissait d'une razzia sur un pauvre petit camp arabe et de l'enlèvement de quelques troupeaux.

La veille cependant, le 29, les cavaliers des deux partis s'étaient déjà rencontrés en plaine et avaient tiré les uns sur les autres.

Le 30, on supposait sans doute que les habitants divisés allaient livrer la ville eux-mêmes. Toute la population en effet vint au-devant, mais armée, avec une unanimité terrible.

Grande surprise ! perte énorme des nôtres ! cris à *la trahison !* On l'écrit vite en France. L'honneur est engagé. Il faut une vengeance, il faut du sang, il faut punir ce peuple qui a osé se défendre ! crime inouï, c'est vrai, de se battre en pleine guerre et de repousser qui vous assaille !

Les pieux personnages de Paris et de Gaëte en rendirent grâces à Dieu. Sans cet heureux échec, sans le préjugé militaire une fois réveillé, l'armée française se fût souvenue d'elle-même, de la fraternité et de la République.

Ce grand succès de Rome, au 30 avril, appartient tout entier aux Romains. Dans les forces que Garibaldi mena au combat, il n'y avait pas cinq cents étrangers ; il n'avait avec lui qu'une légion romaine et le bataillon universitaire, les jeunes gens des écoles. Les étrangers n'affluèrent qu'ensuite ; il vint alors des Italiens de toutes parts, jusqu'au nombre de quinze cents ; un petit corps de deux cents Polonais ; une compagnie mixte enfin de Belges et de Français.

Plusieurs de nos compatriotes, Laviron, Pilhes, Rodrigue, et d'autres, désespérés de cette guerre impie, blessés au cœur du coup terrible que recevait la France, vinrent là, de leurs personnes, protester qu'elle n'était pour rien dans ce crime, et, au prix de leur sang, détournèrent l'anathème et la malédiction de l'Italie.

X

La Rome antique n'a pas vu un triomphe comme celui dont la Rome moderne offrit le spectacle, le 30 avril au soir. C'était le baptême de la République, sa vraie fondation.

Ceux qui revenaient du combat virent, en rentrant dans Rome, tout le peuple qui les saluait; et le peuple de tous les siècles, les ombres des héros, les générations de l'Antiquité ! Ils rentrèrent sous une pluie de fleurs. Des cris de joie et de bénédiction, des vivats frénétiques éclataient des fenêtres. Les dames, descendues sur les places, recevaient les vainqueurs avec les palmes et les lauriers, ravissantes de joie et de larmes.

XI

On sait comment les Français renvoyés furent à l'instant embarqués pour la France. On sait la lutte que la France elle-même, dans la personne de son ministre, M. de Lesseps, soutint au camp contre le général. La France ne pouvait être écoutée, lorsque son général siégeait entre les hommes du pape et du Tzar. M. de Lesseps vit avec horreur ce général entre nos mortels ennemis.

Et cette chose criminelle fut faite criminellement. L'attaque, annoncée *pour le lundi 4 au plus tôt*, se fit dans la nuit du samedi au dimanche, à une heure du matin. C'est ce qui reste acquis à l'histoire, assuré, constaté, non seulement par un acte officiel du gouvernement romain, non seulement par les plaintes indignées de M. de Lesseps, mais surtout par la lettre du général Oudinot lui-même. Un avis de M. de Lesseps, trompé lui-même, avait trompé les Romains. Le soir, on fond sur eux, on enlève le poste de Monte-Mario, on prend toute une compagnie plongée dans le sommeil.

Ville prise ! Les assaillants avancent sans obstacle. Il était une heure du matin. Ils arrivent aux portes... Là, ils trouvent Garibaldi.

L'intrépide soldat ne dormait guère. Il était là, devant les portes, et sept cents volontaires avec lui. Toute la ville s'armait dans la plus violente indignation, dans une inexprimable fureur. Tous les hommes coururent. Les femmes allaient les suivre. Sur huit mille hommes de garde nationale active, sept mille cinq cent cinquante-six allèrent au combat.

Cette affaire déplorable, cette attaque en pleine trêve, coûta la vie au pauvre Mameli.

Arrivé des premiers aux côtés de Garibaldi, il reçut une balle à la jambe.

Blessure qu'on crut d'abord légère, et qui causa sa mort.

Que devenait l'âme du poète, de notre Mameli, le cœur de celui qui, disent ses amis, aimait tant les femmes et les fleurs, et quelle dut être son ivresse, dans ce triomphe du printemps, dans cette aurore de Rome, dans cette fête d'amour et de patrie, dans ce rêve sublime de gloire et d'avenir ?... nous l'ignorons ; un si beau jour n'a pas laissé trace en ses chants.

Merci, jeune homme ! j'en bénis ta mémoire ! Une généreuse pudeur t'a fait taire le malheur de la France.

Ce sentiment fut celui de Rome tout entière. L'accueil qu'elle fit à nos soldats prisonniers restera à jamais dans la mémoire, parmi les choses qui ont fait honneur à la nature et relèvent l'humanité. Nos infortunés soldats, victimes d'une politique exécrable, eurent le cœur brisé du bon accueil de Rome, de sa noble hospitalité. Soignés aux hôpitaux par les dames romaines elles-mêmes, ils pleuraient de remords, gémissaient de leur destinée. Nous trouvons dans un acte authentique leur parole, naïve expression d'un profond regret : « Quelque chose nous avait bien dit que nous combattions des frères ! »

Renvoyés honorablement, et fraternellement accompagnés de la garde nationale romaine, ils n'entendirent qu'une chose sur leur passage, notre chant, notre hymne français, la *Marseillaise*. Ce grand peuple sentit qu'ils avaient besoin d'être consolés ; il leur chanta leur chant !

Ah ! Romains ! puissions-nous, avec vous, sous de meilleurs auspices, chanter aussi le vôtre, et faire entendre aux Autrichiens, aux Russes, le *Fratelli d'Italia!*

XII

On porta Mameli au Quirinal, dans le palais du pape, transformé en hôpital.

Le difficile était de l'y tenir. Il soutenait aux chirurgiens que son mal ne méritait pas attention.

Triste sort, celui d'un blessé dans de telles circonstances! Les tentatives nouvelles de surprise qui furent faites le 5, le 22, le remplissaient d'indignation, l'arrachaient de son lit.

L'effroyable bombardement qui, pendant tant de jours, tint Rome sous un berceau de feu, était certes peu propre à le calmer, à lui donner la patience.

La capitale des arts fut traitée comme un village barbaresque. De précieux tableaux, d'estimables statues eurent de cruelles blessures. Plusieurs femmes furent écrasées. Une pauvre fille dormait avec sa sœur; des deux, une seule fut atteinte, choisie par la bizarrerie de la mort

Mameli, devant de telles choses, ne put tenir.

Faible, pâle et boitant, il s'échappe de l'hôpital, il s'en va au combat.

Ses camarades ne le souffrirent pas; ils le renvoyèrent se reposer.

Mais quel repos! dans un tel état d'esprit!

Sa blessure allait de mal en pis. Des signes de gangrène, qui avaient paru un moment, puis disparu, revinrent, et ils ne firent plus qu'augmenter.

Fixé au lit, captif, le jeune homme, par un noble effort, faisait appel du moins à la liberté intérieure. Il évoquait à son lit de malade sa douce maîtresse et sa nourrice, la poésie, lui demandait secours.

Traduirai-je ces chants d'une âme défaillante? Oui, je les traduirai. Leur pâleur même est un trait de vérité; elle commande un tendre respect pour le jeune martyr.

Asseyons-nous au lit de cet enfant; si le présent, si la vie lui manquent, il a en récompense un rayon de l'avenir.

« Il sourit, le jeune homme, il sourit tristement; son regard perce l'azur du ciel de la patrie... A ses yeux pleins d'amour rayonne l'aube ravissante de Dieu!

« Ah! que le cœur lui bat! tous ses traits s'illuminent de son noble désir! — Le passé a tari, lui dit la voix divine. Voici le nouvel âge! — Je le bénis! qu'il soit fécond!... »

« L'âme du poète erre déjà aux sentiers du génie à venir; ravie hors d'elle-même devant la terre promise et la rédemption de l'humanité!

« Il se prosterne, et se jette aux autels. Hélas! son âme soucieuse, tout en voyant à l'horizon les lointaines splendeurs de l'avenir, s'est arrêté sur un seuil sanglant !... »

Dans la pièce suivante, d'adieu, d'amour, mais d'un amour mélancolique plus qu'ardent et passionné, il fait offrande à une femme aimée (absente alors) de ses dernières pensées, de ses regrets, de ses doutes même. La mélodie, malheureusement, est tout le charme de cette dernière pièce. Touchante plus qu'on ne peut dire, molle et vague, tout en rapport avec une pensée qui va tarissant. On y sent le triste sourire du blessé, dont l'œil, déjà pâli, errant, voit son sang s'écouler. A la fin, l'idée n'est plus rien, la mélodie s'éteint, et l'âme aussi sans doute... Un grand silence se fait. Ami, où êtes-vous ?

Si quelque chose avait pu ramener Mameli à la vie, c'était l'héroïsme inouï de Rome à ses derniers moments. Toute la terre en est restée muette. Dix jours de suite, une misérable maison, le Vascello, un poste de cent hommes, sous le jeune Medici, a tenu contre une armée, contre une artillerie terrible tirant à bout portant. Et, la maison démolie, ils ont tenu encore. Garibaldi a été forcé d'arracher de ce lieu le peu d'hommes qui restaient.

L'ennemi entra le 4 juillet. Mameli expira le 6.

Il avait attendu, pour mourir, la mort de Rome elle-même.

XIII

Il avait fait beaucoup, cet enfant de vingt ans. Il aurait fait bien davantage. Poète aimable, qui eût été grand.

Mais si le poète est regrettable, combien l'homme le fut plus encore.

Écrivons sur sa tombe ces paroles douloureuses du grave Mazzini :

« Que regretté-je? Sa mort? Non, elle fut heureuse. Je regrette le vide qu'il laisse, cette lumière de sérénité, ce sourire qu'il eut dans les yeux, et qu'il communiquait, calme comme la Foi. Je regrette cette affection d'autant plus profonde qu'elle éclatait moins en paroles ; ce parfum de poésie qui ondoyait autour de lui ; ces chants, errants toujours sur ses lèvres faciles, inspirées, spontanées, comme un chant d'alouette au matin. Le peuple les recueillait ; lui, il les oubliait.

« Pour moi, pour nous proscrits de vingt années, vieillis et dépouillés de nos illusions, il était comme une mélodie de jeunesse, comme un pressentiment des temps que nous ne verrons point; temps heureux où l'instinct du bien, du sacrifice, sera tout naturel, s'ignorera lui-même, ne sera plus, comme sont aujourd'hui nos vertus, le fruit de longs et durs combats. Sa science eut tout le charme et l'ingénuité de l'innocence.

« Ses yeux néanmoins, par moment, se voilaient de quelque tristesse, comme si l'ombre de l'avenir et d'une mort précoce s'était à son insu projetée sur son âme.

« Sa nature de poète tendait à je ne sais quelle langueur, à une certaine délicatesse féminine, amie du repos. Et, avec tout cela, l'extrême mobilité de ses sensations, sa vive excitation nerveuse le jetaient à chaque instant dans une grande inquiétude physique.

« Il était d'un caractère, d'un cœur faciles, heureux de pouvoir, dès qu'il aimait, s'abandonner à la confiance, comme l'enfant dans les bras maternels. Et pourtant, il était très ferme dans tout ce qui touchait à sa foi.

« Il était sensible aux parfums des fleurs comme une femme. Beau, mais très peu occupé de lui.

« Souvent, pour le faire sourire, je l'appelais Sténio, ce poëte né pour vivre des mélodies de la lyre et des images de la beauté... Mais un moment d'inspiration, un pressentiment d'avenir, d'unité italienne, une parole de vertu sévère, lui faisaient briller dans les yeux la flamme des pensées fortes. Et alors, vous auriez dit qu'il n'était né que pour tirer l'épée ! »

LE SOLDAT CITOYEN[1]

C'est une œuvre admirable de fraternité, de justice, une œuvre sainte, c'est un devoir pour tous. Souscrivons pour les deux soldats.

Qui sont-ils? De quel corps? Et que deviennent-ils? Il faut bien que l'on sache qu'ils sont suivis des yeux, sous la protection de la France. On n'étouffera pas dans un coin de l'Afrique cette question : le droit de l'armée.

François Hugo l'a établi en termes magnifiques, dans un article que l'on n'oubliera pas. Il a justement rappelé que la révolution de Février, avec une confiance généreuse, fit, la première, le soldat citoyen, électeur, éligible, que le 2 Décembre, accom-

---

1. A la fin du second Empire, lors des élections de Paris de novembre 1869, deux soldats du 71ᵉ de ligne étaient entrés dans une réunion publique d'électeurs. Ils furent pour ce crime, conduits à la prison militaire du Cherche-Midi, puis déportés en Afrique.

Le journal *le Rappel* ouvrit une souscription pour l'exonération de ces deux soldats. Michelet adressa au *Rappel*, avec sa souscription, la lettre composant ce chapitre.

pli par l'armée, le refit hilote et machine, recommença pour elle les *servitudes militaires*.

Mot cruel dont à peine on peut mesurer la portée. Il couvre tout un monde de douleurs ignorées, un abîme inconnu. Quand pourrai-je trouver un livre qui réalise ce grand titre : *Les servitudes militaires* (ce sujet entrevu, manqué par de Vigny)? Qui me dira bien ce que pense l'armée, ce grand muet dont la voix est si étouffée? Les suicides fréquents en font transpirer quelque chose. On devine l'ennui d'un si terrible vide, où l'idée est proscrite, la personnalité anéantie.

La nostalgie profonde, le regret du pays, de la famille, est le trait ordinaire de ce dur hilotisme. Je le lis au visage de ces jeunes soldats qui traînent aux rues désertes près de mon Luxembourg. Le foyer, les parents leur sont présents, les suivent de caserne en caserne, de garnison en garnison.

Hélas! et qu'est-ce donc quand la discipline commande de tirer sur ce peuple où leur père est peut-être? Horrible effort! Chassin le notait l'autre jour avec beaucoup de cœur. Quel regret, quel remords après ces actes parricides!

Se souvient-on assez que la Révolution commença, en 89, par un régiment (Châteauvieux), qui, pour rien au monde, ne put faire cette chose abominable, et resta aux Champs-Élysées pendant qu'on prenait la Bastille? Grand souvenir! En 91, un mouvement immense se fit pour les soldats condamnés, enchaînés; un triomphe inouï. Ils furent portés sur le cœur de la France.

Qui peut faire la distinction impie de l'armée et

du peuple? Déguisé sous un uniforme, qu'est-ce que le soldat? Notre enfant.

L'autre jour, rue de Rivoli, je regardais passer un régiment, superbe de tenue et de vive allure. Tels de ces jeunes gens me rappelait, par la taille ou les traits, le fils que j'ai perdu. Près de moi, quelques bonnes femmes, vieilles d'années moins que de misères, les regardaient des mêmes yeux. J'aurais bien parié que plusieurs étaient mères, avaient leurs fils soldats, attendaient et comptaient les jours.

La grande mère, la France, les compte aussi, attend.

Par bonheur, le temps marche et la libération avance.

Ce fils lui reviendra.

Il sera beau le jour où, réunis en elle, père, fils, frère, soldat, peuple, confondus, pourront l'embrasser!

23 novembre 1869.

APPENDICE

I

LA TOUR D'AUVERGNE.

La lettre suivante de La Tour d'Auvergne, écrite quelques semaines avant sa mort, laisse paraître de la façon la plus touchante les qualités du héros, la bonté, la simplicité, la modestie.

« Passy-sur-Seine, 16 mai 1800.

« *Le citoyen La Tour d'Auvergne Corret, au chef de bureau des prisonniers de guerre de la marine.*

« Citoyen, je serais extrêmement touché des bontés que vous voudriez bien accorder, à mes très instantes prières, au capitaine Rioux, commandant le corsaire la *Sophie* de Bordeaux. Ce brave mais infortuné marin, pris par les Anglais et renvoyé en France sur sa parole depuis quatorze mois, est chargé d'une famille nombreuse qui ne subsiste que de son travail. Hors d'état d'exercer sa profession, jusqu'à ce que son échange ait été consommé, il ne lui reste plus aucun espoir que dans vos bontés. Je prends le plus vif intérêt au sort de cet honnête homme plongé dans le malheur. Je n'ai aucun titre en ce moment pour déterminer une intervention en sa faveur, mais je m'efforcerai de m'en faire à l'avenir par une reconnaissance qui ne s'effacera jamais de mon souvenir.

« Salut et profonde estime.

« Le citoyen La Tour d'Auvergne Corret,
« Ancien commandant des grenadiers. »

II

LES GÉNÉRAUX DE LA RÉPUBLIQUE.

Voici, sur l'origine des généraux de la Révolution, quelques notes instructives :

Hoche était fils d'un employé au chenil du roi; Marceau, fils d'un greffier de Chartres; Kléber, fils d'un terrassier; Augereau, fils d'un maçon et d'une fruitière. Hullin avait été apprenti horloger.

Presque tous les généraux de la Révolution et de l'Empire partirent de l'ancienne armée. Jourdan, Joubert, Kléber, en étaient sortis comme d'une impasse. Masséna était sous-officier dans le royal italien; Soult, sous-officier au régiment du roi; Ney, maréchal des logis aux hussards; Murat, sous-officier dans la garde constitutionnelle du roi; Augereau, cavalier aux carabiniers; Oudinot, soldat au régiment du Médoc; Victor, sous-officier d'artillerie; Lefebvre, sergent aux Gardes-françaises; Moncey, Davout, Macdonald, Kellermann, Marmont, Clarke, Sérurier, Pérignon, étaient sous-lieutenants dans l'ancienne armée. La Révolution trouva Bernadotte sergent; Hoche, caporal; Marceau, sergent.

En 89, Marceau et Joubert avaient vingt ans; Hoche, vingt et un ans; Jourdan, vingt-sept ans; Augereau trente-deux ans; Kléber, trente-sept ans.

III

HOCHE.

La correspondance de Hoche.

Hoche, dans son infatigable activité, écrivait beaucoup, et pour ses amis et pour lui-même; il ne nous reste malheureusement que fort peu de ces écrits. Dans une lettre datée de la Vendée (1795), il manifeste son chagrin d'avoir perdu le meilleur de son âme, la plus grande partie de ses papiers. Papiers précieux qui nous eussent révélé les secrets des partis, ses jugements sur les hommes, etc. D'après des renseignements fournis par la respectable veuve de Hoche, il avait, dans sa première campagne sur le Rhin, perdu déjà ses fourgons; son beau-frère Delabelle, en allant en Italie, perdit encore une partie de ce que Hoche lui avait confié; après sa mort, Lefebvre porta ce qui restait à Bonaparte, qui ne manqua pas de détruire tout ce qui aurait pu lui nuire dans l'opinion.

Il reste du moins de Hoche un assez grand nombre de lettres. Nous en donnons ici quelques fragments. Les lettres de Vendée sont des plus intéressantes. Il écrit lui-même, n'ayant pas, comme Napoléon, un Champagny pour lui tenir la plume. Ces lettres originales ont le grand mérite de nous donner bien des traits de caractère de celui qui croit peindre les autres et se peint lui-même dans la forme variée de sa correspondance.

Ce qui domine partout, dans ces lettres comme dans sa vie, ce qui gardera à cette mâle figure une éternelle auréole, c'est ce profond sentiment d'humanité et de justice que nous avons déjà signalé. Au milieu de cette affreuse guerre civile, on sent qu'un mot de pitié est toujours prêt à jaillir de sa plume en faveur des royalistes, même coupables. Il veut voir en eux des âmes égarées qu'il serait facile de ramener par la douceur.

En toute circonstance, il s'efface, il s'oublie. Il n'écrit pas pour parler de lui, se dresser un piédestal. Il aime à parler des autres, à les faire valoir; il prend plaisir à raconter leurs belles actions. En voici un exemple qui mérite d'être cité. La lettre est adressée à un ami, au citoyen Augier.

« 18 fructidor an II.

« Lorsque soi-même on ne peut servir de modèle à ses jeunes concitoyens, qu'il est doux d'être à portée de leur citer les actions héroïques de notre siècle!

« J'ai eu le plaisir d'embrasser Cabien et de lui donner à dîner. Tu connais sans doute l'anecdote et les détails. J'ajouterai seulement quelques faits sur l'homme, son physique et son moral. Notre héros, pêcheur de profession, était âgé de trente-deux ans, lorsqu'il eut le bonheur de sauver sa paroisse de la dévastation que se promettaient d'y faire les Anglais. Marié depuis cinq ans, il avait deux enfants; sa femme, brune, était, dit-il, assez jolie. Il a maintenant soixante-trois ans; brun, l'œil noir et vif; sa taille est de cinq pieds quatre pouces; il est veuf et a perdu cinq fils qu'il regrette de ne pouvoir conduire aux frontières; il parle assez bien, et raconte l'aventure d'une manière à faire plaisir.

« Mon ami, je t'assure que ce respectable citoyen mérite d'être connu de la nation entière, tant par sa bravoure, sa loyauté, que par son amour pour la liberté et son désintéressement. Quel homme à mettre en scène!

« Figure-toi les Anglais débarqués, cherchant à incendier le village d'Ostreitsam, et Cabien, seul, les faisant rembarquer en tirant quelques coups de fusil, battant la caisse et commandant son bataillon.

« Lorsque la Convention lui eut accordé un secours provisoire de six cents livres, Cabien, très pauvre, afficha à la porte de l'église de son village que ses créanciers aient à venir le trouver, qu'il avait reçu un bienfait de la nation, que son dessein était de les payer tous, ce qu'il fit sur-le-champ; après quoi, du reste de la somme il fit couvrir sa chaumière. Sa pension ne lui a pas encore été payée. Sur ses vieux jours, il a failli mourir de faim après une si belle action. » (Rousselin, II, 76).

Dans les fragments qui suivent se révèle le tendre respect de Hoche pour les veuves-mères :

« ... J'intéresserai sans doute votre humanité, écrit-il à des représentants du peuple, en vous disant que le citoyen Mermet vient, ainsi que son fils, d'être tué dans une des dernières affaires. Ces deux braves militaires, l'un commandant le premier bataillon du trente-neuvième régiment, l'autre porte-drapeau, sont expirés sur le champ de bataille. Que ne doit-on pas à une femme, veuve et mère infortunée de défenseurs de la patrie, surtout si elle n'a d'autre fortune que les deux êtres malheureux qui la secouraient dans sa vieillesse! (II, 93).

« ... Dejean était mon ami de cœur. Permettez-moi, représentants, de recommander à la bienveillance nationale une mère qui n'avait d'autre soutien que son digne fils. Il a bien mérité de la patrie, mon ami; je vous supplie, prenez soin de sa mère. Si ma fortune était proportionnée à mon désir d'obliger, je n'aurais pas révélé ce secret, mais le ciel ne m'a pas favorisé du côté des richesses. » (T. II, 196.)

Hoche n'est pas moins bon pour le soldat.

« ... Mon cher général (le général Kricq), si les soldats étaient philosophes, ils ne se battraient pas. Tu ne veux pas qu'ils soient ivrognes, ni moi non plus; mais examine quelles peuvent être les jouissances d'un homme campé, et qui peut le dédommager des nuits blanches qu'il passe? Corrigeons pourtant les ivrognes, surtout lorsque l'ivresse les fait manquer à leurs devoirs. Il est un moyen d'y parvenir; c'est de donner à nos enfants une éducation nerveuse, et dont les principes feraient détester l'ivrognerie, les jeux de hasard, la lâcheté et les autres misères de la vie humaine. Hélas! s'il est dans la nature de l'homme d'être bon et vertueux, il faut avouer que nos institutions dites sociales, et que je regarde comme destructives, l'ont fait bien dégénérer...

« Mais où diable vais-je me fourrer? Je parle presque comme un rhéteur. »

Il faut lire la lettre suivante qui, sans que Hoche le cherche, met en parallèle le soldat qui souffre sans cesser d'être honnête, et les fournisseurs grassement nourris qui dilapident les biens de l'État.

« ... L'esprit du soldat est généralement bon. Il aime à bien servir; mais il veut être commandé et encouragé. Loin de nous ces hommes qui le regardent ou qui le traitent comme un vil mercenaire! La classe des simples fusiliers est la plus pure et la plus estimable de l'armée. Nous devons l'aimer, la considérer, et proportionner nos attentions à ses besoins. Qui ne sait qu'il est tel grenadier doué d'un plus grand sens que son général? Dans les armées indisciplinées seulement, la multitude peut devenir méprisable par la licence à laquelle elle est abandonnée. Sous de bons chefs, elle reprend ses vertus, elle sert l'État qui naguère en était opprimé.

« ... Les administrateurs des chariots, vivres, etc., mènent le plus beau train du monde; *la République est là*, disent-ils. C'est dans ce cloaque qu'il faut raviver l'amour des devoirs, j'oserais dire la probité et l'obéissance, ou plutôt l'obéissance aux lois. Voyez nos bureaux; ils sont toujours remplis de jeunes hommes de réquisition poudrés et parfumés. Demandez-leur ce qu'ils font là, ils vous riront au nez. Vils sybarites, insolents esclaves de vos vices, ne vous forcera-t-on pas un jour à vous charger du mousquet, et à céder votre place à l'honnête père de famille, à l'indigent dont les enfants meurent de faim? »

Dans la campagne de Vendée, où tout devait l'irriter de la part de l'ennemi, Hoche, obligé de faire des arrestations, écrit au citoyen Morisset, capitaine commandant le camp de Puilley :

« N'oublie jamais, citoyen, que ce sont des Français que tu vas arrêter, et que tu ne dois les traiter en ennemis que lorsqu'ils t'y contraignent par leur rébellion. J'attends que tu mettras dans cette expédition toute l'humanité qui caractérise les républicains. (T. II, p. 99.)

« ... Rappelle-toi sans cesse, citoyen, pendant le cours de ton honorable mission, que ta conduite doit être celle d'un patriote éclairé, d'un homme vertueux, d'un officier républicain et français. Tu restes responsable de celle des hommes qui te sont confiés. Habitue-les au feu, à la fatigue, à la victoire; mais surtout à respecter l'innocent habitant des campagnes opprimé. Habitue les républicains que tu commandes à respecter les propriétés, à être sobres. Que jamais on ne puisse te reprocher un acte arbitraire. (T. II, p. 141.)

« ... Il est beau de traiter philosophiquement les habitants des campagnes; il est bon de les ramener à la République par la voie seule de la raison; il ne faut pas croire que ce soient ces malheureux qui pillent et égorgent. Il est d'autres hommes qui commettent ces crimes; ceux-là ne sont pas des paysans, mais bien des brigands. (T. II, p. 109.) »

Hoche avait horreur des sanglantes représailles que se permettaient parfois les soldats sur l'ennemi. Après la mort de Boishardy, on lui coupa la tête, et on la promena au bout de la baïonnette. Hoche écrit à l'adjudant général Crublier :

« Je suis indigné de la conduite de ceux qui ont souffert qu'on promenât la tête d'un ennemi vaincu. Pensent-ils, ces êtres féroces, nous rendre témoins des horribles scènes de la Vendée? Il est malheureux que vous ne vous soyez pas trouvé là pour empêcher ce que je regarde comme un crime envers l'honneur, l'humanité, la générosité française. Sans perdre un moment, vous voudrez bien faire arrêter les officiers qui commandaient le détachement des grenadiers, et ceux d'entre eux qui ont coupé et promené la tête du cadavre de Boishardy. (T. II. p. 188) »

Était-ce le pressentiment de son grand destin sitôt brisé? Hoche, cet homme d'action, a une certaine tendance à la mélancolie. Pendant que « le pauvre garde-côtes » surveille de jour et de nuit la mer, et défend l'entrée de nos ports à l'ennemi, les mornes brouillards du marais vendéen pèsent sur l'âme de Hoche et la pénètrent de tristesse. Il écrit à son ami Langier : « Je devrais être content; je pourrais être heureux; il n'en est rien. Je ne sais quoi me chagrine profondément. »

Déjà, à l'armée de la Moselle, il semble atteint de ce mal inconnu. Il est sombre, découragé :

« Ce n'est plus l'homme que tu as connu qui te parle, écrit-il à Dulac, c'est un malheureux qui ne peut manger, boire, ni reposer nulle part... Rien ne calme la mélancolie qui me consume. Ardent ami de la Révolution, j'ai cru qu'elle changerait les mœurs. Hélas! l'intrigue et toujours l'intrigue! et malheur à qui n'a pas de protecteurs! Tiré des rangs je ne sais pourquoi, j'y rentrerai comme j'en suis sorti, sans plaisir ni peine, me contentant de faire des vœux pour la prospérité des armes de la patrie. »

Voici enfin, pour achever de peindre cette grande âme inflexible dans sa droiture, la noble et ferme réponse qu'il adresse au général qui lui annonce que le gouvernement l'a relevé de son commandement à l'armée de Cherbourg :

« Ma compagne, à qui j'ai verbalement fait part de l'article de votre lettre, m'a répondu assez vivement qu'elle était très satisfaite que je pusse la reconduire. Nous habiterons ensemble une métairie, à peu près dans un désert, et là, je ferai de la misanthropie à mon aise. Il est juste que les patriciens relèvent les plébéiens qui ne savent point intriguer pour conserver les places que leurs services leur ont acquises. Je suis las, mon cher ami, d'être sans cesse ballotté! Né républicain, je veux vivre tel, et ne pas être soumis au caprice des circonstances.

« Vous devez me connaître assez pour croire que je ne serai jamais courtisan. L'homme du jour sait fraternellement dénoncer; l'homme probe ne suit que les immuables principes de la justice, il doit se sacrifier pour la vérité... Qu'importe, après tout, que les hommes me rendent justice, si ma conscience ne me reproche rien ? Heureux habitant du Morbihan, qui ne vis que pour adorer Dieu et travailler, j'envie ton sort. Que ne suis-je à ta place! Bien que des pillards, bleus, gris ou verts, vinssent m'arracher le fruit de mes peines, je vivrais content. L'on me pille aussi, et l'on voudrait que je fasse bonne figure.

« ... Quel reproche me fait-on! Est-ce d'avoir dit la vérité ? Je la dirai toujours. Il y a un an, j'étais au fond d'un cachot bien humide pour l'avoir dite : cela ne m'a pas corrigé. »

Lettre de M. le marquis des Roys.

Mme Michelet avait communiqué au petit-fils de Hoche, M. le marquis des Roys, le manuscrit de Michelet sur son illustre aïeul, en lui demandant s'il n'aurait pas dans ses papiers de famille quelque document qui pût compléter la biographie du Pacificateur de la Vendée.

M. des Roys répondit à Mme Michelet la lettre qui suit :

« Caillefontaine (Seine-Inférieure).

« Ce 26 novembre 1877.

« Madame,

« J'ai été extrêmement touché de la pensée qui vous a fait me communiquer le travail de M. Michelet sur mon grand-père. Je l'ai lu de suite et avec le plus vif intérêt. Quoique le cadre de l'illustre historien soit volontairement restreint, et se rapproche plus d'une étude que d'une biographie complète, j'y ai trouvé une vie, une animation chaleureuses et rares; j'y ai appris plusieurs détails qui m'étaient inconnus. Je ne puis être que très reconnaissant de cette nouvelle pierre, qui sera notée entre toutes, apportée au monument qui assure la mémoire du général Hoche contre l'oubli.

« Les papiers que je possède ici, et qui aujourd'hui sont mis en ordre, ont été feuilletés tant de fois qu'il n'en reste que bien peu d'inédits. Ces derniers sont pour la plupart des rapports ou des pièces longues et techniques, qui surchargeraient un travail dont le mérite est d'être rapide comme la vie.

« Moi-même je prépare dans ce moment une publication de tout ce qui pourra intéresser le public dans la vie et les œuvres de ce grand homme. On trouvera là, dans l'avenir, tout ce que la famille du général Hoche a pu arracher au temps et à toutes les causes de destruction qu'il amène avec lui.

« Permettez-moi, madame, de vous dire que, tout enfant, je me rappelle avoir assisté à la visite que M. Michelet vint faire à ma grand'mère. J'ai toujours conservé le souvenir des longs cheveux blancs qui encadraient son visage, il y a plus de trente ans...

« Veuillez agréer, madame, l'expression de ma respectueuse considération.

« Le Mis des Roys. »

IV

Lettre de Mazzini à Michelet.

Au moment de parler de Mameli et du siège de Rome, Michelet avait écrit à Mazzini pour le prier de l'éclairer sur quelques faits du siège, notamment sur l'héroïque défense du Vascello.

Voici la réponse de Mazzini :

« 5 mai.
« 2, Sidney place, Brompton.

« Monsieur,

« Je suis fier de votre sympathie. J'ai souvent puisé dans vos écrits non seulement le sens du passé, mais ce rassérénement de l'âme que le magnétisme de la foi peut seul donner. Vous êtes pour moi un des précurseurs de l'Église de l'avenir. Je ne vous estime pas seulement, je vous aime.

« ... N'écrivez pas sur le Vascello autrement qu'en y voyant le *collectif*. Tout le monde y a été héros. Et tout ce que vous pourriez inexactement écrire sur des individualités amoindrirait le *nous* italien qui s'est puissamment affirmé sur ces décombres.

« Mais je serais désolé si ce que je vous dis vous faisait

renoncer à l'intention d'écrire quelques pages sur Rome. Je l'ai depuis longtemps vivement désiré, et je vous supplie de le faire. Vous nous avez parlé de la Rome du passé en maître; parlez-nous de la Rome de l'avenir, de la [Rome] du peuple. Je l'ai pressentie par le cœur il y a vingt ans, quand tout le monde hochait la tête en m'appelant rêveur. Et maintenant, il n'y a pas un seul Italien digne de ce nom qui n'y entrevoie un troisième monde, venant se superposer aux deux mondes antérieurs et plus grand qu'eux. Qu'une voix de Français salue ce monde au berceau! et que cette voix soit la vôtre!

« Comme de simples pressentiments, des lueurs d'avenir, parcourez les actes officiels de la République romaine; lisez quelques pages qu'Accursi vous signalera çà et là dans l'*Italia del Popolo;* lisez les chants de Mameli; songez à cette formule « Dieu et le Peuple » supprimant tous les intermédiaires entre la révélation divine et l'humanité; rappelez-vous qu'elle s'est instinctivement, sans concert, sans contact, échappée simultanément du sein de Rome et de Venise; comparez ce qui, sous notre drapeau de religion républicaine, a pu se développer en fait de courage, de force et de dévouement au cœur du peuple, avec les efforts impuissants des bataillons et des parcs d'artillerie monarchiques dans la campagne lombarde; — je suis sûr que l'inspiration ne vous manquera pas! Rome et Venise transformant les Transteverini et les Arsenalotti en héros sous le même drapeau, c'est l'unité italienne remplaçant le vieux dualisme guelfe et gibelin du Pape et de l'Empereur. Engagez-vous pour nous. Croyez-moi; nous tiendrons votre engagement.

« Écrivez-moi si, de quelque manière que ce soit, je puis vous venir en aide dans votre tâche.

« Votre ami dévoué,

« Joseph Mazzini. »

FIN DES SOLDATS DE LA RÉVOLUTION

TABLE DES MATIÈRES

LES FEMMES DE LA RÉVOLUTION

LIVRE PREMIER

		Pages
I.	Influence des femmes au dix-huitième siècle. — Maternité...	5
II.	Héroïsme de pitié. — Une femme a détruit la Bastille.....	8
III.	L'amour et l'amour de l'idée (80-91)...............	15
IV.	Les femmes du 6 octobre (89).................	19
V.	Les femmes de la fédération (1790)...............	46
VI.	Les dames jacobines (1790)..................	54
VII.	Le Palais-Royal en 90. — Émancipation des femmes. — La cave des Jacobins......................	58

LIVRE II

VIII.	Les salons. — Mme de Staël..................	61
IX.	Les salons. — Mme de Condorcet................	70
X.	Suite. — Mme de Condorcet (94)................	78
XI.	Sociétés de femmes. — Olympe de Gouges, Rose Lacombe...	86
XII.	Théroigne de Méricourt (89-93)................	91
XIII.	Les Vendéennes en 90 et 91...................	99

LIVRE III

XIV.	Mme Roland (91-92)......................	117
XV.	Mme Roland (suite)......................	133

XVI. Mlle Kéralio (Mme Robert) 143
XVII. Charlotte Corday 161
XVIII. Mort de Charlotte Corday (19 juillet 93) 174
XIX. Le Palais-Royal en 93. — Les salons. — Comment s'énerva la Gironde 187
XX. La première femme de Danton (92-93) 196
XXI. La seconde femme de Danton. — L'amour en 93 202

LIVRE IV

XXII. La déesse de la Raison (10 novembre 93) 207
XXIII. Culte des femmes pour Robespierre 211
XXIV. Robespierre chez Mme Duplay (91-95) 214
XXV. Lucile Desmoulins (avril 94) 223
XXVI. Exécutions de femmes. — Les femmes peuvent-elles être exécutées? 234
XXVII. Catherine Théot, Mère de Dieu. — Robespierre messie (juin 94) 237
XXVIII. Les dames Saint-Amaranthe (juin 94) 243
XXIX. Indifférence à la vie. — Amours rapides des prisons (93-94) . 251
XXX. Chaque parti périt par les femmes 255
XXXI. La réaction par les femmes dans le demi-siècle qui suit la Révolution 260

Conclusion 265

LES SOLDATS DE LA RÉVOLUTION

Avertissement 277

INTRODUCTION

Le monument de la Révolution 283
La Légende d'or 287

PREMIÈRE PARTIE. — Sous la première République

Nos armées républicaines 291
La Tour d'Auvergne. — Le premier grenadier de la République . 301

	Pages
Les généraux de la République	329
Desaix	341
Hoche	359
I. Commencements	id.
II. Landau. — La prison	370
III. La Vendée	377
IV. Expédition d'Irlande	396
V. Sambre-et-Meuse	400
VI. La mort	407
Les Guerres de délivrance	411

SECONDE PARTIE. — Sous le dernier Bonaparte

Mameli	429
Le soldat citoyen	467

APPENDICE

Lettre de La Tour d'Auvergne	471
Origine des généraux de la République	473
La correspondance de Hoche	id.
Lettre de M. des Roys à Mme Michelet	478
Lettre de Mazzini à Michelet	479

FIN DE LA TABLE DES MATIÈRES.

PARIS. — IMP. E. FLAMMARION, RUE RACINE, 26.

www.ingramcontent.com/pod-product-compliance
Lightning Source LLC
Chambersburg PA
CBHW050248230426
43664CB00012B/1876